A UNIÃO EUROPEIA E PORTUGAL:
A ACTUALIDADE E O FUTURO

INSTITUTO EUROPEU
DA FACULDADE DE DIREITO DE LISBOA

A UNIÃO EUROPEIA E PORTUGAL: A ACTUALIDADE E O FUTURO

CURSO DE VERÃO DE DIREITO COMUNITÁRIO
E DIREITO DA INTEGRAÇÃO

Julho de 2002

ALMEDINA

TÍTULO:	A UNIÃO EUROPEIA E PORTUGAL: A ACTUALIDADE E O FUTURO
COORDENAÇÃO:	PAULO DE PITTA E CUNHA
EDITOR:	EDIÇÕES ALMEDINA, SA Rua da Estrela, n.º 6 3000-161 Coimbra Telef.: 239 851 904 Fax: 239 851 901 www.almedina.net editora@almedina.net
EXECUÇÃO GRÁFICA:	G.C. – GRÁFICA DE COIMBRA, LDA. Palheira – Assafarge 3001-453 Coimbra producao@graficadecoimbra.pt
	JANEIRO, 2005
DEPÓSITO LEGAL:	221590/05

Toda a reprodução desta obra, por fotocópia ou outro qualquer processo, sem prévia autorização escrita do Editor, é ilícita e passível de procedimento judicial contra o infractor.

PREFÁCIO

Em Julho de 2002, o Instituto Europeu da Faculdade de Direito de Lisboa, em colaboração com o Pólo Europeu e as Cátedras Europeias da Universidade de Lisboa e com a AREP – Associação Interuniversitária Portuguesa de Estudos sobre a Integração Europeia, promoveu a realização de um curso de Direito Comunitário e Direito da Integração, sobre o tema "A União Europeia e Portugal: a Actualidade e o Futuro".

O Curso, que se iniciou com a intervenção do Primeiro Ministro, Dr. José Manuel Durão Barroso, sobre Portugal e o futuro da construção europeia, compreendeu catorze conferências, proferidas pela Mestra Maria Eduarda Azevedo, Professores Maria Luísa Duarte, Ana Maria Guerra Martins e Fausto de Quadros, Mestres Rui Machete e Luís Máximo dos Santos, Professores Marta Hirsch-Ziembinska, Manuel Lopes Porto, Rui Moura Ramos, João Ferreira do Amaral, António de Sousa Franco e Jorge Miranda, Mestre Nuno Ruiz, e pelo subscritor destas linhas (aqui indicadas pela ordem por que se realizaram).

O presente volume reúne todas as conferências que foi possível editar, com base quer na transcrição do registo gravado das sessões, quer em elementos fornecidos pelos oradores.

Lisboa, Dezembro de 2004

PAULO DE PITTA E CUNHA
Presidente da Direcção do Instituto Europeu

Dia 22 de Julho
　　Presidente da Comissão Europeia
　　Dr. José Manuel Durão Barroso
　　Portugal e o futuro da construção europeia

　　Mestra MARIA EDUARDA AZEVEDO
　　Faculdade de Direito da Universidade de Lisboa
　　A Convenção e a Europa do século XXI

　　Professora Doutora MARIA LUÍSA DUARTE
　　Faculdade de Direito da Universidade de Lisboa
　　União Europeia e entidades regionais:
　　as regiões autónomas e o processo comunitário de decisão

Dia 23 de Julho
　　Professora Doutora ANA MARIA GUERRA MARTINS
　　Faculdade de Direito da Universidade de Lisboa
　　A revisão do Tratado e a constitucionalização

　　Mestre LUÍS MÁXIMO DOS SANTOS
　　Faculdade de Direito da Universidade de Lisboa
　　A estreia do euro

Dia 24 de Julho
　　Professora Doutora MARTA HIRSCH-ZIEMBINSKA
　　Professora Universitária e Diplomata da República da Polónia
　　O alargamento a Leste

　　Professor Doutor MANUEL LOPES PORTO
　　Faculdade de Direito da Universidade de Coimbra
　　As novas fronteiras da União Europeia

Dia 25 de Julho
　　Professor Doutor RUI MOURA RAMOS
　　Vice-Presidente do Tribunal Constitucional
　　O Tratado de Nice e a Reforma do sistema jurisdicional comunitário

Professor Doutor PAULO DE PITTA E CUNHA
Faculdade de Direito da Universidade de Lisboa
A via federal

Professor Doutor ANTÓNIO DE SOUSA FRANCO
Faculdade de Direito da Universidade de Lisboa
Reforma das finanças públicas e alargamento

Dia 26 de Julho
Professor Doutor JORGE MIRANDA
Faculdade de Direito da Universidade de Lisboa
Constituição e Integração

Professor Doutor JOÃO FERREIRA DO AMARAL
Instituto Superior de Economia e Gestão
*Portugal na União Económica e Monetári*a

Doutor RUI CHANCERELLE DE MACHETE
As Relações entre a Europa e os Estados Unidos

PORTUGAL E O FUTURO
DA CONSTRUÇÃO EUROPEIA

Dr. José Manuel Durão Barroso
Presidente da Comissão Europeia

Senhor Professor, Magnífico Reitor da Universidade de Lisboa, Senhor Presidente do Conselho Directivo da Faculdade de Direito da Universidade de Lisboa, Senhor Presidente e Senhor Vice Presidente do Instituto Europeu desta nossa Faculdade, Senhoras e Senhores Embaixadores, Senhores Convidados, Senhores Professores, minhas Senhoras e meus Senhores.

Queria, em primeiro lugar, agradecer muito o convite que me foi dirigido para estar na Faculdade de Direito da Universidade de Lisboa. Agradeço também as palavras amigas de acolhimento; creiam que é para mim sempre uma emoção voltar àquela que é e será sempre a minha Faculdade, a Faculdade de Direito de Lisboa.

O Senhor Professor Menezes Leitão assinalou que há alguns anos atrás o Chefe de Governo era desta Faculdade. Pode considerar-se, depreendo das suas palavras, que com a minha nomeação para este cargo as coisas voltaram à normalidade, com a Faculdade de Direito de Lisboa a dar em paralelo o contributo para que sempre teve vocação; o contributo que, para além da área académica em que é conhecida e respeitadíssima, é também para com a "Respublica". E estou seguro de que esta Faculdade de Direito de Lisboa, que agora vejo remodelada e com condições bem melhores do que aquelas que teve durante muitos anos, continuará a incutir nos seus alunos, para além da vocação académica e da qualidade técnica, também uma vocação política no bom sentido da palavra, isto é, do interesse pela coisa pública e pelo dever cívico de participarmos na formação do nosso destino colectivo.

Foi-me proposto falar sobre um tema que acarinho especialmente, e o Senhor Magnífico Reitor teve ocasião de lembrar também a minha passagem por outras funções no Ministério dos Negócios Estrangeiros. Por isso, gostava de vos dar um panorama de fora da ortodoxia oficial – embora seja muito difícil a um Primeiro-Ministro escapar a um discurso oficial – mas dizendo-me desde já disponível para responder às vossas questões no final.

Queria dar-vos em primeiro lugar uma impressão pessoal. Estive nos Negócios Estrangeiros bastantes anos e participei, por isso, em muitos Conselhos Europeus até 1995. Há dias estive num Conselho Europeu, o que teve lugar em Sevilha, já nas funções de Primeiro Ministro, e posso, portanto, comparar o espírito, o ambiente e a atmosfera que se respirava antes e a que se respira agora no Conselho Europeu. E quero dizer-vos, embora seja uma impressão necessariamente subjectiva, que as coisas não estão bem hoje na Europa e que o espírito não é exactamente o mesmo. No tempo de Kohl, Jacques Delors e Mitterrand, sentia-se, apesar da natural defesa do interesse nacional por cada um dos Estados membros, um verdadeiro compromisso europeu e o sentimento de que, apesar das divergências e da natural oposição de interesses por vezes contraditórios, haveria no fim um esforço para superar essas divergências. Sentia-se um espírito de clube, no bom sentido da palavra. Não senti esse mesmo espírito na reunião deste Conselho Europeu e nas outras duas cimeiras em que já participei também nestas novas funções. Por isso, há hoje sobre a Europa o perigo do esboroar deste sentimento de cumplicidade que existia e que a meu ver não está suficientemente reforçado.

Eu utilizei uma vez uma imagem, talvez forte demais, mas que não resisto a repetir perante vós: imaginem que vão num grande avião, num Boeing 747, e que, de repente, vão ao "cockpit" e descobrem que não está ninguém. É o que acontece na Europa, mas com a diferença de que a Europa é muito maior e que qualquer desastre provocaria necessariamente muito mais vítimas. A situação, que estou obviamente a caricaturar, é grave, porque se nota uma falta de desígnio e por vezes uma ausência de liderança. É verdade que Portugal e países com a nossa dimensão opõem uma resistência natural a qualquer directório, como que uma má vontade à partida contra a ideia de uma liderança. Mas a verdade é que não há nenhum conjunto ou organização que subsista sem liderança. A questão está em saber que tipo de liderança, se hegemónica ou partilhada.

A História mostra que há duas formas de estabilidade no mundo. Uma é o domínio, a outra é o equilíbrio. Nós não queremos uma liderança por domínio, mas uma fórmula de equilíbrio comum a qualquer organização, como numa Faculdade de Direito ou numa Universidade, num partido político, num país ou numa organização internacional, ou ainda numa entidade original, como é o caso da União Europeia. Qualquer organização necessita de uma liderança e hoje nota-se, na Europa, esta ausência de liderança, no sentido de ausência de um caminho, de uma perspectiva. Pelo contrário, existe a ideia de que a Europa se tem vindo a perder em discussões, muitas vezes formais e instrumentais, sobre questões que não deveriam ser a sua primeira preocupação. Por isso vos comunico, de entrada, esta minha impressão. Não se baseia em nenhum dado científico, nem sequer em nenhuma intuição política, mas é a minha impressão. Ao fim de alguns anos não notei do ponto de vista europeu a mesma vocação ou empenhamento por parte dos seus líderes. Da parte de alguns e – vão-me perdoar que não os identifique, porque já estaria a ser muito pouco oficial – notei mesmo um certo desinteresse, o que me preocupou sinceramente. Mas vamos, então, ao tema da nossa conferência: Portugal e a União Europeia.

Quando Portugal aderiu às Comunidades Europeias, como então se designavam, não o fez, ao contrário do que muitas vezes se julga e do que pensam muitos dos nossos parceiros, por razões puramente económicas ou financeiras. Foi o tema do meu Mestrado – que, aliás, foi finalmente reconhecido aqui, pela Faculdade de Direito de Lisboa depois de ter sido feito há muitos anos na Suíça. Muito concretamente, o meu tema versava sobre o processo de adesão de Portugal à União Europeia do ponto de vista político. E o que conclui na altura foi que não havia nenhum estudo económico suficientemente detalhado a fundamentar a nossa adesão.

De facto, quando Mário Soares no Governo e o líder da oposição, então Francisco Sá Carneiro, e alguns na diplomacia e também na Universidade – onde o Professor Pitta e Cunha foi dos primeiros entusiastas da nossa participação na então Comunidade Europeia – quiseram aderir à Comunidade Europeia, a verdadeira motivação não era económica nem financeira – não havia os chamados pacotes Delors na altura nem Fundo de Coesão. A adesão deveu-se a razões essencialmente políticas, sobretudo para ancorar a jovem e então ainda instável e frágil democracia portuguesa no conjunto europeu.

Foi esse gesto que Portugal teve e a que a Europa correspondeu. Razão pela qual hoje, quando analisamos a Europa e o seu futuro, não podemos obviamente dizer não ao alargamento da União Europeia. A União Europeia tem sido, é sabido, um caso de sucesso. Eu sei que não está na moda dizer bem da União Europeia e que é muito mais fácil criticar, e também que cada Conselho Europeu é um motivo para mostrar algumas insuficiências, mas, se nos colocarmos numa perspectiva histórica, de médio prazo, se virmos como estava a Europa há 20, 30, 40 ou 50 anos atrás, e se pensarmos como é que ela estará no futuro, teremos de concluir que um longo caminho foi percorrido e que a integração europeia é um caso de notável sucesso. Não há nenhum outro caso em toda a História, pelos menos na História mais recente, de um grupo de Estados se associarem livremente e partilharem as suas soberanias, conseguindo resultados em áreas tão diferentes como o Direito ou a Economia e na vida do dia a dia dos seus cidadãos.

A verdade é que se a União Europeia não fosse um sucesso por que razão é que tantos países quereriam hoje aderir a ela? Há insuficiências, é verdade, mas de uma forma geral podemos considerar que a União Europeia conseguiu resultados apreciáveis, um dos quais foi a contribuição que deu para a paz do nosso continente. Não esteve sozinha nesse esforço e há que não esquecer a Nato. Mas a verdade é que foi a União Europeia que consolidou o projecto de reconciliação franco-alemã que esteve na origem do projecto europeu.

Mas vejamos agora o desafio mais imediato da União Europeia: o alargamento. O mais provável é termos em 2004 – a tempo da próxima eleição para o Parlamento Europeu – 25 Estados na União Europeia. A questão mais importante e mais séria é esta: falando em termos da conhecida dialéctica entre quantidade e qualidade, até que ponto uma mudança de quantidade não vai, desta vez, implicar uma mudança de qualidade. Já hoje, a quinze, a União Europeia não é a mesma que era a Comunidade europeia a doze, a dez, a nove ou a seis membros, como aconteceu sucessivamente ao longo do seu processo. Eu tive ocasião de testemunhar, mesmo quando em funções nos Negócios Estrangeiros, a diferença que houve quando passámos de 12 a 15, e que já foi sensível em algumas áreas. Mas eram países europeus, da Europa ocidental, todos com economia capitalista, com um mercado mais ou menos aberto e com uma grande tradição empresarial; eram países com regimes democráticos consolidados há muito tempo. Mas agora vão entrar países da Europa central e de leste, da Europa báltica e do sul e que, nalguns casos, não têm tradição democrática; pelo contrário, têm uma tradição de regimes totalitários. Alguns deles são Estados recentes e não tinham história como Estados verdadeiramente independentes. O próprio processo de formação do Estado, como se costuma dizer, é por vezes recente. São países que, na maior parte dos casos, não tinham economias livres nem uma tradição diplomática igual há que vigora nos países da Europa Ocidental. Este movimento não tem comparação na história da União Europeia com o de outras situações de alargamento, que foram ao fim ao cabo bem mais fáceis de digerir.

Preocupa-me esta questão, não apenas em termos nacionais mas verdadeiramente europeus, porque podemos estar no limiar de uma União com uma qualidade diferente. Já hoje, quando se discutem determinadas matérias à volta da mesa, e estão quinze Estados e a Comissão Europeia, nem todos têm oportunidade de se pronunciar. Agora imaginem o que será com 25 Estados, mais a Comissão Europeia! A tendência pode ser grande para que alguns tentem falar em nome dos outros e para tomarem efectivamente a direcção exclusiva dos trabalhos. Logo à partida, independentemente de outras considerações, impõe-se o simples factor número. Já Rousseau falava do efeito que a dimensão podia ter sobre a democracia. Só por isso, podemos ter um problema novo. Aqui está um motivo de cautela e de grande prudência em relação às consequências do alargamento, e isto é relevante quando falamos da importância constitucional.

Faço aqui um parêntesis para questionar sobre se não será preciso um sistema de garantias contra a eventualidade de incorporarmos no nosso seio quem possa pôr em causa os próprios fundamentos da instituição a que estamos agora vinculados? Será que não é necessário um sistema de garantias semelhante ao que existe num Estado democrático constitucional como o nosso? Com este parêntesis, que fecho, quero apenas dizer que estamos confrontados com problemas novos quando falamos do alargamento.

E para Portugal a questão ainda é mais complexa, pois de acordo com todos os estudos independentes publicados em algumas instituições europeias Portugal é o país que mais directamente perde com o alargamento em termos nacionais. Perde porquê? Desde logo, porque vai ser afectado com o chamado efeito estatístico. Portugal vai ficar estatisticamente mais rico quando comparado com a média europeia porque a maior parte dos países que entram têm níveis de desenvolvimento abaixo do nosso, o que quer dizer que Portugal se encontra na situação de poder perder o acesso a alguns dos fundos estruturais a que actualmente concorre. Portanto, temos aqui também um problema. Além disso, são países que em muitos casos vêem concorrer directamente com o nosso na medida em que são países com baixos custos de mão-de-obra e estão mais perto dos grandes mercados consumidores do que Portugal. Vão também contar com transferências maciças da União Europeia.

Apesar disso, Portugal tem defendido o alargamento por razões políticas imperativas que nos levam a manifestar a nossa solidariedade para com o projecto europeu, que entendemos antes de mais como um projecto de paz e de democracia para o conjunto europeu. Não vamos sair desta posição, mas ao mesmo tempo devemos lembrar que não é justo que quando se processa um alargamento deste tipo sejam os países com nível de desenvolvimento mais baixo que paguem relativamente mais. Devia haver uma outra repartição de encargos e é isso que estamos a procurar fazer lembrando aos nossos parceiros a necessidade de uma repartição mais equitativa dos custos do alargamento.

Mas a Europa vai ter nos próximos tempos muitos outros desafios, nomeadamente a reforma das políticas de coesão, a reforma da política agrícola comum e da política comum das pescas, e também as próximas perspectivas financeiras. Sobre este ponto talvez não convenha agora detalhar muito a minha análise, até porque não haveria tempo para tudo. Quero apenas dizer-vos que o mais provável é que todos estes *dossiers* venham a sobrepor-se, como muitas vezes acontece na União Europeia, em que, quando há um impasse numa negociação, muitas vezes a tendência não é para fechar essa negociação, isolando esse problema, mas pelo contrário para a arrastar ainda mais, fazendo convergir a sua solução com outros dossiers complexos para que haja uma negociação global.

Já alguém disse que a União Europeia gosta de viver perigosamente, e é por vezes verdade. De facto, é muitas vezes mais fácil numa negociação global cada Estado ou cada Governo apresentar ao respectivo público, isto é, ao respectivo eleitorado, dizendo: bom, é verdade que concedemos um pouco aqui, mas além obtivemos ganho de causa, dando-se então a situação curiosa de todos os Governos pretenderem que ganharam, o que é obviamente suspeito. Trata-se aqui de saber como encaramos a União Europeia. Se a considerarmos no quadro da teoria de jogos como um jogo de soma zero é óbvio que aquilo que um ganha o outro perde; mas se considerarmos ser possível que todos ganhem, podemos considerar também que todos perderiam se não chegássemos a um acordo.

Quanto às reformas institucionais, como há pouco disse, preocupa-me desde logo o efeito do alargamento do ponto de vista quantitativo e numérico. Temos de reconhecer que este alargamento vai trazer como consequência a necessidade da racionalização do processo de decisão comunitário. A verdade é que se aplicássemos as regras tal como existem hoje seria difícil chegar a conclusões. E o problema é que a actual situação negocial é desfavorável a Portugal porque duas ordens de argumentos nos conduzem a uma posição defensiva.

Os dois argumentos são o argumento democrático e o da eficiência. O argumento democrático que alguns invocam resume-se basicamente a dizer que quanto maior é o peso demográfico de um Estado maior deve ser o peso desse Estado. Um dado Estado que tenha mais cidadãos deve, em nome da democracia, ter mais peso – dizem alguns. A isto nós contrapomos que faz parte da génese do espírito da União o princípio da igualdade entre os Estados membros, e que mesmo um sistema federal é um sistema que confere uma vantagem relativa aos Estados mais pequenos. Se olharmos o caso norte-americano ou da Suíça, que ainda é o modelo que mais se aproxima do tipo federal, verificamos que os Estados federados mais pequenos têm relativamente mais poderes do que os maiores. A Suíça não existiria se o cantão germânico visse traduzido o seu real peso demográfico no Estado federal. Uma tal situação pura e simplesmente aniquilaria a Suíça de expressão francesa ou a micro Suíça de expressão italiana. Ou seja, de um ponto de vista de integração ou de coordenação entre Estados de diferente dimensão, parece-me óbvio que, se quisermos manter uma instituição, temos de reconhecer que se deve dar um peso proporcionalmente superior aos mais pequenos sob pena destes sentirem excluídos.

O que acontece hoje em dia é que são os grandes Estados que se queixam de poderem ficar numa situação de desvantagem, o que é de facto curioso e que a meu ver não corresponde minimamente à realidade. Nunca houve um caso na construção europeia em que os grandes ficassem de um lado e os médios ou pequenos do outro, excepto quando os próprios grandes abriram a questão institucional, como aconteceu em Nice. Mas se olharmos para todas as outras políticas, desde a política agrícola à política do ambiente, ou as políticas do primeiro, segundo ou terceiro pilar, não há memória no processo de construção europeia dos grandes serem marginalizados, bem pelo contrário. Há sim memória de um ou outro dos pequenos ficar numa situação relativamente desvantajosa. Este é um aspecto interessante a reter.

Os países que vão entrar na União Europeia serão naturalmente aliados de Portugal numa Europa mais equilibrada. Os grandes dizem que há o perigo de países, por exemplo a Alemanha, ficarem com menos votos do que os três países bálticos, que são muitíssimo mais pequenos. Do ponto de vista democrático, da quantidade da população, têm razão. Mas também é verdade que os três países bálticos são independentes, como também a Alemanha o é, e a questão é a de saber se se aplica o princípio da legitimidade democrática como se estivéssemos num Estado único, ou se se aplica um principio de legitimidade que respeite a existência dos Estados soberanos. É o ponto que está em discussão, e que penso que vai ser extremamente difícil de negociar porque Nice deixou infelizmente marcas.

Nice não foi adequadamente resolvido e abriu uma fractura, uma clivagem perigosa entre os Estados em função da sua dimensão, o que é obviamente um ponto difícil.

O outro argumento é o da eficácia, que também não nos é favorável. Dizem alguns que, com 25 Estados-Membros, não podemos ter os mesmos métodos de decisão, e nós concordamos que têm de ser alterados. Mas a questão é alterar como e em que sentido? Este é que é o problema em consideração na revisão dos Tratados, e é neste contexto que surgem certas vezes as ideias de directório. Quando se fala com os líderes dos países de maior dimensão sobre o directório, todos recusam a ideia. Mas a verdade é que ela já foi posta a circular como balão de ensaio, tendo mesmo já aparecido propostas como a da criação de um Conselho de Segurança dentro da União Europeia, para além de outras ideias semelhantes. Vamos portanto ter um debate difícil e que não se antevê de forma alguma simpático, mas que vai ter de ser travado porque há um equilíbrio que queremos manter.

Pessoalmente, estou convencido, como português e europeu, que seria trágico para a Europa abrir-se uma clivagem cujo resultado seria o de dar mais poder aos Estados de maior dimensão. Estou absolutamente convencido disso e, portanto, não é apenas em nome da defesa do interesse nacional que me vou bater para que o equilíbrio não se altere.

Poucos políticos europeus tiveram ou têm visão para entender isto. O Chanceler Kohl teve-a. Ele disse várias vezes que não é por causa de umas percentagens de votos que a Alemanha é mais ou menos importante, e isto é verdade. A Alemanha não precisa, para ser importante no contexto europeu, de ter mais dois ou três por cento na percentagem de votos, quando se trata do Conselho Europeu ou do Parlamento Europeu. A Alemanha tem naturalmente uma influência grande no contexto europeu. É obvio que sim. A questão está em saber se, para marcar a diferença de importância política ou de influência real no processo de decisão entre uma Alemanha e um Luxemburgo – para falar de dois casos extremos – é necessário traduzir isso do ponto de vista institucional e no plano dos princípios.

A nossa resposta é não, e que no plano dos princípios se deve manter a igualdade entre os Estados membros como princípio fundador da União Europeia. Isso não quer dizer que não aceitemos ajustamentos no processo de decisão. O problema não pode ser evitado e vai manifestar-se. O que está aqui em causa é saber se são os Estados da União que constituem a base da construção europeia.

Há alguns anos atrás estavam em voga doutrinas, por exemplo a da Europa das regiões, que procuravam superar o chamado Estado-Nação, que era visto muitas vezes como o inimigo dos próprios povos europeus. Isso compreende-se, pois é preciso não esquecer que muitos dos fundadores da Europa, muitos dos sinceros federalistas europeus, foram adeptos da construção da Europa como uma reacção ao nacionalismo extremado que levou, nomeadamente, à segunda guerra mundial. Na ideia de muitos federalistas sinceros, o melhor era superar o Estado-Nação, quase que visto como a causa principal de todos os vícios e males.

Hoje, no plano da decisão política, já ninguém defende isso na Europa. O que se defende, nomeadamente em muitos sectores na Alemanha, é a federação de Estados-nações, reconhecendo-se que a fonte da legitimidade está, não no povo europeu, mas em Estados soberanos que partilham soberania, formando mesmo um *pool* de soberanias. Mas o que é curioso, é que alguns Estados que não aceitam nem o argumento democrático nem o argumento federador, e que se opõem completamente às ideias de integração europeia supranacional, sejam os mesmos que querem traduzir a dimensão populacional dos Estados nos equilíbrios na União Europeia, o que revela uma contradição.

Admito que se se quiser transformar a União Europeia, não numa agremiação livre de Estados mas numa outra entidade cuja base de legitimidade esteja no povo europeu, poderíamos aceitar discutir a ideia da dimensão em termos puramente democráticos. Mas, curiosamente, são outros que não aceitam o argumento democrático que querem a tradução do peso demográfico.

Nesta linha de ideias, Portugal deve obviamente resistir ao que são desvios do projecto fundador da União Europeia. Mas deve fazê-lo pela positiva. Eu acredito que, por exemplo, podemos avançar ideias no sentido de dar maior coerência ao sistema institucional. Hoje, o cidadão europeu não compreende o sistema de decisão comunitário. Penso que às vezes nem os próprios peritos o entendem, de tal forma ele é opaco, oblíquo e cheio de artimanhas. Quero dizer, sobretudo aos que estudam estas matérias, que se às vezes não as entenderem não se sintam desanimados, porque eu já vi os maiores especialistas europeus no Conselho Europeu com dúvidas acerca da interpretação a dar em questões essenciais do processo de decisão. Era bom ter um sistema mais coerente. Por isso dir-vos-ia de forma provocativa que devíamos talvez acabar com os três pilares, termos um sistema horizontal, em que a Comissão manteria o seu direito de iniciativa exclusivo na maior parte das matérias, mas em que se permitiria também esse mesmo direito de iniciativa aos Estados, nomeadamente nas questões hoje em dia reservadas ao segundo e terceiro pilares. Na segurança interna, como na defesa e na política externa, os Estados teriam também o direito de iniciativa. Em vez da arquitectura diferente que hoje temos, com três pilares e com distintos modos de decisão em função da matéria, poderíamos ter a mesma regra horizontalmente, sendo a Comissão a manter este papel de iniciativa.

Considero muito importante o papel da Comissão Europeia e, ao contrário da imagem que existia há alguns anos atrás duma Comissão ameaçadora para os interesses nacionais devido à sua natureza supranacional, quero dizer-vos que a minha experiência dentro da Europa mostra que a Comissão Europeia é um factor importantíssimo de equilíbrio entre os diferentes Estados. O interesse europeu, e também o interesse português, vão no sentido de se manter e reforçar a Comissão Europeia como órgão independente no processo de construção europeia.

A actual deriva institucional na Europa deve-se em parte à perda de poder da Comissão. Foi uma das questões que me surpreendeu. Em muitos momentos difíceis da União ou da Comunidade Europeia vi os principais líderes europeus voltarem-se para a Comissão, e nomeadamente para Jacques Delors, de onde dimanava frequentemente a proposta de compromisso. Havia então o entendimento de que aquilo que ele apresentasse era aceite. Era uma regra não escrita, e como acontece nos Tratados ou nas Constituições, muitas vezes as regras mais importantes são as que não estão escritas. A Comissão Europeia tinha a vantagem de ser normalmente a entidade que melhor conhecia a matéria e também de ter negociado com alguns países antecipadamente uma solução mais ou menos equilibrada. É pois óbvio que se quisermos dar valor à Comissão Europeia se deve colocar à frente dela alguém com indiscutível capacidade de liderança e até com uma certa supremacia em relação aos líderes europeus.

Queria concluir antecipando as vossas questões, porque gostava, se tiver oportunidade, de responder a comentários ou críticas que queiram dirigir-me. Este momento para a Europa é um momento difícil porque se assiste ao confluir de várias negociações extremamente complexas. Mas é normalmente nestes momentos que nascem as grandes oportunidades. O processo de construção europeia aí está para o demonstrar. Nas doutrinas de integração fala-se muitas vezes do "spill over" envolvendo um salto em frente no ponto de vista europeu. A meu ver estamos ainda numa fase muito inicial. Os diferentes Estados membros estão a marcar posições, e isto também foi o que fiz hoje aqui. Sei que estou a ser ouvido por alguns Embaixadores e, portanto, também estou a marcar posições de negociação. É óbvio que no final tem de haver um compromisso, e isto é, aliás, muito positivo na Europa.

De facto, o melhor que a Europa tem para dar é a ideia de compromisso, de que um não deve esmagar o outro, a ideia de que pode haver um acordo em que cada um salvaguarde o essencial das suas posições. Portugal não pode ir para a negociação europeia dizendo que vai conseguir ganho de causa em tudo; se o fizer, não está a ser honesto, ou os seus governantes não estão a ser honestos com os seus eleitores. Mas temos de pedir também aos outros esse mesmo espírito de compromisso. Pode ser que a confluência no tempo de negociações tão diferentes como as perspectivas financeiras, a reforma institucional, as revisões intercalares de algumas políticas sectoriais, e o próprio alargamento da União Europeia, permita à Europa dar um novo salto em frente.

Só desejo que esse salto seja dado com respeito por alguns princípios, entre os quais o princípio da igualdade entre Estados-membros, e é por isso que vamos bater-nos.

Muito obrigado pela vossa atenção.

A CONVENÇÃO E A EUROPA DO SÉCULO XXI

MARIA EDUARDA AZEVEDO
Deputada do PSD
Membro Titular em representação da Assembleia da República
Docente Universitária

A Convenção sobre o Futuro da Europa não é um "think tank", nem um mega Grupo de Sábios, nem uma assembleia constituinte, nem uma conferência diplomática ou de carácter intergovernamental.

A Convenção foi concebida como uma assembleia política de reforçado tónus parlamentar, com uma missão indissociável da análise crítica requerida pelas contingências do tempo histórico que marca o momento presente deste complexo processo de cinquenta anos de integração europeia.

Pelo modelo escolhido, na senda da experiência pioneira ensaiada para a Carta dos Direitos Fundamentais da União Europeia, combinando o executivo e o legislativo, as vertentes comunitária e nacional e, ainda, associando inovadoramente representantes dos países candidatos, a Convenção exprime a sua plena legitimação democrática.

No tocante ao mandato, conferido pela Declaração aprovada no Conselho Europeu de Nice e reafirmada pela Declaração de Laeken, é da reforma das instituições europeias e, sobretudo, da elaboração de um Tratado Constitucional a aprovar pela Conferência Intergovernamental de 2004 que se trata.

Por isso, é através da promoção de um amplo e aprofundado debate sobre as opções políticas fundamentais da União do século XXI que a Convenção pretende posicionar-se como a pedra-angular de um processo de refundação da Europa, aberto, transparente, amplamente participado pela sociedade civil e credor de um insubstituível lugar na História.

Quanto à oportunidade do seu lançamento, a Convenção sobre o Futuro da Europa surge, num momento em que a Europa se vê declaradamente confrontada com grandes desafios e apostas políticas que marcam o novo ciclo da integração europeia.

De facto, a Europa chegou ao fim do século XX com o desígnio económico praticamente realizado. Nos anos 60 foram lançadas, irreversivelmente, as bases da União Aduaneira, do Mercado Comum e da primeira Política Comum. Nos anos 80 foi a vez do projecto do Mercado Interno, enquanto Objectivo/92. Na década de 90 chegou a integração monetária com o Tratado de Maastricht e a retoma do Plano Werner e, após a criação do Euro, poderoso factor de consolidação da cidadania europeia e reflexo da solidariedade entre os povos, cumpriu-se a profecia "a Mercado Único, Moeda Única".

Neste contexto, após a realização sucedida destes patamares da integração, a União esforça-se agora por completar o projecto dos Pais Fundadores e desenvolver sem tibiezas uma inequívoca valência política.

Entretanto, com a Queda do Muro de Berlim o cenário geoestratégico europeu mudou radicalmente. O fim do mundo bipolar assente em duas superpotências, dois sistemas político-ideológicos antagónicos, duas alianças militares, duas Europas e duas Alemanhas deixou de enformar o mapa geopolítico do pós-guerra e abriu o caminho à reunificação europeia.

Reunificação que constitui um desafio histórico irrecusável.

Por isso, desde 1989 que a adesão dos jovens regimes democráticos do Centro e Leste europeu se prefigurou como uma das maiores apostas políticas da construção europeia. Sem precedentes dado o elevado número de candidatos e a exigência da respectiva adaptação política e económica à matriz comunitária, o futuro alargamento ganhou compreensivelmente a dimensão e a dignidade de grande desígnio político da União no século XXI.

Alargamento que traz de novo à ribalta o consagrado binómio alargamento-aprofundamento, embora já não nos tradicionais termos dilemáticos a que as experiências pretéritas nos habituaram. Pela primeira vez, ambos os movimentos têm de ser simultâneos, pela dependência e pelas sinergias entre ambos.

Daí que, entre os múltiplos desafios que envolve, o próximo alargamento esteja ainda condenado a funcionar como a mola impulsionadora de um teste decisivo à dinâmica comunitária. Muito em particular, um teste não só à efectiva vitalidade do projecto europeu, mas também à real vontade política e ao empenhamento dos Estados membros para continuarem a caminhada conjunta para um novo e mais exigente nível de integração, agora no contexto da Europa reunificada.

Associando a valência de mercado único à dimensão territorial e às potencialidades que as novas adesões vão trazer ao mercado europeu, a União será então, indiscutivelmente, um Grande Mercado Alargado. Daí que, face a uma Comunidade que tem usado cláusulas de opt-out, admite ritmos e modelos diferenciados de integração e quase só aceita mecanismos de integração política instrumentais da integração monetária, seja pertinente indagar o que é que os cidadãos querem.

Uma Europa potência económica numa economia global, que responda apenas ao nível que, de forma explícita, se propôs atingir desde o Tratado de Roma ou uma Europa que também se afirme politicamente na cena e governação mundiais.

É que, se a ambição europeia se orientar para uma integração política mais consistente, impondo opções estruturantes, urge lançar um importante debate não só para apuramento do modelo político que os europeus querem desenvolver, mas também para identificar as respectivas exigências.

Nesta medida, a Europa está hoje, claramente, numa encruzilhada.

Chegou o momento da Europa definir com clareza o que é e, em especial, qual o papel que quer desempenhar no xadrês político mundial.

Mas na segunda metade da década de noventa, o processo de preparação da União para o alargamento suscitou novos problemas e criou fracturas entre os parceiros europeus. Problemas e fracturas a que estes procuraram responder com meias e inconclusivas soluções, contribuindo definitivamente para adensar ainda mais este clima e tornando ainda mais premente um debate consciente e desapaixonado sobre o futuro da Europa.

Primeiro, o Tratado de Amsterdão adiou decisões institucionais importantes com os seus "leftovers" e, em seguida, o Tratado de Nice brindou a Comunidade e o Mundo com um exercício de pura partilha de poder, subvertendo princípios e valores fundamentais da integração como a igualdade entre os Estados, a solidariedade e a coesão.

E foi num ambiente de grande dramatização que a negociação do Tratado de Nice constituiu um claro alerta para os riscos da indefinição que grassava. Daí que o acordo alcançado para a realização de uma ampla reflexão sobre o Futuro, da União previamente à nova Conferência Intergovernamental de 2004, tivesse representado o melhor legado do Tratado aos cidadãos europeus.

Mas, para ser realmente útil e marcar a mudança, o processo reformista em 2004 não podia ficar circunscrito à acção dos Governos e à proverbial reserva e opacidade das Conferências Intergovernamentais.

Embora ao longo da história da construção da Europa as Conferências Intergovernamentais tenham sido marcos de relevância ímpar quando estiveram em causa reformas comunitárias essenciais, hoje a União não pode ignorar que no passado recente este instrumento de direito internacional parece ter começado a banalizar-se, comprometendo a própria imagem e a credibilização da Europa e do seu projecto perante a comunidade internacional e, em particular, aos olhos dos cidadãos europeus.

Por isso, a palavra-de-ordem foi encontrar um novo modelo, mais operativo, mais democrático, mais transparente e, sobretudo, mais participado, capaz de dar voz às opiniões públicas nacionais e ao sentir dos povos europeus.

Neste particular, a Convenção sobre o Futuro da Europa tem potencial para responder a este múltiplo desafio.

2. Encetados a 28 de Fevereiro de 2002 e tendo o término marcado para 30 de Julho de 2003, os debates da Convenção centraram-se, naturalmente, na afirmação e defesa dos valores nucleares da paz, da democracia, da igualdade, da solidariedade e da coesão, constitutivos da base mínima de confiança entre os parceiros europeus e entre a Europa e os seus cidadãos.

Uma vez assumida esta plataforma de entendimento, a Convenção identificou como primeira prioridade saber que papel os cidadãos desejam para a Europa neste mundo globalizado, quais as suas expectativas, qual a razão das suas críticas, quais os motivos do afastamento, senão mesmo da rejeição, sensível em largas franjas da população comunitária em relação ao projecto europeu.

O combate às fragilidades na origem desse mal-estar ditou uma estratégia que tem numa legislação comunitária inteligível e num processo decisório mais democrático, mais transparente, mais célere e mais eficaz uma condição necessária, se bem que não suficiente, para promover e assegurar essa renovação de atitudes.

Que encontra numa distribuição de competências entre os diversos agentes comunitários no respeito pelos princípios da subsidiariedade e da proporcionalidade um apoio vital.

Até porque com a evolução do processo comunitário, a Comunidade passou a intervir de forma crescente em praticamente todos os domínios da vida quotidiana dos cidadãos. E a par de áreas em que a intensidade e a valia dessas intervenções são questionadas pelas opiniões públicas nacionais, outras há em que, inversamente é ainda a ausência de acções comunitárias o objecto da reivindicação social.

Todos os estudos de opinião tão unânimes em apontar os domínios da Justiça e da Segurança, da luta contra a criminalidade transfronteiriça, do controlo dos fluxos migratórios e do asilo como aqueles em que só uma actuação comum é passível de responder aos desejos e aos sentimentos dos cidadãos.

Por isso torna-se imperioso que a subsidiariedade deixe de ser um mero princípio teórico e passe a constituir o critério para o efectivo apuramento das responsabilidades dos vários agentes europeus.

Estratégia que também não pode passar à margem do envolvimento mais activo e permanente dos Parlamentos Nacionais no processo político e legislativo da União, até como meio de prevenir a recentragem do déficit democrático no plano nacional.

3. Hoje, a Convenção tem a rolar, com um ritmo e harmonia auspiciosos, todas as componentes da sua estratégia: a componente política, a componente social, a componente Jovem.

A **componente política** tem-se centrado nos debates que realiza em sessões plenárias, a que acresceu até agora o funcionamento de um primeiro pacote de 6 Grupos de Trabalho – sobre o Princípio da Subsidiariedade, sobre a Carta dos Direitos Fundamentais, sobre a Personalidade Jurídica da União, sobre os Parlamentos Nacionais, sobre as Competências Complementares, sobre a Governação Económica. Neste momento está já lançada uma segunda vaga de 4 novos Grupos de Trabalho – sobre a Acção Externa, sobre a Defesa, sobre a Simplificação de Procedimentos e Instrumentos e sobre a Justiça e Segurança, cujos relatórios estarão certamente concluídos e discutidos até finais de 2002 de modo a que as suas conclusões possam ser incluídas no Anteprojecto do Tratado Constitucional.

Por outro lado, espera-se que no início e 2003, seja definida a metodologia para o debate dos capítulos das instituições, pedra-angular do Anteprojecto do Tratado Constitucional.

Quando se ocupar da questão institucional, é natural que a Convenção perca um pouco da vertente académica e de estudo aprofundado que tem revestido e passe a privilegiar a transparência do debate marcadamente político e a dinâmica das sessões plenárias. É algo que veremos em Janeiro do próximo ano.

No tocante à **componente social**, traduziu-se num primeiro momento nos Encontros já organizados com a Sociedade Civil, que mobilizaram organizações com voz numa multiplicidade de áreas como a Cultura, os Meios Académicos, os Direitos Humanos, o Ambiente, o Desenvolvimento e o Sector Social.

Por fim, a **Convenção dos Jovens**, realizada em Julho, constituiu um claro investimento nos leaders e opinion-makers do amanhã.

Sem querer adiantar, porque necessariamente precipitadas, quaisquer conclusões, e independentemente do acolhimento que vierem a merecer as propostas finais que saírem da Convenção, parece claro que a dinâmica que esta soube ganhar fadam a iniciativa para o sucesso, tendo-a já inscrito na história da integração europeia.

4. Uma palavra final sobre o Tratado Constitucional de que tanto se fala apesar do seu conteúdo ser ainda naturalmente desconhecido. Não obstante a indefinição, a este propósito alimentam-se já múltiplas expectativas e exprimem-se alguns receios e dúvidas.

Mas, uma coisa é certa: mesmo nesta fase preliminar em que o Tratado Constitucional ou a Constituição da Europa não é mais do que o anúncio de um projecto, ele não deixa ninguém indiferente.

O debate do projecto de Constituição será a fase em que se começará a vislumbrar a face desta nova Europa. Será a fase política por excelência.

Constituição que há-de estabelecer os princípios fundadores da União, reconhecer personalidade jurídica à União, integrar a Carta dos Direitos Fundamentais, eliminar a estrutura dos pilares introduzida pelo Tratado de Maastricht e conferir primado ao método comunitário sobre o método intergovernamental, definir um novo quadro institucional com salvaguarda do equilíbrio a nível do triângulo institucional, clarificar as competências da União Europeia e dos Estados membros e definir o conjunto do processo legislativo e decisório da União de maneira clara, transparente e inteligível.

Uma Constituição Europeia para a União, dirigida a todos os Cidadãos, concebida como um acto de refundação, agrupando os diferentes tratados e fundindo-os num único texto relativo a uma única entidade.

A Constituição deve sublinhar o facto de que a União Europeia é uma construção ímpar, sem precedentes históricos ou jurídicos. Construção que repousa na dupla legitimidade dos Cidadãos e dos Estados.

Os trabalhos da Convenção são eivados da ambição dos que querem contribuir para a construção de uma Europa mais democrática, mais clara e mais eficaz, inspirada nos princípios da igualdade e da solidariedade entre os parceiros europeus. Dos que querem criar uma Europa capaz de vencer os desafios de um mundo globalizado e de responder às questões e aos anseios dos cidadãos.

Lisboa, Julho de 2002.

UNIÃO EUROPEIA E ENTIDADES REGIONAIS: AS REGIÕES AUTÓNOMAS E O PROCESSO COMUNITÁRIO DE DECISÃO

– relatório português –[*]

MARIA LUÍSA DUARTE
Professora da Faculdade de Direito de Lisboa

SUMÁRIO: I. A Constituição Portuguesa de 1976 e as Regiões Autónomas – breve enquadramento. II. A participação das Regiões Autónomas no processo de formação da decisão comunitária. III. A participação das Regiões Autónomas no processo interno de aplicação do Direito Comunitário. IV. A União Europeia e o papel futuro das entidades regionais – subsidiariedade e participação (algumas propostas de reforma).

I. A Constituição Portuguesa de 1976 e as Regiões Autónomas – breve enquadramento

1. A Constituição Portuguesa proclama no seu artigo 6.º:

"*1. O Estado é unitário e respeita na sua organização e funcionamento o regime autonómico insular e os princípios da subsidiariedade, da autonomia das autarquias locais e da descentralização democrática da administração pública.*

---

[*] Elaborado para o colóquio organizado pela Universidade de Roma "Tor Vergata" sobre o tema "*L'Europa delle Autonomie*" (Junho de 2002).

2. *Os arquipélagos dos Açores e da Madeira constituem regiões autónomas dotadas de estatutos político-administrativos e de órgãos de governo próprio.*"

O princípio da descentralização de base territorial inspirou uma opção constitucional de graus diferentes de autonomia, previstos sob a forma de **regiões autónomas** e **autarquias locais**. No Continente, os entes autárquicos compreendem as freguesias, os municípios e as regiões administrativas. Apesar de a Constituição manter a referência às regiões administrativas e ao respectivo processo de criação, a realização de um referendo nacional em Novembro de 1998 deu uma resposta negativa à questão sobre a sua instituição em concreto e adiou, por isso, a sua eventual criação. No entanto, as regiões administrativas estão previstas na Constituição com um estatuto próprio de autarquia local, limitado, pois, à autonomia meramente administrativa (v. artigos 255.° a 262.°).

As autarquias locais portuguesas desempenham um papel muito secundário no processo comunitário de decisão: os municípios estão representados no Comité das Regiões[1] e dispõem de poder regulamentar próprio, mas carecem de poderes de autonomia político-administrativa e de participação internacional que a Constituição reserva para as regiões autónomas dos Açores e da Madeira. À luz da Constituição Portuguesa, e com fundamento na prática política iniciada com a adesão de Portugal às Comunidades Europeias em Janeiro de 1986, podemos concluir que apenas as regiões autónomas estão em condições de assegurar uma participação directa e efectiva no processo comunitário de decisão, tanto na fase ascendente como na fase descendente. Por esta razão, o presente relatório caracteriza a experiência portuguesa na perspectiva das regiões autónomas, manifestação única de regionalismo político no seio de um *Estado* que é, por imperativo constitucional, *unitário*.

2. O artigo 225.°, n.° 1, da Constituição, indica como fundamentos da autonomia político-administrativa reconhecida aos arquipélagos dos Açores e da Madeira: *as características geográficas, económicas, sociais*

---

[1] Dos doze membros portugueses do Comité das Regiões, dois asseguram a representação das regiões autónomas, um pela Madeira, outro pelos Açores, e dez representam as autarquias locais (v. Resolução da Assembleia da República n.° 1/94, de 5 de Janeiro de 1994 sobre a *Designação dos Representantes Portugueses no Comité Europeu das Regiões* e Resolução do Conselho de Ministros n.° 10/2002 (2ª série), de 17 de Janeiro de 2002, de nomeação dos novos representantes).

e culturais e ainda as históricas aspirações autonomistas das populações insulares. O regime autonómico é exercido no quadro definido pela Constituição e não pode afectar a "*integridade da soberania do Estado*" (v. artigo 225.º, n.º 3). Para além da Constituição – em particular, os artigos 225.º a 234.º –, são os estatutos político-administrativos que definem o quadro jurídico da autonomia regional (v. artigo 226.º)[2].

3. Constituem órgãos de governo próprio de cada região a assembleia legislativa regional, eleita por sufrágio directo, secreto e universal, e o governo regional que é politicamente responsável perante o órgão parlamentar da região (v. artigo 231.º da Constituição). Por seu lado, o presidente do governo regional é nomeado pelo Ministro da República de acordo com os resultados eleitorais. Nos termos do artigo 230.º da Constituição, o Ministro da República é o representante do Estado nas regiões autónomas. Apesar das fortes críticas que este cargo tem suscitado junto de certos sectores da classe política regional, que propõem a sua extinção, o Ministro da República tem sobrevivido a sucessivas revisões constitucionais e constitui, em nossa opinião, uma ponte de extrema importância entre o plano nacional e o plano regional de exercício do poder político pelo Estado Português.

4. A Constituição, completada e desenvolvida pelos Estatutos, atribui às regiões autónomas um conjunto vasto e importante de poderes de natureza política, legislativa e administrativa. Destacamos os seguintes poderes, em virtude do seu particular significado para a efectivação de um projecto de autonomia e ainda porque podem funcionar como instrumentos privilegiados de integração das regiões autónomas na dinâmica de decisão política da União Europeia: **1) Legislar** em matérias de interesse específico para as regiões que não estejam reservadas à Assembleia da República e ao Governo [v. artigo 227.º, n.º 1, alíneas a), b) e c)]; **2) Regulamentar** a legislação regional e as leis gerais aprovadas pela Assembleia da República e pelo Governo que não reservem para estes órgãos de soberania o respectivo poder regulamentar [v. artigo 227.º, n.º 1, alínea

---

[2] O Estatuto Político-Administrativo da Região Autónoma dos Açores foi aprovado pela Lei n.º 39/80, de 5 de Agosto, alterado pela Lei n.º 9/87, de 26 de Março e pela Lei n.º 61/98, de 27 de Agosto.

O Estatuto Político-Administrativo da Região Autónoma da Madeira foi aprovado pela Lei n.º 13/91, de 5 de Junho, alterado pela Lei n.º 130/99, de 21 de Agosto.

d)]; **3) Exercer iniciativa legislativa** sobre matérias relativas às regiões autónomas, perante a Assembleia da República [v. artigo 227.°, n.° 1, alínea f) e artigo 167.°, n.° 1]; **4) Exercer poder executivo próprio**, com exclusão da função de tutela do Governo da República [v. artigo 227.°, alínea g)]; **5) Exercer poderes de participação em funções e actos do Estado** – v.g. participar nas negociações de tratados e acordos internacionais que directamente lhes digam respeito, bem como dos benefícios deles decorrentes [v. artigo 227.°, n.° 1, alínea t)]; estabelecer cooperação com outras entidades regionais estrangeiras e participar em organizações que tenham como objectivo promover o diálogo e a cooperação inter-regional, de acordo com as orientações definidas pelos órgãos de soberania com competência em matéria de política externa [v. artigo 227.°, n.° 1, alínea h)]; participar, em matérias de interesse específico, na definição das posições do Estado Português no âmbito do processo de integração europeia [v. artigo 227.°, n.° 1, alínea v), 2ª parte]; participar no processo de construção europeia através da representação junto das respectivas instituições regionais [v. artigo 227.°, n.° 1, alínea x), 1ª parte]; pronunciar-se, por sua própria iniciativa ou a pedido dos órgãos de soberania, sobre as questões de competência destes que lhe digam respeito [v. artigo 227.°, n.° 1, alínea v), 1ª parte][3].

5. Sobre os órgãos de soberania recai a obrigação especial de cooperação com os órgãos de governo regional, o que envolve, por um lado, o dever de audição das autoridades regionais em relação às questões de interesse regional e, por outro lado, um dever de solidariedade. A Constituição identifica expressamente como "*tarefa fundamental do Estado*" a promoção do desenvolvimento harmonioso de todo o território nacional, tendo em conta, designadamente, o carácter ultraperiférico dos Açores

---

[3] Sobre a natureza e o âmbito dos poderes das regiões autónomas, veja-se, entre a doutrina mais recente, J. J. Gomes CANOTILHO, *Direito Constitucional e Teoria da Constituição*, 4ª ed., Coimbra, 2000, p. 353 e segs.; Rui MEDEIROS / Jorge Pereira da SILVA, *Estatuto Político-Administrativo dos Açores*. Anotado, Lisboa, 1997; Jorge MIRANDA, *Manual de Direito Constitucional*, 4ª ed., Coimbra, 1998, Tomo III, p. 304 e segs.; Jorge MIRANDA / Jorge Pereira da SILVA (org.), *Estudos de Direito Regional*, Lisboa, 1997; Carlos Blanco de MORAIS, *A autonomia legislativa regional*, Lisboa, 1993; Jorge Pereira da SILVA, "Regiões Autónomas", in *Dicionário Jurídico da Administração Pública*, 1996, vol. VII, p. 130 e segs.

Uma recolha actualizada da legislação relativa às Regiões Autónomas encontra-se in Dorinda Vagos GOMES / Nuno Cunha RODRIGUES, *Legislação Fundamental sobre as Regiões Autónomas*, Coimbra, 2001.

e da Madeira [v. artigo 9.°, alínea g)], sublinhando como objectivo a *"correcção das desigualdades derivadas da insularidade"* (v. artigo 229.°, n.° 1, *in fine*). Verifica-se, assim, uma adequada convergência entre a Constituição Portuguesa e o Tratado da Comunidade Europeia, seja no que toca à identificação das causas objectivas do atraso estrutural das regiões autónomas – a ultraperifericidade e a insularidade (v. artigo 299.°, n.° 2, artigo 158.°, parágrafo segundo, do TCE, completados pela Declaração n.° 30, anexa ao Tratado de Amesterdão, relativa às regiões insulares) – seja no que se refere às políticas e às medidas de correcção do acentuado défice de desenvolvimento económico e social dos Arquipélagos dos Açores e da Madeira que desfavorecem estas regiões no contexto nacional e no contexto comunitário.

II. **A participação das Regiões Autónomas no processo de formação da decisão comunitária**

6. A Constituição Portuguesa define e consagra, com adequado grau de especificação, os direitos de participação das regiões autónomas no processo de formação da decisão comunitária. Todas as disposições constitucionais relativas aos direitos de participação das Regiões Autónomas, constantes das diversas alíneas do artigo 227.°, são directamente aplicáveis. O exercício destes direitos pelos órgãos de governo regional não depende, pois, de legislação ordinária. Existem, é certo, diplomas legislativos que regulam determinadas condições de exercício dos referidos direitos. Este enquadramento de base legal está, contudo, longe de ser exaustivo, pelo que é na Constituição que devemos buscar o fundamento jurídico de um modelo de articulação entre as autoridades nacionais e as autoridades regionais que visa assegurar a estas últimas uma participação efectiva no processo comunitário.

7. A Constituição reconhece às Regiões Autónomas duas formas distintas, mas interdependentes, de participação: a) **participação interna**; b) **participação externa**.

8. a) Nos termos definidos pela Constituição, as regiões autónomas são titulares de direitos de participação que interferem directamente com o processo interno de preparação das decisões a adoptar pelos órgãos comunitários, em especial o Conselho da União Europeia:

1) Direito de pronúncia e direito de audição sobre as matérias de interesse regional com vista à definição das posições do Estado Português "*no âmbito do processo de construção europeia*" [v. artigo 227.º, n.º 1, alínea v) da Constituição; artigo 83.º, alínea c) do Estatuto Político-Administrativo dos Açores; artigo 94.º do Estatuto Político-Administrativo da Madeira].

A Lei n.º 40/96, de 31 de Agosto, regula a audição dos órgãos de governo próprio das regiões autónomas, mas encontra-se desactualizada relativamente às exigências em matéria de audição sobre questões europeias, introduzidas pela quarta revisão constitucional de 1997. O artigo 2.º da Lei n.º 40/96 prevê a audição prévia na fase que antecede a aprovação pela Assembleia e pelo Governo de actos legislativos ou de actos regulamentares pelo Governo; alarga ainda o dever de audição às situações em que o Governo da República se deva pronunciar sobre questões de natureza política, o que abrange, por exemplo, a preparação das posições a adoptar no seio do Conselho da União Europeia. Em contrapartida, a Lei n.º 40/96 não prevê a audição dos órgãos do governo regional pela Assembleia da República na situação em que este órgão de soberania pretenda pronunciar-se "*sobre as matérias pendentes de decisão em órgãos no âmbito da União Europeia que incidam na esfera da sua competência legislativa reservada*" [v. artigo 161.º, alínea n)]. Neste caso, deve entender-se, com fundamento directo no artigo 227.º, n.º 1, alínea v) da Constituição, que será promovida a audição dos governos regionais sempre que os projectos de actos comunitários em apreciação versem sobre matérias de interesse regional. Por outro lado, e uma vez que este direito de audição foi constitucionalmente definido por referência às *posições do Estado Português a adoptar no âmbito do processo de construção europeia*, entendemos que se aplica, igualmente, às situações em que internamente se debatem as reformas aos tratados institutivos ou outras questões fundamentais relacionadas com a existência e o futuro da União Europeia.

2) Direito de participação institucional – o artigo 227.º, n.º 1, alínea x), 2ª parte, atribui às regiões autónomas o direito de participar no processo de construção europeia através da integração dos seus representantes nas delegações nacionais envolvidas nos processos de decisão comunitária sobre actos que versem matérias do seu interesse específico. Na prática, verifica-se que este direito tem sido rigorosamente respeitado. Com total independência de razões de ordem político-partidária que possam opor no plano interno o Governo da República aos governos regionais, as autoridades regionais são convidadas a indicar os seus representantes nas delegações do Estado Português, seja no plano da negociação técnica que tem lugar nos grupos de trabalho ou em contacto directo com a Comissão das Comunidades Europeias, seja no plano da negociação política no seio do Conselho de Ministros da União Europeia[4].

Por outro lado, às regiões autónomas tem sido reconhecido um *direito de informação e acompanhamento permanente das questões europeias* através da nomeação dos seus representantes como membros de estruturas orgânicas do Estado Português com funções específicas em matéria de integração europeia. Cumpre referir a este propósito a REPER (Representação Permanente de Portugal junto da União Europeia). O Decreto-Lei n.º 146/2001, de 2 de Maio, reconhecendo a crescente importância das questões europeias para os interesses próprios das regiões, determinou a criação da categoria de conselheiro especial para os assuntos relativos às regiões autónomas dos Açores e da Madeira. Sob a direcção do representante permanente, compete ao conselheiro regional:

a) "Acompanhar os assuntos relativos às Regiões Autónomas dos Açores e da Madeira, no âmbito da União Europeia;

b) Participar nas reuniões, grupos de trabalhos e outras actividades que digam respeito aos assuntos daquelas Regiões Autónomas;

c) Acompanhar quaisquer assuntos respeitantes àquelas Regiões Autónomas relacionados com a actividade da Representação Permanente;

d) Promover e apoiar a adopção de medidas específicas da União Europeia relativas às Regiões Autónomas dos Açores e da Madeira."

No plano da coordenação interna das posições do Estado Português, funciona a CIAC (Comissão Interministerial dos Assuntos Comunitários) que, presidida pelo Ministro dos Negócios Estrangeiros, integra representantes (vogais) de todos os ministérios e dois representantes regionais, um por cada região autónoma. Nos termos definidos pelo Decreto-Lei n.º 345/91, de 17 de Dezembro, a CIAC[5] prossegue os seguintes objectivos:

---

[4] A Constituição Portuguesa exclui a possibilidade de confiar a um membro do governo regional a representação da República Portuguesa no Conselho de Ministros da União Europeia, uma vez que os secretários regionais carecem de poderes de vinculação internacional, contrariando deste modo a condição imposta pelo artigo 203.º, parágrafo primeiro, do Tratado da Comunidade Europeia. Sobre este ponto, v. Maria Luísa DUARTE, *Direito da União Europeia e das Comunidades Europeias*, Lisboa, Lex, 2001, vol. I, tomo I, p. 113.

[5] O Decreto-Lei n.º 48/94, de 24 de Fevereiro, que aprovou a nova orgânica do Ministério dos Negócios Estrangeiros, alterou a designação originária desta estrutura de CICE (Comissão Interministerial das Comunidades Europeias), existente desde 1986, para CIAC.

"Tendo em conta a prossecução dos seus objectivos, compete à CICE, designadamente:

a) Apresentar propostas relativas às grandes linhas de orientação quanto aos assuntos comunitários;

b) Deliberar sobre todas as matérias onde se revele necessária a coordenação das posições portuguesas, definindo, no plano técnico, as posições negociais a seguir desde o início do processo legislativo comunitário;

c) Definir a posição portuguesa relativamente aos assuntos europeus constantes das agendas das reuniões dos representantes permanentes junto das Comunidades Europeias, tendo em vista a transmissão das correspondentes instruções;

d) Acompanhar regularmente o impacte da integração europeia na economia e sociedade portuguesas;

e) Apreciar os pareceres dos parceiros económicos e sociais;

f) Definir a orientação portuguesa em matéria de pré-contencioso e de contencioso comunitário." (v. artigo 3.°).

Os representantes regionais participam nas reuniões ordinárias semanais, podem propor temas para discussão e têm ainda o direito de fazer parte de qualquer subcomissão ou grupo de trabalho de coordenação técnica que venha a ser criado com vista ao estudo de determinadas matérias, entendendo-se que este direito depende, naturalmente, da incidência regional da matéria a tratar.

De uma forma coerente, a estrutura orgânica dos governos regionais reflecte esta necessidade de acompanhar os aspectos técnicos e políticos do processo interno de preparação das posições da República Portuguesa nas instâncias comunitárias competentes. O Governo Regional dos Açores, tendo em conta o objectivo de uma maior exigência na consideração dos assuntos europeus, criou os cargos de Subsecretário Regional do Planeamento e Assuntos Europeus e de Director Regional dos Assuntos Europeus[6]. Por seu lado, o Governo Regional da Madeira confiou à Vice-Presidência do Governo as atribuições referentes aos "assuntos europeus"[7].

---

[6] V. Decreto Regulamentar Regional n.° 33/2000/A, de 11 de Novembro (Estrutura orgância do VIII Governo Regional dos Açores).

[7] V. Decreto Regulamentar Regional n.° 43/2000/M, de 12 de Dezembro (Organização e funcionamento do Governo Regional da Madeira).

9. b) O artigo 227.°, n.° 1, alínea x), 1ª parte, associa de modo expresso o direito de participação das Regiões Autónomas à sua "*representação nas respectivas instituições regionais*" do processo de construção europeia, ou seja, à sua representação nos órgãos da União Europeia de composição ou representatividade regional – como é, justamente, o caso do Comité das Regiões, no qual as Regiões Autónomas dos Açores e da Madeira estão representadas pelos respectivos presidentes dos governos regionais[8]. Acrescente-se que a nomeação compete ao Governo da República, mas depois de ouvidos os órgãos de governo próprio das Regiões Autónomas[9].

A Constituição Portuguesa configura com um alcance limitado a actuação externa das regiões autónomas: **participam, mas não decidem**[10]; **participam, mas não vinculam a República Portuguesa**; **são consultadas, mas a definição final da posição negocial compete aos órgãos de soberania**. Mesmo no quadro do Comité das Regiões, contam apenas com dois dos doze representantes portugueses. Este estatuto relativamente desvalorizado das regiões autónomas no contexto das relações internacionais e, concretamente, da União Europeia encontra, todavia, justificação na **estrutura unitária** do Estado Português, muito diferente, por consequência, dos modelos organizatórios de Estados-membros integralmente regionalizados, como acontece com a Itália e a Espanha.

III. A participação das Regiões Autónomas no processo interno de aplicação do Direito Comunitário

10. A Constituição Portuguesa não regula de maneira específica as formas e as modalidades de participação do decisor regional no processo descendente de aplicação interna do Direito Comunitário. Importa, por

---

[8] V. Resolução do Conselho de Ministros n.° 10/2002 (2ª série), de 17 de Janeiro de 2002.

[9] V. Resolução da Assembleia da República n.° 1/94, de 5 de Janeiro de 1994 (Designação dos representantes portugueses ao Comité Europeu das Regiões).

[10] A Constituição acolhe no artigo 227.°, n.° 1, alínea u) o direito regional de "*estabelecer cooperação com outras entidades regionais ou estrangeiras e participar em organizações que tenham por objecto fomentar o diálogo e a cooperação inter-regional*", mas ressalva que esta cooperação e esta participação devem respeitar "*as orientações definidas pelos órgãos de soberania com competência em matéria de política externa*". Com este enquadramento, as regiões autónomas fazem parte da *Conferência das Regiões Periféricas Marítimas* e participam também na *Assembleia das Regiões da Europa*.

isto, sublinhar que o papel do decisor comunitário deve ser identificado com base nas regras e critérios de fonte constitucional aplicáveis à repartição de competências – legislativas e administrativas[11] – entre o Estado e as regiões autónomas.

11. Em primeiro lugar, cumpre clarificar aquilo que o decisor regional não pode fazer. O artigo 112.º, n.º 9, fruto da quarta revisão constitucional de 1997, reserva para o Legislador nacional a tarefa da transposição das directivas comunitárias[12]. Todas as directivas comunitárias – independentemente da sua natureza técnica ou da incidência regional das matérias que são objecto de harmonização – estão sujeitas a um princípio estrito de reserva de lei formal dos órgãos de soberania (lei e decreto-lei)[13].

Resta, por isto, ao decisor regional o exercício das respectivas competências legislativas e administrativas no campo da execução interna dos actos comunitários directamente aplicáveis, como são os regulamentos. Acontece que os regulamentos comunitários, embora dotados de aplicabilidade directa por força do artigo 249.º do Tratado CE, podem carecer de aplicabilidade imediata e reclamar, por isso, a aprovação de actos internos de execução, de alcance normativo ou não.

12. A Constituição Portuguesa atribui às regiões autónomas o poder de legislar. São limites gerais ou comuns ao exercício da competência legislativa regional, para além dos limites pressupostos do respeito da Constituição e dos estatutos político-administrativos: 1) o respeito da reserva constitucional relativa às matérias da competência própria dos órgãos de soberania; 2) a legislação regional só é, naturalmente, aplicável nos limites do território da respectiva Região e, aspecto determinante do seu âmbito, só pode incidir sobre "*matérias de interesse específico*".

---

[11] A Constituição Portuguesa classifica os tribunais como órgãos de soberania (v. artigo 202.º, n.º 1), vedando, às regiões autónomas a função da administração da justiça. Resulta, assim, que a participação das regiões autónomas no processo de aplicação interna do Direito Comunitário apenas se manifesta através da função legislativa e administrativa.

[12] Artigo 112.º, n.º 9: "*A transposição de directivas comunitárias para a ordem jurídica interna assume a forma de lei ou de decreto-lei, conforme os casos*".

[13] Assegurada a transposição da directiva comunitária por lei ou decreto-lei, as regiões autónomas só poderão adoptar regulamentos regionais de execução da legislação nacional de transposição que, nos termos do artigo 232.º, n.º 1, da Constituição, integram a competência regulamentar exclusiva da assembleia legislativa regional.

A função legislativa regional pode revestir quatro categorias diferentes de competência legislativa[14]: 1) a **competência legislativa comum** [v. artigo 227.°, n.° 1, alínea a)] – legislar, com respeito pelos princípios fundamentais das leis gerais da República, em matérias de interesse específico[15]; 2) a **competência delegada** [v. artigo 227.°, n.° 1, alínea b) e n.°s 2, 3 e 4] – legislar mediante autorização da Assembleia da República, sobre matérias de interesse específico, permitindo, deste modo, à assembleia legislativa regional a aprovação de uma disciplina específica e mesmo de alcance derrogatório relativamente aos princípios fundamentais das leis gerais da República; 3) a **competência complementar** [v. artigo 227.°, n.° 1, alínea c) e n.° 4] – desenvolvimento, em função do interesse específico regional, das leis de bases; 4) a **competência mínima** [v. artigo 227.°, n.° 1, alíneas i), l), n), p) e q)] – exercida em domínios regulados por lei estadual dotada de valor reforçado.

13. A noção de interesse específico regional, uma vez que condiciona o exercício da competência legislativa em qualquer uma das quatro categorias assinaladas, representa o verdadeiro fundamento da autonomia legislativa regional. Trata-se de um conceito jurídico indeterminado que tem suscitado, na doutrina[16] e na jurisprudência constitucional, um esforço de

---

[14] Cfr. Carlos Blanco de MORAIS, "Análise sinóptica das relações inter-legislativas entre o Estado e as Regiões com autonomia político-administrativa", in *Legislação*, 1996, n.° 16, p. 67(68).

[15] Constituem **leis gerais da República**, de harmonia com o artigo 112.°, n.° 5, da Lei Fundamental, "*as leis e os decretos-leis cuja razão de ser envolva a sua aplicação a todo o território nacional e assim o decretem*". A revisão constitucional de 1997 diminuiu a intensidade paramétrica das leis gerais da República ao determinar que apenas os seus princípios fundamentais devem ser respeitados pelo legislador regional [v. artigo 227.°, n.° 1, alínea b)].

Compete ao Juiz constitucional a tarefa exigente de densificar o conceito vago e indeterminado de "*princípios fundamentais*" no contexto de uma aplicação concreta. No seu Acórdão n.° 631/99, de 17 de Novembro de 1999 (Proc. n.° 245/99), o Tribunal Constitucional concluiu que integram seguramente o conceito de princípios fundamentais todos aqueles que são "*uma necessária decorrência de princípios constitucionais*", fazendo sua a posição já defendida por Jorge MIRANDA (in *Manual de Direito Constitucional*, 2ª ed., Coimbra Ed., 2000, Tomo V, p. 406).

[16] Sobre a competência legislativa regional e, em particular, o conceito de interesse específico das Regiões Autónomas, v. Maria Lúcia AMARAL, "Questões regionais e jurisprudência constitucional: para o estudo de uma actividade conformadora do Tribunal Constitucional", in *Estudos em Memória do Professor Castro Mendes*. Lisboa, p. 511 e segs.; Mário de BRITO, "Competência legislativa das regiões autónomas", in *Scientia Iuridica*,

delimitação e de concretização. O artigo 228.º da Constituição enumera, com intuito apenas exemplificativo, matérias de interesse específico das regiões autónomas. A alínea o) encerra uma cláusula geral que, em certa medida, acolhe a definição jurisprudencial de interesse específico baseado no critério da exclusividade do interesse para a região autónoma: *"Outras matérias que respeitem exclusivamente à respectiva região ou que nela assumam particular configuração"*. A jurisprudência do Tribunal Constitucional revela uma orientação claramente restritiva do âmbito da autonomia legislativa regional, concluindo que o exercício da competência legislativa pelo decisor regional só pode produzir um *"ordenamento (especial) complementar do ordenamento jurídico nacional e não um ordenamento paralelo ou de substituição deste último"*[17].

A natureza complementar da produção legislativa regional, por um lado, e a ausência de uma reserva de competência legislativa regional, por outro lado[18], reduzem de forma significativa o papel das regiões autónomas na aplicação interna das normas comunitárias. Na verdade, a intervenção aplicadora do legislador regional depende, em larga medida, do conteúdo do acto comunitário (v.g. autorizar a definição de regimes próprios e específicos para as regiões) e também da natureza do acto estadual de aplicação (v.g. lei geral da República). Note-se, contudo, que se o acto comunitário em causa regular matéria de interesse específico regional, e

---

1994, p. 15 e segs; J. J. Gomes CANOTILHO, *Direito Constitucional...*, cit., p. 781 e segs.; Rui MEDEIROS / Jorge Pereira da SILVA, *Estatuto Político-Administrativo da Região Autónoma dos Açores. Anotado*, Lisboa, 1997; Jorge MIRANDA, *Manual de Direito Constitucional*, 2ª ed.,, Coimbra, 2000, Tomo V, p. 383 e segs.; Carlos Blanco de MORAIS, "Análise sinóptica das relações inter-legislativas entre o Estado e as Regiões com autonomia político-administrativa", in *Legislação*, 1996, vol. 16, p. 67 e segs.; Idem, "As competências legislativas das Regiões Autónomas no contexto da revisão constitucional de 1997", in *Revista da Ordem dos Advogados*, 1998 (separata); Jorge Pereira da SILVA, "O conceito de interesse específico e os poderes legislativos regionais", in *Estudos de Direito Regional*, Lisboa, 1997, p. 297 e segs.;

[17] Cfr., entre tantos, Acórdão n.º 711/97 (Proc. n.º 616/97), de 16 de Dezembro, D.R., I série-A, de 24.1.1998, p. 298 (306).

[18] Embora uma larga maioria da doutrina portuguesa defenda uma reserva de competência legislativa regional (cfr. Jorge MIRANDA, *Manual...*, cit., Tomo V, p. 388), parece-nos muito questionável o seu fundamento constitucional, como, justamente, é pressuposto pelo o Tribunal Constitucional no seu Acórdão n.º 71/90, de 21 de Março (D.R., 2ª série, n.º 164, de 18.7.1990, p. 7989 (7993)). Em todo o caso, e mesmo admitindo a existência de uma tal reserva, esta não pode impedir o Legislador nacional de – no caso de inércia do decisor regional – adoptar as regras pressupostas pela aplicação interna do Direito Comunitário.

desde que não seja uma directiva, a aprovação de acto legislativo interno unicamente aplicável no território das regiões autónomas é da competência exclusiva das respectivas assembleias legislativas regionais. No caso desta competência legislativa não ser exercida em tempo útil ou de modo adequado a uma aplicação efectiva das regras comunitárias, deve o Legislador nacional – a título supletivo e para evitar uma situação de incumprimento imputável à República Portuguesa – adoptar a necessária legislação de âmbito regional.

14. Por último, e ainda no que respeita à função legislativa regional, importa ter presente a competência de iniciativa legislativa [v. artigo 227.°, n.° 1, alínea f)]. Podem as assembleias legislativas regionais apresentar à Assembleia da República propostas de lei e propostas de alteração relativas a matérias de âmbito regional (v. artigo 167.°, n.° 2 e artigo 232.°, n.° 1).

15. Tendo em conta, por um lado, a leitura particularmente restritiva que o Tribunal Constitucional Português faz dos poderes legislativos regionais e, por outro lado, a incidência estadual da obrigação de assegurar a aplicação interna do Direito Comunitário (v. artigos 10.° e 226.° do Tratado da Comunidade Europeia), verifica-se que a actuação regional é, na generalidade das situações, de natureza regulamentar. O artigo 227.°, n.° 1, alínea d), confere às regiões autónomas o poder de *"regulamentar legislação regional e as leis gerais emanadas dos órgãos de soberania que não reservem para estes o respectivo poder regulamentar"*. Por sua vez, o artigo 232.°, n.° 1, confia, com carácter exclusivo, à assembleia legislativa regional a competência regulamentar em relação à legislação nacional. Os actos regionais regulamentares revestem a forma de decreto legislativo regional ou de decreto regulamentar regional, dependendo do órgão que os aprova – assembleia legislativa regional e governo regional, respectivamente (v. artigos 33.°, 34.°, 60.° e 61.° do Estatuto Político-Administrativo dos Açores; artigos 39.°, 41.°, 69.° e 70.° do Estatuto Político-Administrativo da Madeira).

Na prática administrativa regional, é muito frequente a execução regulamentar de regras comunitárias através de simples actos de membros dos governos regionais (v.g. portarias, despachos), o que nos suscita sérias dúvidas sobre a sua conformidade com a Constituição e os Estatutos.

IV. A União Europeia e o papel futuro das entidades regionais – subsidiariedade e participação (algumas propostas de reforma)

16. A Constituição Portuguesa acolhe em duas das suas disposições a afirmação expressa do princípio da subsidiariedade: *no artigo 7.°, n.° 6*, introduzido com a revisão constitucional de 1992, a propósito das relações entre o Estado e a União Europeia; *no artigo 6.°, n.° 1*, introduzido com a reforma de 1997, e dedicado aos princípios que conciliam a existência de um Estado unitário com os objectivos da descentralização e da autonomia, das autarquias locais e das regiões autónomas.

17. Apesar da vaguidade semântica da própria ideia de subsidiariedade e ainda da plurifuncionalidade associada ao princípio da subsidiariedade, temos defendido que, no quadro da articulação entre níveis distintos de decisão, se trata de um critério operativo de determinação do nível ideal de titularidade da competência (função política) ou, então, num plano diferente de análise, de um critério operativo de determinação do nível adequado de exercício da competência (função jurídica)[19].

No que agora interessa ao papel das regiões autónomas, a relevância constitucional do princípio da subsidiariedade pode ser avaliada no plano das relações Estado / regiões autónomas (a) e no plano das relações União Europeia / regiões autónomas (b).

18. a) Limitado pela identidade unitarista do Estado Português e enquadrado pelos princípios fundamentais da autonomia regional, da autonomia das autarquias locais e da descentralização democrática da administração pública, o princípio da subsidiariedade fica limitado a uma *função complementar* de garantia da autonomia dos entes infraestaduais. Baseado no critério da proximidade e da adequação meios-fins, o princípio da subsidiariedade fundamenta a preferência pelo nível de decisão – nacional ou regional – que, ao mesmo tempo, esteja mais *próximo* do destinatário da decisão e se mostre mais *apto* a garantir uma intervenção eficaz. Com este alcance, o princípio da subsidiariedade funciona, por um

---

[19] Cfr. Maria Luísa DUARTE, «La Constitution Portugaise et le principe de subsidiarité – de la positivisation à son application concrète», in Francis Delperée (dir.), *Justice Constitutionnelle et Subsidiarité*, Bruxelas, Bruylant, 2000, p. 107; Idem, "A aplicação jurisdicional do princípio da subsidiariedade no Direito Comunitário – pressupostos e limites", in *Estudos Jurídicos e Económicos em Homenagem ao Professor Lumbrales*, Coimbra, 2000, p. 779.

lado, como *directriz de interpretação* de normas constitucionais, estatutárias e legais, sobre a repartição de competências entre o Estado e as regiões autónomas e, por outro lado, como **critério de orientação legiferante**, no sentido de apoiar as opções do Legislador quando este define as regras específicas de partilha do exercício de poderes entre o Estado e os entes autonómicos[20].

O Estatuto Político-Administrativo da Madeira passou a integrar, com a revisão de 1999, um novo artigo dedicado ao princípio da subsidiariedade e cujo texto se reproduz:

Artigo 11.°: *"No relacionamento entre os órgãos do Estado e os órgãos de governo próprio da Região é aplicável o princípio da subsidiariedade, segundo o qual, e fora do âmbito das atribuições exclusivas do Estado, a intervenção pública faz-se preferencialmente pelo nível da administração que estiver mais próximo e mais apto a intervir, a não ser que os objectivos concretos da acção em causa possam ser suficientemente realizados senão pelo nível da administração superior."*

19. (cont.) Embora o Tribunal Constitucional não se tenha pronunciado até ao momento sobre o princípio da subsidiariedade no quadro da delimitação da autonomia legislativa regional, importa assinalar que no citado Acórdão n.° 711/97, de 16 de Dezembro[21], ficou excluída qualquer relação entre o conceito de "interesse específico das regiões" e a ideia da eficácia, inerente ao teste da subsidiariedade: "(...) *o critério de definição do interesse específico tem a ver com a natureza das matérias versadas nos decretos legislativos regionais e não com quaisquer outros elementos, designadamente com as fontes de financiamento ou a titularidade de serviços técnicos*".

O Juiz constitucional ignora, com esta justificação, os elementos técnicos e económicos que, enquanto pressupostos de uma exigência de eficácia e de proximidade da decisão legislativa regional, fundamentariam um juízo valorativo da subsidiariedade, favorável à competência regional em detrimento da competência nacional.

20. b) No que respeita à vertente internacional do principio da subsidiariedade, pode ler-se no artigo 7.°, n.° 6, da Constituição:

---

[20] Cfr. Maria Luísa DUARTE, "La Constitution...", cit., p. 122.
[21] V. supra nota 17.

"*Portugal pode, em condições de reciprocidade, com respeito pelo princípio da subsidiariedade e tendo em vista a realização da coesão económica e social, convencionar o exercício em comum dos poderes necessários à construção da união europeia.*"

Como temos sustentado em estudos anteriores, o princípio da subsidiariedade inscrito no artigo 7.°, n.° 6, que representa o fundamento constitucional para a limitação de poderes soberanos em favor das Comunidades Europeias, deve ser interpretado em conformidade com o artigo 5.°, parágrafo segundo, do Tratado da Comunidade Europeia[22]. Por força desta disposição, o princípio da subsidiariedade constitui um critério relevante, jurisdicionalmente sindicável, de determinação do nível – comunitário ou regional – adequado de exercício das competências partilhadas ou concorrentes. Dele não se deve, porém, extrair quaisquer consequências no plano das relações internas entre Estado e regiões autónomas[23]. O princípio da autonomia constitucional e institucional dos Estados-membros afasta um qualquer princípio comunitário de preferência pelo nível infraestadual de decisão. Se em virtude do princípio da subsidiariedade couber aos Estados-membros a decisão sobre certa matéria, só estes poderão determinar, com fundamento nas respectivas Constituições, se essa matéria deverá ser regulada no plano estadual, regional ou local[24-25]. Na verdade, uma eventual repercussão interna da exigência comunitária da subsidiariedade só seria compatível com um (futuro?) modelo federal de estruturação das relações de poder entre a União Europeia e os Estados-membros.

21. Com independência da questão difícil de saber se o futuro da União Europeia estará ou não na aceitação do modelo federal, importa su-

---

[22] Cfr. Maria Luísa DUARTE, "La Constitution...", cit., p. 115.

[23] Segundo as palavras de Vlad CONSTANTINESCO: "*The anatomy of the relation between regions and States remains a matter of national competence*", in "Who's afraid of subsidiarity?", **Yearbook of European Law**, 1991, vol. II, p. 52.

[24] Cfr. Maria Luísa DUARTE, *A teoria dos poderes implícitos e a delimitação de competências entre a União Europeia e os Estados-membros*, Lisboa, Lex, 1997, p. 519.

[25] A jurisprudência comunitária corrobora inteiramente este entendimento ao determinar: "(...) *não compete às instituições comunitárias pronunciar-se sobre a repartição das competências decorrente das normas institucionais de cada Estado-membro e sobre as obrigações que respectivamente podem incumbir às autoridades do poder central do Estado e às das outras colectividades territoriais*" (neste sentido, v. Acórdão de 12 de Junho de 1990, Proc. C-8/88, caso *Alemanha c. Comissão*, Col. 1990, p. I-2321, consid. 13).

blinhar que, no estádio actual de evolução do processo de construção europeia, e sem pôr em causa a natureza soberana dos Estados-membros, parece fundamental encontrar soluções que permitam um reforço dos poderes de participação das regiões políticas no processo de decisão comunitária.

Em relação às reformas de teor institucional, sugerimos:

1) Valorização do papel do Comité das Regiões – o que deveria passar pela sua integração no grupo das instituições previstas no artigo 7.°, n.° 1, do Tratado da Comunidade Europeia e, em especial, o reconhecimento do poder de condicionar de modo efectivo a decisão comunitária sobre questões de relevante interesse regional através da exigência de *"parecer favorável"*.

2) Legitimidade processual no contencioso da legalidade – às entidades regionais, dotadas de autonomia política e legislativa, deveria ser reconhecida legitimidade processual para impugnar a legalidade dos actos comunitários (artigo 230.° do Tratado da Comunidade Europeia) ou das omissões imputáveis ao decisor comunitário (v. artigo 232.°) no caso de uma tal iniciativa contenciosa visar a tutela de direitos ou interesses de incidência regional – v.g. a instauração de um recurso de anulação de um regulamento do Conselho sobre medidas específicas aplicáveis às regiões ultraperiféricas[26].

3) Maior visibilidade institucional das questões de incidência regional – através, nomeadamente, da reunião periódica do Conselho de Ministros da União Europeia com uma agenda dedicada às questões regionais, composto pelos representantes dos governos regionais ou, no caso de tal não ser possível, pelos ministros do Governo central com responsabilidades específicas no desenvolvimento regional (*Conselho Assuntos Regionais*).

---

[26] De acordo com uma jurisprudência constante do Tribunal de Justiça e do Tribunal de Primeira Instância, as regiões e outras colectividades territoriais devem ser consideradas como qualquer pessoa singular ou colectiva, o que, em princípio, lhes veda a possibilidade de impugnar a legalidade de actos normativos ou omissões relativos à função normativa (v., entre outros, Despacho do Tribunal de Justiça, de 1 de Outubro de 1997, Proc. C-180/97, caso *Regione Toscana c. Comissão*, consid. 10 e 11). O recente acórdão do Tribunal de Primeira Instância no Proc. T-177/01 poderá abrir as portas do recurso de anulação às entidades regionais quando estão em causa actos normativos que afectam de *"maneira certa e actual a sua situação jurídica, restringindo os seus direitos ou impondo-lhes obrigações"* (v. Acórdão de 3 de Maio de 2002, caso *Jégo-Quéré*, não publicado, consid. 51).

22. Sem prejuízo da conveniência de equacionar e debater todas as possibilidades de reforma institucional na perspectiva de alcançar uma maior e melhor participação das entidades regionais no processo de construção europeia, nomeadamente no quadro da actual Convenção e da futura Conferência Intergovernamental, pensamos que a valorização do desempenho europeu das Regiões depende, em primeiro lugar, da eficácia e da adequação das políticas comunitárias em matéria de coesão económica e social. Em relação à ultraperifericidade das Regiões Autónomas da Madeira e dos Açores, o Tratado da Comunidade Europeia consagra no seu artigo 299.º, n.º 2, a base jurídica adequada à aprovação das medidas exigidas por uma acção de discriminação positiva em favor destas regiões desfavorecidas. Resta esperar das instituições comunitárias – em particular, da Comissão – a manifestação de uma vontade política inequívoca de aplicação efectiva dos objectivos expressamente inscritos neste artigo do Tratado de Roma.

A REVISÃO DO TRATADO E A CONSTITUCIONALIZAÇÃO DA UNIÃO EUROPEIA*

ANA MARIA GUERRA MARTINS
*Professora da Faculdade de Direito
da Universidade de Lisboa*

SUMÁRIO: **1.** Posicionamento do problema; **2.** O TUE como constituição à escala transnacional; **3.** As insuficiências do modelo actual; **4.** As lições de Nice; **5.** A necessidade de um novo modelo e de um novo método; **6.** A convenção europeia sobre o futuro da Europa; **7.** Os mais recentes desenvolvimentos; **8.** Os limites materiais do poder constituinte originário da União Europeia; **9.** Notas (in)conclusivas

1. Posicionamento do problema

A problemática da revisão do Tratado e da constitucionalização da União Europeia pode ser encarada numa dupla perspectiva. Por um lado, discute-se se os Tratados institutivos das Comunidades Europeias, e, actualmente, o Tratado da União Europeia devem ser valorados como verdadeiros tratados internacionais, ou se, pelo contrário, se podem enquadrar num novo

---

* O presente texto tem por base um artigo da autora publicado na revista Política Internacional, n.º 25, de 2002, intitulado *Alguns tópicos de reflexão sobre a constituição europeia* (págs. 249 a 264), assim como a sua intervenção no Curso de Verão de Direito da União Europeia, organizado pelo Instituto Europeu da Faculdade de Direito da Universidade de Lisboa. Foram, porém, introduzidos os aditamentos e as actualizações impostos pelos mais recentes desenvolvimentos, no âmbito da Convenção Europeia sobre o Futuro da Europa.

conceito material de constituição[1], que se aplique a todas as formas de agregação do poder político que estão para além do Estado[2]. Por outro lado, e in-

---

[1] Sobre o conceito de constituição em sentido material, ver, entre muitos outros, JORGE MIRANDA, *Manual de Direito Constitucional*, t. II, 4ª ed., Coimbra, 2000, p. 15 e ss; MICHAEL DICKSTEIN, *Der Verfassungsbegriff der Europäischen Union. En même temps une contribution à la naissance de l'État européen*, Linz, 1998, p. 27 e ss; JÖRG GERKRATH, *L'émergence d'un droit constitutionnel pour l'Europe*, Bruxelas, 1997, p. 67 e ss; KARL BRINKMANN, *Verfassungslehre*, 2ª ed., Munique, 1994, p. 68 e ss; MARCELLO CAETANO, *Manual de Ciência Política e Direito Constitucional*, t. I, 6ª ed., Coimbra, 1991, p. 342 e ss; MARCELO REBELO DE SOUSA, *Direito Constitucional – Introdução à teoria da Constituição*, vol. I, Braga, 1979, p. 41 e ss.

[2] Esta questão tem sido objecto de uma ampla discussão doutrinária. Ver, entre muitos outros, CELSO CANCELA OUTEDA, *El processo de constitucionalización de la Unión Europea – de Roma a Niza*, Santiago de Compostela, 2001, maxime p. 243 e ss; INGOLF PERNICE e. a., *De la Constitution composée de l'Europe*, Revue Trimestrielle de Droit Européen (RTDE), 2000, p. 623 e ss; CHRISTIAN WALTER, *Die Folgen der Globalisierung für die europäische Verfassungsdiskussion*, Deutsches Verwaltungsblatt (DVBl.), 2000, p. 1 e ss; JEAN-CLAUDE PIRIS, *L'Union européenne a-t-elle une constitution? Lui en faut-il une?*, RTDE, 1999, p. 599 e ss; INGOLF PERNICE, *Multilevel Constitutionalism and the Treaty of Amsterdam: European Constitution Revisited?*, Common Market Law Review (CMLR), 1999, p. 703 e ss; CHRISTIAN KOENIG, *Ist die Europäische Union verfassungsfähig?*, Die öffentliche Verwaltung (DÖV), 1998, p. 268 e ss; FRANCISCO LUCAS PIRES, *Introdução ao Direito Constitucional Europeu*, Coimbra, 1997; DENYS SIMON, *Le système juridique communautaire*, 2ª ed., Paris, 1998, p. 39 e ss; MARKUS HEINTZEN, *Gemeineuropäisches Verfassungsrecht in der Europäischen Union*, Europarecht (EuR), 1997, p. 1 e ss; J. H. H. WEILER *The Reformation of European Constitutionalism*, Journal of Common Market Studies (JCMS), 1997, p. 97 e ss; MANFRED ZULEEG, *The European Constitution under Constitutional Constraints: The German Scenario*, European Law Review (ELR), 1997, p. 19 e ss; MARCEL KAUFMANN, *Permanente Verfassunggebung und verfassungsrechtliche Selbstbindung im Europäischen Staatenverbund*, Der Staat, 1997, p. 521 e ss; CARLA AMADO GOMES, *A natureza constitucional do Tratado da União Europeia*, Lisboa, 1997, p. 33 e ss; GIL CARLOS RODRIGUEZ IGLESIAS, *Zur «Verfassung» der Europäischen Gemeinschaft*, Europäische Grundrechte – Zeitschrift (EuGRZ), 1996, p. 125 e ss; WALTER VAN GERVEN, *Toward a Coherent Constitutional System within the European Union*, European Public Law (EPL), 1996, p. 81 e ss; DIETER H. SCHEUING, *Quelle constitution pour l'Europe?*, in CONSTANCE GREWE, Question sur le droit européen, Caen, 1996, p. 13 e ss; THEODOR SCHILLING, *Treaty and Constitution. A Comparative Analysis of an Uneasy Relationship*, Maastricht Journal of Comparative and International Law (MJ), 1996, p. 47 e ss; DIETER GRIMM, *Braucht Europa eine Verfassung?*, Munique, 1995, p. 47 e ss; ROLAND BIEBER, *Steigerungsformen der Europäischen Union: Eine Europäische Verfassung*, in JÖRN IPSEN e. a., Verfassungsrecht im Wandel, Colónia, 1995, p. 291 e ss; *Idem, Verfassunggebung und Verfassungsänderung in der Europäischen Union*, in ROLAND BIEBER e. a., L'espace constitutionnel européen, Zurique, 1995, p. 313 e ss; THOMAS LÄUFER, *Zum Stand der Verfassungsdiskussion in der Europäischen Union*, Gedächtnisschrift GRABITZ, p. 355 e ss; JEAN-VICTOR LOUIS, *La constitution de l'Union européenne*, in MARIO TELÒ (dir.), Democratie et construction européenne, Bruxelas 1995, p. 331; MATTHIAS

dependentemente da resposta que se der a esta questão, coloca-se o problema de saber se a União Europeia, para responder aos desafios que enfrenta hoje em dia, necessita de uma verdadeira constituição em sentido formal e instrumental[3] ou se, pelo contrário, conseguirá sobreviver eficazmente com o modelo jurídico-formal actual, isto é, o tratado internacional.

HERDEGEN, *Vertragliche Eingriffe in das «Verfassungssystem» der Europäischen Union*, Festschrift EVERLING, vol. I, p. 447 e ss; VLAD CONSTANTINESCO, *Hacia la emergencia de un derecho constitucional europeo?*, Cuad. Const. de la Cátedra Fabrique Furio Ceriol, 1994, p. 5 e ss; L. HANCHER, *Constitutionalism, the Community Court and International Law*, Netherlands Yearbook of International Law (NYIL), 1994, p. 259 e ss; IAN HARDEN, *The Constitution of the European Union*, Public Law (PL), 1994, p. 609 e ss; MARKUS HEINTZEN, *Hierarchierungsprozesse innerhalb des Primärrechts der Europäischen Gemeinschaft*, EuR, 1994, p. 35 e ss; ARMIN VON BOGDANDY, *Die Verfassung der europäischen Integrationsgemeinschaft als supranationale Union*, in ARMIN VON BOGDANDY, Die Europäische Option, Baden-Baden, 1993, p. 97 e ss; Idem, *Skizzen einer Theorie der Gemeinschaftsverfassung*, in THOMAS DANWITZ e. a., Auf dem Wege zu einer Europäischen Staatlichkeit, Estugarda, 1993, p. 9 e ss; LUIS MARIA DIEZ-PICAZO, *Reflexiones sobre la idea de Constitución europea*, Rev. Inst. Eur., 1993, p. 533 e ss; DANIELA OBRADOVIC, *Community Law and the Doctrine of Divisible Sovereignty*, Legal Issues of European Integration (LIEI), 1993, p. 1 e ss; ROLAND BIEBER, *Verfassungsentwicklung und Verfassunggebung in der Europäischen Gemeinschaft*, in RUDOLF WILDENMANN (Org.), Staatswerdung Europas?, Baden-Baden, 1991, p. 393 e ss; JOHN TEMPLE LANG, *The Development of European Community Constitutional Law*, The International Lawyer (Int'l Law.), 1991, p. 455 e ss; SABINO CASSESE, *La Costituzione Europea*, Quaderni Costituzionali (Quad. Cost.), 1991, p. 487 e ss; JEAN-PAUL JACQUÉ, *Cours général de droit communautaire*, Recueil des Cours de l'Académie du Droit Européen (RCADE), vol. I-1, Dordrecht, 1990, p. 237 e ss.

[3] Este problema também tem sido objecto de uma viva discussão, tanto nos meios académicos, como no seio das instituições comunitárias. O Parlamento Europeu chegou mesmo a aprovar alguns projectos de constituição europeia, que não tiveram seguimento (o último desses projectos de constituição europeia está publicado no JOCE C 61/155). Sobre este projecto de constituição europeia, ver CARLA AMADO GOMES, *A natureza...*, p. 70 e ss; CHRISTIANE GOUAUD, CHRISTIANE GOUAUD, *Le projet de Constitution européenne*, Revue française de Droit constitutionnel (RFDC), 1995, p. 287 e ss; ERNST-ULRICH PETERSMANN, *How Can the European Union Be Constitutionalized? The European Parliament's Proposal for a «Constitution for the European Union»*, Aussenwirtschaft, 1995, p. 171 e ss; MARTIN SEIDEL, *Basic Aspects of a European Constitution*, Aussenwirtschaft, 1995, p. 221 e ss; FRANCESC DE CARRERAS SERRA, *Por una Constitucion europea*, Rev. Est. Pol., 1995, p. 193 e ss; HELMUT LECHELER, *Braucht die "Europäische Union" eine Verfassung? Bemerkungen zum Verfassungsentwurf des europäischen Parlaments vom 9. September 1993*, in Gedächtnisschrift f. E. GRABITZ, p. 393 e ss; ANDREAS HELDRICH e. a., *European...*, p. 203 e ss; AAVV, *A Constitution for the European Union? Proceedings of a Conference*, 12-13 May 1994, EUI Working Paper RSC, n.° 95/9; MARCELINO OREJA (dir.), *La Constitución Europea*, Madrid, 1994.

Já no séc. XXI, a problemática da constituição europeia passou a ocupar os discursos de políticos dos mais diversos quadrantes. O pontapé de saída foi dado pelo Ministro

2. O TUE como constituição à escala transnacional

Em anterior trabalho tivemos oportunidade de nos pronunciar sobre a primeira perspectiva enunciada, tendo chegado à conclusão – que continuamos a perfilhar – que o Tratado da União Europeia é uma constituição à escala transnacional, pois, apesar de, na sua origem, ser formalmente um tratado internacional, acabou por se afastar progressivamente desse modelo, destacando-se hoje, pelo seu conteúdo, como algo de novo, que não se enquadra nas categorias dogmáticas tradicionais[4].

O Tratado da União Europeia organiza o poder político dentro da União Europeia, através da repartição de atribuições entre os Estados Membros e a União, bem como da repartição de poderes entre os órgãos da União, estabelecendo as bases que permitem desenvolver a protecção dos direitos fundamentais dos cidadãos. O Tratado encontra-se numa posição hierárquica superior tanto em relação às normas produzidas na União como em relação às normas de produção estadual, prevendo mesmo o controlo judicial da constitucionalidade e da legalidade das mesmas. Além disso, o Tratado contém regras mais rígidas para a sua revisão do que para a elaboração do direito derivado. De referir ainda que o Tratado tem subjacente uma ideia de Direito que assenta nos valores da liberdade, da democracia, do Estado de direito, da protecção dos direitos fundamentais, da justiça social e do pluralismo cultural, isto é, possui uma base axiológica própria.

É evidente que a aceitação do carácter constitucional do Tratado da União Europeia pressupõe a libertação dos postulados tradicionais da ciência política, que vêm desde o século XVIII, pois só assim se pode admitir a autonomia da noção de constituição em relação ao Estado[5].

---

dos Negócios Estrangeiros alemão JOSCHKA FISCHER num discurso, na Universidade Humboldt, em Berlim, em 12 de Maio de 2000 (tradução portuguesa publicada no n.º 22 da revista Política Internacional, p. 47 e ss). Sobre as propostas de FISCHER ver os comentários de RENAUD DEHOUSSE, *Rediscovering Funcionalism*; CHARLES LEBEN, *Fédération d'États-nations ou Etat fédéral?*; DIETMAR NICKEL, *Maintaining and Improving the Institutional Capacities of the Enlarged European Union*; HELEN WALLACE,*Possible Futures for the European Union: A British Reaction*, todos fazendo parte do Jean Monnet Working Paper n.º 7, disponível no sítio http://www.jenmonnetprogram.org/papers.

[4] ANA MARIA GUERRA MARTINS, *A natureza jurídica da revisão do Tratado da União Europeia*, Lisboa, 2000, p. 303 e ss.

[5] Sobre a discussão da ligação intrínseca do conceito de constituição ao Estado, ver ANA MARIA GUERRA MARTINS, *A natureza...*, p. 274 e ss, bem como toda a bibliografia aí citada.

A teoria constitucional da pós-modernidade tem de partir de um constitucionalismo global[6], no qual a constituição estadual deve ser encarada como uma das suas partes componentes a par de outras.

A constituição da União Europeia é uma constituição cujo poder constituinte não é produto de uma ruptura com a ordem constitucional vigente, mas antes evolui lentamente, manifestando-se, sobretudo, através de um poder de revisão, de adesão e de desenvolvimento. Esta constituição encontra-se ainda em formação, pelo que existem certos problemas que não estão satisfatoriamente resolvidos, como, por exemplo, o da sua legitimidade democrática. Trata-se de uma constituição em transformação, a qual sofre a influência de todos os intervenientes no processo de integração. A constituição da União não é auto-suficiente, necessitando das constituições dos Estados membros, que completa e é por elas completadas. Por fim, a constituição da União é uma constituição que não tem, à partida, fins determinados.

Posto isto, importa frisar que a caracterização do Tratado da União Europeia como uma constituição (transnacional), ao contrário do que alguns defendem[7], não torna inútil a reflexão sobre a necessidade de uma constituição europeia em sentido próprio, ou seja, formal e instrumental, dado que o modelo actual contém insuficiências graves, que não só não conseguirá ultrapassar, como até tenderão a agravar-se no futuro[8].

3. As insuficiências do modelo actual

O modelo formal do tratado internacional foi pensado para uma Europa composta por seis Estados membros, que se caracterizavam pela

---

[6] Neste sentido, J. J. GOMES CANOTILHO, *Direito Constitucional e Teoria da Constituição*, Coimbra, 1999, p. 1273 e ss.

[7] Neste sentido, J. H. H. WEILER, *Does Europe need a Constitution? – Reflections on the Ethos, Telos and Demos of the European Constitutional Order*, in MARIE-THERES TINNEFELD e. a. (Org), Informationsgesellschaft..., p. 236.

[8] No sentido de que se deve criar uma constituição europeia, ver, entre outros, ANTÓNIO VITORINO, *A Europa depois de Nice*, Política internacional (PI), 2001, n.º 23, p. 42 e ss; ROBERT TOULEMON, *Quelle Constitution pour quelle Europe ?*, Revue du Marché Commun et de l'Union Européenne (RMCUE), 2001, p. 303 e ss; ERNST-ULRICH PETERSMANN, *Proposals for a New Constitution for the European Union: Building-Blocks for a Constitutional Theory and Constitutional Law of the EU*, CMLR, 1995, p. 1123 e ss; FRANK VIBERT, *Europe: Constitution for the Millennium*, Aldershot, 1995; DIETER GRIMM, *Braucht Europa eine Verfassung?*, Munique, 1995, *passim*; WERNER WEIDENFELD (Org.), *Wie Europa verfabt sein soll – Materialen zur Politischen Union*, Gütersloh, 1991.

homogeneidade económica, tendo, como tal, preocupações similares, que facilitaram a obtenção de soluções muito equilibradas em relação a vários aspectos, como, por exemplo, a tomada de decisão no seio dos órgãos comunitários.

Todavia, à medida que a Comunidade se estende a outros Estados economicamente menos fortes[9], com preocupações muito diversas[10], este modelo começa a abrir brechas, que se agudizam com a pretensão de prosseguir no sentido do aprofundamento e do alargamento aos países da Europa Central e de Leste. Além disso, a Comunidade deixa de ser apenas económica para passar a ser cada vez mais política[11], o que contribui para a manifestação das insuficiências do modelo do tratado internacional como fundamento jurídico do processo de integração.

Em nosso entender, uma das principais razões da insuficiência do modelo do tratado internacional radica no seu processo geral de revisão, previsto no artigo 48.° do Tratado da União Europeia[12].

Trata-se de um processo dominado em grande medida pelos Estados. Por um lado, assenta numa conferência intergovernamental, na qual a to-

---

[9] Os desníveis económicos dos Estados vão ditar divergências, por exemplo, ao nível da abertura de mercados e da coesão económica e social, pois enquanto a primeira interessa, sobretudo, aos Estados produtores, a segunda é vista como uma questão fulcral pelos Estados mais pobres.

[10] A heterogeneidade dos Estados membros da União Europeia vai muito para além da economia. Assim, as preocupações ambientais ou de defesa dos consumidores são encaradas de modo completamente diferente na Europa do Norte e Central e no Sul da Europa.

O modo como os Estados encaram a defesa e a segurança externa apresenta também divergências consideráveis. A par de Estados membros permanentes do Conselho de Segurança e de potências nucleares temos Estados que assumem um estatuto de quase neutralidade, o que, obviamente, não facilita a obtenção de consensos.

[11] Com o Tratado de Maastricht dá-se o culminar do processo económico de integração com a previsão da união económica e monetária, bem como o início de um processo de integração política, que ainda está em curso.

[12] Sobre o processo de revisão do Tratado da União Europeia, ver ANA MARIA GUERRA MARTINS, *A natureza...*, p. 425 e ss; CHRISTIAN KOENIG e. a., *EU-Vertragsänderungen*, EuR, 1998, p. 144 e ss; WERNER MENG, *Art N in* HANS VON DER GROEBEN e. a., Kommentar zum EU-/EG-Vertrag, vol. 5, 5ª ed., Baden-Baden, 1997, p. 1103 e ss; MAR CAMPINS ERITJA, *La revisione del Tratado de la Union Europea*, Gaceta juridica de la CE y de la competencia (GJ), 1995 (Oct.), p. 9 e ss; B. DE WITTE, *Rules of Change in International Law: How Special is the European Community?*, NyIL, 1994, p. 310 e ss; ARACELI MANGAS MARTIN, *La dinámica de las revisiones de los tratados y los déficits estructurales de la Unión Europea: reflexiones generales criticas*, in Estudios in homenaje al Professor M. DIEZ VELASCO, Madrid, 1993, p. 1055 e ss.

mada de decisão é muito difícil, devido ao emprego da regra da unanimidade. Por outro lado, são necessárias ratificações posteriores por parte dos Estados, de acordo com os seus direitos constitucionais, sendo que as alterações só entrarão em vigor após o depósito do último instrumento de ratificação.

Além disso, este processo padece de um acentuado défice democrático, pois as modificações do Tratado vão produzir efeitos directos na esfera jurídica dos cidadãos, sendo que eles apenas são chamados a dar o seu acordo no momento final da ratificação de um processo que começou muito antes. A participação dos cidadãos dá-se, portanto, num momento em que tudo está decidido, sendo-lhes reservado apenas uma espécie de um «direito de veto».

Está-se, portanto, muito longe de um modelo ideal de democracia representativa, em que as decisões políticas, de que o poder de rever é uma das principais manifestações, devem ser tomadas por representantes o mais próximo possível dos cidadãos. Aqui, pelo contrário, a democracia representativa funciona em escalões: os cidadãos elegem os seus representantes ao nível nacional e são esses representantes que vão negociar e aprovar as alterações ao Tratado, o qual cria um nível de decisão política acima dos Estados.

Em nosso entender, deveria existir uma participação mais activa, embora não exclusiva, de órgãos representativos dos povos da Europa e não somente de cada um dos povos dos Estados membros, como é o caso dos parlamentos nacionais.

4. As lições de Nice

As negociações e o resultado final da conferência intergovernamental 2000 realizada em Nice, que conduziram ao Tratado com o mesmo nome, são particularmente elucidativos das insuficiências deste modelo.

As negociações foram, como é do domínio público, particularmente difíceis, devido ao antagonismo, pela primeira vez, claramente assumido entre, por um lado, os Grandes e, por outro lado, os Pequenos e Médios na luta pelo Poder dentro da União[13]. É certo que os problemas que estavam

---

[13] O relato pormenorizado da evolução dos trabalhos da CIG 2000 pode ver-se no sítio: http://www.europa.eu.int/comm/archives/igc2000. A este propósito ver também FRANCISCO SEIXAS DA COSTA, *Portugal e o Tratado de Nice – Notas sobre a estratégia negocial*

em cima da mesa – a composição da Comissão, a ponderação de votos e as regras de votação no seio do Conselho – já se arrastavam desde Maastricht, continuaram sem solução em Amesterdão, mas tinham de ser resolvidos em Nice, uma vez que uma tal situação faria perigar o sucesso do futuro alargamento aos países da Europa Central e de Leste.

Como facilmente se compreende, as questões em causa são muito melindrosas, dado que se reconduzem, em última análise, à distribuição de Poder dentro da União e, por isso, afectam de modo muito profundo a soberania dos Estados[14]. Consequentemente, torna-se muito difícil obter consensos, devido ao carácter divergente dos interesses dos Estados.

O resultado final da conferência de Nice foi para muitos, não só decepcionante[15], como também demasiado complexo[16] e assaz difícil de concretizar na prática[17]. Uma parte das reformas introduzidas no Tratado limitou-se a adiar a decisão definitiva para um momento posterior ao da entrada em vigor do Tratado e a outra parte depende de decisões subsequentes do Conselho por unanimidade[18].

Em consequência, o futuro do Tratado de Nice não se afigura risonho, para já não falar no sério risco que correu de nem sequer entrar em vigor,

---

portuguesa, Negócios Estrangeiros, 2001, n. 1, p. 45 e ss; CESÁREO GUTIÉRREZ ESPADA, *Una reforma «difícil pero productiva»: la revision institucional en el Tratado de Niza,* Revista de Derecho Comunitario Europeo (Rev. Der. Com. Eur.), 2001, p. 28 e ss; XENOPHON A. YATAGANAS, *The Treaty of Nice: The Sharing of Power and the Institutional Balance in the European Union – A Continental Perspective,* European Law Journal (ELJ), 2001, p. 243 e ss; PIETER VAN NUFFEL, *Le traité de Nice – un commentaire,* Revue de Droit de l'Union Européenne (RDUE), 2001, p. 332 e ss; THOMAS WIEDMANN, *Der Vertrag von Nizza – Genesis einer Reform,* EuR, 2001, p. 185 e ss; FRANCISCO J. FONSECA MORILLO, *De Berlín a Niza: panorama y lecciones,* Boletín europeo de la Universidad de La Rioja (BEUR), 2001, p. 2 e ss; FRANCISCO ALDECOA LUZARRAGA, *La apertura del processo constituyente,* BEUR, 2001, p. 7 e ss.

[14] Sobre a reforma institucional realizada em Nice, ver ANA MARIA GUERRA MARTINS, *O Tratado de Nice – a reforma institucional e o futuro da Europa, in* RUI MANUEL DE MOURA RAMOS e.a. (org.), Estudos em homenagem à Professora Doutora Magalhães Collaço, vol. I, Coimbra, 2002, p. 779 e ss, bem como toda a bibliografia aí citada.

[15] Neste sentido, FRANKLIN DEHOUSSE, *Le Traité de Nice: un tournant fondamental dans l'histoire de l'intégration européenne,* Journal des Tribunaux, 2001, p. 413; JEAN-MARC FAVRET, *Le Traité de Nice du 26 février 2001: vers un affaiblissement irréversible de la capacité d'action de l'Union européenne?,* RTDE, 2001, p. 303; KIERAN ST C BRADLEY, *Institutional Design in the Treaty of Nice,* CMLR, 2001, p. 1122 e ss.

[16] Neste sentido, FRANKLIN DEHOUSSE, *Le Traité de Nice...,* p. 409.

[17] Neste sentido, ANTÓNIO VITORINO, *A Europa...,* p. 40.

[18] Ver ANA MARIA GUERRA MARTINS, *O Tratado de Nice...,* p. 384 e ss.

devido ao "não" do primeiro referendo irlandês. Efectivamente, o Tratado só pode entrar em vigor no primeiro dia do segundo mês seguinte ao do depósito do instrumento de ratificação do Estado signatário que proceder a esta formalidade em último lugar. Ora, de acordo com o direito constitucional irlandês, após o primeiro referendo negativo, a ratificação do Tratado só se poderia realizar após um novo referendo. Referendo esse, que ocorreu em Novembro de 2002 e que deu uma resposta positiva à ratificação do Tratado de Nice. O Tratado entrará em vigor em 1 de Fevereiro de 2003.

O próprio Tratado parece ter tido consciência das suas insuficiências e das muitas dificuldades que gera, pelo que prevê na declaração n.º 23, respeitante ao futuro da União[19-20], adoptada pela Conferência, a convocação de uma Conferência Intergovernamental para 2004, com o objectivo de se debruçar, entre outras, sobre as seguintes questões:

– o estabelecimento e a manutenção de uma delimitação mais precisa das competências entre a União Europeia e os Estados membros, que respeite o princípio da subsidiariedade;

– o estatuto da Carta dos Direitos Fundamentais da União Europeia proclamada em Nice, de acordo com as conclusões do Conselho Europeu de Colónia;

– a simplificação dos Tratados a fim de os tornar mais claros e mais compreensíveis, sem alterar o seu significado;

– o papel dos parlamentos nacionais na arquitectura europeia.

Esta enumeração não é taxativa, como decorre claramente da expressão *entre outras*, o que significa que a próxima conferência intergovernamental se pode debruçar sobre outros aspectos controversos, e, recorrentemente, adiados ou afastados, designadamente, a extensão da votação por maioria qualificada, a estrutura orgânica da União ou o sistema de fontes de direito derivado e a sua respectiva hierarquia.

De todo o modo, deve frisar-se que a declaração n.º 23 aponta, indubitavelmente, para questões fundamentais e fundamentantes, assim como para o carácter constitucional do debate sobre o futuro da integração europeia.

---

[19] Sobre a Declaração n.º 23 respeitante ao futuro da União Europeia, ver BRUNO DE WITTE, *The Nice Declaration: Time for a Constitutional Treaty of the European Union*, The International Spectator (Int. Spect.), 2001, p. 21 e ss; ROBERT TOULEMON, *Quelle Constitution...*, p. 293 e ss.

[20] Esta declaração já foi considerada, «a prazo, o elemento mais importante do Tratado de Nice». Neste sentido, PIETER VAN NUFFEL, *Le traité de Nice...*, p. 385.

Com efeito, a posição que se vier a tomar quanto a cada um dos *items* enunciados vai ter repercussões no futuro modelo de integração europeia.

É chegada a hora de a Europa escolher entre, por um lado, a manutenção do *status quo*, ou quiçá, a regressão do processo, e, por outro lado, a consolidação definitiva da transformação do Tratado da União Europeia numa constituição europeia ou num tratado constitucional, para usar uma expressão actualmente muito em voga. A opção pela primeira via não implica transformações qualitativas da União, mas apenas alguns reajustamentos no actual quadro jurídico. A opção pela segunda via, pelo contrário, acarretará, provavelmente, a transformação da União Europeia numa entidade de cariz federal[21], ainda que essa expressão não venha a constar do texto fundamental.

O grande desafio que a União Europeia enfrenta hoje é, pois, acima de tudo, um desafio constitucional, ao qual o modelo do tratado internacional não parece conseguir responder adequadamente.

5. A necessidade de um novo modelo e de um novo método

Recapitulando, as dificuldades de obtenção de consensos, que se verificaram em Nice, mais não são do que o reflexo do esgotamento de um modelo de integração[22] pensado para seis Estados membros, pelo que se torna imperioso e urgente «descobrir» um novo modelo.

Mas a «descoberta» desse novo modelo não se poderá efectuar com base nos actuais métodos de revisão do Tratado, dado que as conferências intergovernamentais já provaram que não conseguem proceder às reformas necessárias[23], pelo que além de um novo modelo há que encontrar também um novo método.

---

[21] No sentido de que a União Europeia se deve transformar numa federação, ver ROBERT TOULEMON, *Quelle Constitution...*, maxime p. 303 e ss.

[22] Neste sentido, FRANKLIN DEHOUSSE, *Le Traité de Nice...*, p. 413; JÜRGEN SCHWARZE, *Perspektiven für die Reform der europäischen Gemeinschaftsverträge nach den Beschlüssen von Nizza*, Europäische Zeitschrift für Wirtschaftsrecht (EuZW), 2001, p. 76 e ss; MICHEL PETITE, *Nice, traité existentiel, non essentiel*, RDUE, 2001, p. 887; THOMAS WIEDMANN, *Der Vertrag von Nizza – Genesis einer Reform*, EuR, 2001, p. 213.

[23] No sentido de que é necessário procurar novos métodos preparatórios da revisão do Tratado, ver JEAN TOUSCOZ, *Un large débat – l'avenir de l'Europe après la conférence intergouvernementale de Nice (CIG-2000)*, RMCUE, 2001, p. 236.

No entanto, em nosso entender[24], o afastamento do processo de revisão, previsto no artigo 48.º do Tratado da União Europeia, pressupõe a ruptura com o quadro jurídico vigente, pelo que só poderá ocorrer com base num consenso muito alargado e fundamentado numa legitimidade popular forte, ou seja, democraticamente.

Dito de outro modo: a ruptura com o modelo do tratado internacional e a passagem ao modelo constitucional pressupõe o surgimento de um verdadeiro poder constituinte no seio da União Europeia.

Porém, como já defendemos em anterior trabalho[25], esse poder constituinte não tem, necessariamente, de comungar das mesmas características do poder constituinte estadual. Desde logo, porque não se pode definir como a faculdade de um povo elaborar uma constituição, pois não existe um povo europeu, mas vários povos da Europa.

A União Europeia encontra-se num processo de formação permanente e em transformação constante, pelo que o poder constituinte no seu seio não se pode ancorar nas concepções tradicionais, decorrentes das revoluções americana e francesa, mas há-de comungar desse carácter de processo, de dinâmica e de transformação, que é próprio da integração europeia. O poder constituinte tem-se manifestado no seio da União como um poder constituinte permanente (*permanente Verfassunggebung*), através das alterações à constituição (*Verfassungsänderungen*), do desenvolvimento constitucional (*Verfassungsentwicklung*) e dos alargamentos[26].

Como afirma LUCAS PIRES «*o poder constituinte operava no seio do Estado nacional a passagem do Estado pré-constitucional ao constitucional, o que exigia uma considerável concentração de energia. Aqui e agora, tal passagem não é, porém, um acto de tipo revolucionário, como se o constitucionalismo ainda precisasse de um "forceps". O seu problema agora é crescer e não nascer. Trata-se apenas de percorrer uma nova etapa. (...). Prescindir mais da força e do poder para a sua própria génese como "constituição" pode ver-se, porém, como um ganho na contabilidade do direito – sinal de que a emanação deste brota em termos cada vez mais genuinamente "naturais", ou que ele alcança um domínio de um questionamento que antes lhe escapava*»[27].

---

[24] Sobre os limites formais de revisão do Tratado da União Europeia, ver ANA MARIA GUERRA MARTINS, *A natureza...*, p. 489 e ss, bem como toda a bibliografia aí citada.
[25] ANA MARIA GUERRA MARTINS, *A natureza...*, p. 317 e ss.
[26] MARCEL KAUFMANN, *Permanente Verfassunggebung...*, p. 530.
[27] FRANCISCO LUCAS PIRES, *Introdução ao Direito...*, p. 76.

Ao contrário do poder constituinte originário do Estado, que actua de uma só vez, e se esgota no momento de realização da constituição, embora se encontre latente e sempre pronto a actuar[28], o poder constituinte no seio da União admite vários graus de actuação.

Até ao momento, podemos dizer que existiu um pré-poder constituinte ao nível intergovernamental, através do qual se procedeu à elaboração de um tratado, no qual se transferiram determinados poderes dos Estados para a entidade criada por esse tratado. A emergência desse pré-poder constituinte ocorreu na medida em que o conteúdo do tratado se apresenta em concorrência com o conteúdo das constituições. Mas, nesta primeira fase, o poder constituinte no seio da União tem um carácter ainda muito dependente dos poderes constituintes estaduais.

6. A convenção europeia sobre o futuro da Europa

O fracasso de Nice demonstra que é chegado o momento de passar a uma nova fase, em que a participação dos povos da Europa, através dos seus representantes eleitos, seja uma realidade.

Os primeiros passos dessa nova fase estão a ser dados. Em 15 de Dezembro de 2001 o Conselho Europeu de Laeken decidiu convocar uma convenção para assegurar uma preparação tão ampla e transparente quanto possível da próxima conferência intergovernamental[29]. Trata-se da transposição para a revisão do Tratado de um método, pela primeira vez, ensaiado na elaboração da Carta dos Direitos Fundamentais da União Europeia – o método da convenção[30].

---

[28] Basta para tanto que se reúnam especiais condições que levem ao emergir de novos valores numa determinada sociedade. Daí que muitas constituições surjam na sequência de revoluções ou de golpes de Estado.

[29] Ver Declaração de Laeken sobre o futuro da União Europeia no sítio (http://www.europa.eu.int/rapid/start/cgi).

[30] Sobre o método, até então inédito, do processo de elaboração da Carta dos Direitos Fundamentais da União Europeia, bem como sobre as suas repercussões no futuro processo de revisão, ver FRANCISCO DEL POZO RUIZ, *Diez notas a propósito de la Carta de los derechos fundamentales de la Unión Europea*, BEUR, 2001, p. 60 e ss; GRÁINNE DE BÚRCA, *The Drafting of the European Union Charter of Fundamental Rights*, ELR, 2001, p. 138; WOLFGANG DIX, *Charte des droits fondamentaux et convention – de nouvelles voies pour réformer l'UE ?*, RMCUE, 2001, p. 307 e ss; JEAN-PAUL JACQUÉ, *La démarche initiée par le Conseil européen de Cologne*, Revue universelle des droits de l'homme (RUDH), 2000, p. 3 e ss; JACQUELINE DUTHEIL DE LA ROCHÈRE, *La Convention sur la Charte des droits fondamentaux et*

A convenção europeia sobre o futuro da União, tal como a convenção que elaborou a Carta, tem uma composição alargada (o Presidente e dois vice-presidentes, assim como 15 representantes dos Chefes de Estado ou de Governo, 30 membros dos parlamentos nacionais (2 por Estado Membro), 16 do Parlamento Europeu e 2 representantes da Comissão). Além disso, dado o avançado estado das negociações de adesão dos PECO's optou-se ainda por incluir entre os seus membros os representantes dos Governos e dos Parlamentos desses Estados. A convenção conta também com membros do Comité das Regiões, do Comité Económico e Social, dos parceiros sociais e com o Provedor de Justiça com um estatuto de observadores.

Esta convenção tem, pois, uma legitimidade baseada tanto nos Estados membros como nos povos da Europa[31], o que contribuirá, sem dúvida, para uma legitimidade democrática acrescida da próxima revisão do Tratado.

De acordo com o mandato do Conselho Europeu de Laeken, a convenção tem por «*missão debater os problemas essenciais colocados pelo futuro desenvolvimento da União e analisar as diferentes soluções possíveis*» (...) «*Elaborará um documento final que poderá compreender quer diferentes opções, indicando o apoio que as mesmas obtiveram, quer recomendações, em caso contrário*».

Do exposto resulta que a convenção não foi expressamente mandatada para elaborar uma constituição europeia ou um tratado constitucional. Todavia, o documento final que dela se espera – cuja natureza não se especifica – pode perfeitamente ser constituído por um projecto de constituição europeia ou de tratado constitucional. É talvez demasiado cedo para fazer um juízo de prognose sobre esta matéria.

As preferências do Presidente da convenção – Valéry Giscard d'Estaing – são, desde o início, sobejamente conhecidas e materializaram-se na

---

le processus de construction européenne, RMCUE, 2000, p. 223 e ss; Idem, *La Charte des droits fondamentaux de l'Union européenne: quelle valeur ajoutée, quel avenir?*, RMCUE, 2000, p. 674 e ss; ALBRECHT WEBER, *Die Europäische Grundrechtscharta – auf dem Weg zu einer europäischen Verfassung*, Neue Juristische Wochenschrift (NJW), 2000, p. 538.

[31] A União Europeia fundamenta-se nas Comunidades Europeias que são, antes demais, uma união de Estados. A progressiva extensão das atribuições comunitárias consubstanciou-se numa cada vez maior «implicação» dos cidadãos no processo de integração, com a consequente sujeição a um poder político que está para além dos Estados. A União Europeia deve, portanto, ser caracterizada como uma união de Estados e de povos. Para maiores desenvolvimentos sobre este ponto, ver ANA MARIA GUERRA MARTINS, *A natureza...*, p. 329 e ss.

apresentação, no passado dia 29 de Outubro de 2002, de um primeiro anteprojecto de tratado constitucional de sua autoria[32].

A expressão tratado constitucional tem vindo a ser utilizada em detrimento da expressão constituição europeia, com o objectivo afastar as reacções mais adversas dos euro-cépticos. Porém, o que seja um tratado constitucional, na óptica da teoria das fontes de Direito, é tudo menos claro.

O certo é que os trabalhos da convenção estão em curso e o futuro da Europa depende numa grande parte do seu sucesso.

De acordo com a agenda que a própria convenção estabeleceu, deve começar-se por travar um debate aberto sobre a União Europeia e o seu futuro, no qual podem participar não só os membros da convenção, como a sociedade civil em geral (organizações não governamentais, associações, universidades, sindicatos, colectividades locais e territoriais), através do envio de textos, designadamente, pela Internet.

Tendo em conta as dificuldades de funcionamento em plenário, devido ao elevado número dos seus membros, a convenção, por iniciativa do seu Presidente, optou por constituir grupos de trabalho sectoriais[33], que apresentaram os respectivos relatórios finais[34], tendo em vista facilitar a prossecução dos trabalhos. A convenção encontra-se, actualmente, a discutir os projectos concretos de revisão dos Tratados.

Como já se mencionou, é possível que desta convenção saia um projecto de tratado constitucional que, dependendo do seu conteúdo, se poderá consubstanciar numa forma eufemística de designar a constituição europeia.

Neste contexto, partindo da ordem jurídica em vigor, dois cenários são possíveis:

    a) o projecto de tratado constitucional não se destina a substituir os actuais tratados, mas antes a modificá-los, tratando-se, portanto, de uma revisão do TUE;

    b) o projecto de tratado constitucional destina-se a substituir os actuais Tratados e então não se trata de uma revisão, mas sim de uma ruptura constitucional.

---

[32] O anteprojecto de tratado constitucional está disponível no sítio http://europa.eu.int/futurum/index.

[33] Grupo I – Subsidiariedade; Grupo II – Carta; Grupo III – Personalidade jurídica; Grupo IV – Parlamentos nacionais; Grupo V – Competências complementares; Grupo VI – Governação económica; Grupo VII – Acção Externa; Grupo VIII – Defesa; Grupo IX – Simplificação; Grupo X – Liberdade, Segurança e Justiça.

[34] Os grupos já apresentaram os seus relatórios finais, que estão disponíveis em http://europa.eu.int/futurum/index.

No primeiro cenário, deve sublinhar-se que à convenção europeia não compete rever os Tratados, devendo a última palavra caber à conferência intergovernamental[35]. Porém, a legitimidade democrática alargada da convenção funcionará, decerto, como uma forte condicionante da decisão dos Chefes de Estado e de Governo, dado que os custos políticos a pagar pela recusa de um projecto aprovado por consenso por uma assembleia composta por representantes dos parlamentos nacionais, do Parlamento Europeu e dos Governos nacionais dos Estados membros e dos Estados candidatos à adesão seriam, porventura, demasiado altos.

No segundo cenário referido, consideramos que a aprovação da futura constituição europeia não poderá competir à convenção, que nem sequer tem um mandato claro para este efeito, mas terá de depender de uma decisão dos povos europeus.

Na verdade, não existem à partida regras rígidas para a criação de uma constituição, pelo que a constituição europeia – se vier a existir – é susceptível de ser elaborada de formas muito diversas, desde que a decisão final venha a pertencer aos povos da Europa.

Assim, a constituição tanto pode ser aprovada por um órgão da União, expressamente designado para o efeito, como por um órgão já existente que venha a assumir poderes constituintes, o qual deverá ser o Parlamento Europeu[36] ou até mesmo por uma conferência intergovernamental[37]. No primeiro caso, a constituição será legitimada democraticamente *a priori*; no segundo caso, o órgão não é eleito para o efeito e então será necessário o acordo dos povos, *a posteriori,* através, por exemplo, de um referendo em toda a Europa no mesmo dia, de modo a que os resultados de um Estado não influenciem o eleitorado dos outros Estados[38], o mesmo acontecendo no terceiro caso.

---

[35] No mesmo sentido, JÜRGEN SCHWARZE, *Perspektiven...,* p. 81.

[36] No sentido de que a exigência de legitimidade democrática da União obriga a deslocar a soberania para o PE, ver STEFAN OETER, *Souveränität...*(1998), p. 65 e ss.

[37] Neste sentido, MARTIN SEIDEL, *Europa nach Maastricht – Auf dem Weg in die Staatlichkeit der Gemeinschaft? in* ARNO SCHERZBERG e. a., Deutschland im Binnenmarkt, Colónia, 1994, p. 164.

[38] Neste sentido, ver N. MOUSSIS, *Les peuples européens devant l'option d'avenir de l'Europe*, RMCUE, 1997, p. 270 e ss.

7. Os mais recentes desenvolvimentos

O esgotamento do actual modelo tem vindo a ser crescentemente enfatizado por diversos sectores, nos quais se incluem alguns órgãos da União, com fundamento na falta de legitimidade democrática, de transparência e na sua enorme complexidade.

Com efeito, o modelo do tratado internacional sofre de um défice democrático muito acentuado. A teoria da representação não pode justificar situações em que o acto adoptado se aplica directamente aos cidadãos, como é o caso do Tratado da União Europeia, mas a decisão de se vincular a esse acto passa pela mediação de órgãos estaduais, os quais, por sua vez, também vão ficar sujeitos a esse poder. Ou seja: a relação entre os órgãos que decidem e a decisão que é adoptada é duplamente indirecta, uma vez que passa pela mediação dos Estados, através da ratificação. Assim, entre a União e os cidadãos eleitores existe um nível intermédio que é o estadual, que vai acabar por diluir a vontade expressa dos povos europeus.

Além disso, a ausência de uma clara repartição de atribuições entre a União e os Estados membros, a multiplicidade de processos de decisão e a falta de um equilíbrio claro entre os órgãos conduzem à falta de transparência, o que contribui para o progressivo afastamento do cidadão comum em relação ao processo de integração europeia.

Por fim, a complexidade do modelo advém, entre outras causas, do facto de a União Europeia possuir uma estrutura tripartida, com peso diferente dos seus vários componentes (Comunidades Europeias, política externa e de segurança comum e cooperação policial e judiciária em matéria penal).

Tendo em conta estes pressupostos, muitos são os domínios que devem ser alvo de profundas modificações.

I) A União como entidade unitária: como defendemos em anterior trabalho[39], uma das prioridades da futura constituição europeia é o abandono da estrutura tripartida da União e a sua substituição por uma entidade unitária com atribuições definidas em função da base axiológica europeia comum: a liberdade, a democracia, o Estado de direito e a protecção dos direitos fundamentais. Esta entidade, ao contrário do que sucede na situação actual com a União Europeia, deve possuir expressamente personalidade jurídica interna e internacional.

---

[39] V. ANA MARIA GUERRA MARTINS, *Alguns tópicos de reflexão sobre a constituição europeia...*, p. 256.

A conclusões similares chegou o grupo de trabalho III sobre personalidade jurídica da convenção europeia, que, no seu relatório final, de 1 de Outubro de 2002[40], afirma a existência de um «*consenso muito alargado no sentido de que a União deverá passar a dispor explicitamente de personalidade jurídica, que deve ser única e substituir as personalidades existentes*» (p. 1 e 3). Além disso, na recomendação 4) à convenção, o grupo sublinha que «*nem a fusão das personalidades jurídicas nem a dos tratados* (que o grupo também defende) *implica, em si mesma a fusão dos "pilares", mas seria anacrónico conservar a actual apresentação da estrutura em "pilares" num tratado único. Suprimir essa estrutura contribuiria, em contrapartida, para simplificar consideravelmente a arquitectura da União*» (p. 15).

II) A repartição de atribuições entre a União Europeia e os Estados membros: um outro aspecto que a constituição europeia deve simplificar e clarificar é a questão da repartição de atribuições entre a União Europeia e os Estados membros.

O método actual de enumeração dos objectivos (arts. 2.º do TUE e 2.º do TCE) e dos instrumentos necessários para a sua realização (art. 3.º do TCE) tem dado azo a um progressivo esvaziamento de poderes dos Estados membros, que, à partida, não se afiguravam previsíveis.

Assim, consideramos como mais adequado e mais transparente a inclusão na futura constituição europeia de uma cláusula em que se enunciem as atribuições da União Europeia, ficando os Estados com atribuições residuais genéricas ou de direito comum. Além disso, poder-se-ão reservar alguns domínios de actuação para os Estados membros[41].

Neste mesmo sentido devem ser encaradas as conclusões do grupo de trabalho V da convenção europeia sobre competências complementares apresentadas no seu relatório final, de 4 de Novembro de 2002[42].

Em primeiro lugar, de acordo com o relatório, «*o futuro tratado constitucional deve incluir um título separado, dedicado a todas as questões relacionadas com a competência*» (...) «*Numa preocupação de transparência e clareza, o eventual futuro tratado deve incluir disposições curtas, claras e facilmente inteligíveis sobre a delimitação das competências conferidas à União em cada esfera de acção*» (p. 2).

---

[40] CONV 305/02.
[41] V. ANA MARIA GUERRA MARTINS, *Alguns tópicos de reflexão sobre a constituição europeia...*, p. 257.
[42] CONV 375/1/02.

Em segundo lugar, tendo em conta as recomendações do grupo, «*no futuro tratado, deveria inserir-se uma disposição que afirme explicitamente que as atribuições não conferidas pelo Tratado à União continuam a ser da competência dos Estados membros*» (p. 10).

Em terceiro lugar, o grupo sugeriu que «*seja ponderada nas instâncias competentes da convenção a possibilidade de reformular as missões e responsabilidades da União (actualmente descritas nos artigos 3.° e 4.° do TCE), de modo a identificar como da responsabilidade da União as políticas pelas quais a União é total ou predominantemente responsável*» (p. 7).

Além disso, consideramos que, em sede de atribuições partilhadas, se deve manter o princípio de que a União deve actuar com respeito do princípio da subsidiariedade[43], isto é, a União deve exercer as atribuições se o puder fazer melhor do que os seus Estados membros[44].

O grupo de trabalho das competências complementares enunciou vários princípios a este respeito, entre os quais se podem contar os princípios da subsidiariedade, da proporcionalidade, do primado do direito comunitário, da implementação e execução nacionais (p. 14).

Em nosso entender, a futura constituição europeia não deve enfraquecer nem acabar com os Estados, mas sim reorganizar e reordenar os seus poderes dentro da União. Assim sendo, seja qual for a repartição de atribuições entre os Estados Membros e a União, ela deverá respeitar tanto o princípio da identidade europeia como o princípio das identidades nacionais, o que implica que o papel dos Estados não deve ser esvaziado.

Este ponto foi deixado bem claro no relatório final do Grupo V, que estamos a analisar, o qual considerou que «*o título do tratado relativo à competência deve incluir os princípios a aplicar no exercício da competência da União*» (p. 10), tendo tomado «*como ponto de partida os princípios gerais do interesse comum e da solidariedade*» (p. 10).

O relatório, além do princípio das competências de atribuição, refere ainda, neste domínio, o princípio do respeito pela identidade nacional dos Estados membros, tendo apontado «*dois domínios nucleares de responsabilidade nacional:*

– as estruturas fundamentais e funções cruciais de um Estado membro – por exemplo: a) a estrutura política e constitucional, in-

---

[43] Ver também relatório final do grupo de trabalho I sobre o princípio da subsidiariedade (CONV 286/02).

[44] ANA MARIA GUERRA MARTINS, *Alguns tópicos de reflexão sobre a constituição europeia...*, p. 257.

clusive o poder regional e local; b) a cidadania nacional; c) o território; d) o estatuto legal das igrejas e associações religiosas; e) a defesa nacional e a organização das forças armadas; f) a escolha das línguas.

– as opções básicas das políticas públicas e valores sociais de um Estado membro – por exemplo: a) política de distribuição de rendimentos; b) impostos e tributação dos rendimentos das pessoas singulares; c) sistema de prestações da segurança social; d) sistema de ensino; e) sistema público de cuidados de saúde; f) preservação e desenvolvimento da cultura; g) serviço militar ou cívico obrigatório» (p. 11).

Em nosso entender, a intervenção da União terá de aumentar em certas áreas, como sejam a política de ambiente e a política de saúde, pois as actuações isoladas dos Estados, nestes domínios, já provaram que não conseguem atingir os objectivos comuns tanto ao nível internacional como europeu. Todavia, a constituição europeia não deve ter como escopo principal o aumento das atribuições da União, antes devendo contribuir para a sua diminuição nas matérias em que a sua actuação é excessiva, como, por exemplo, em sede de política agrícola comum.

As maiores divergências no seio do grupo das competências complementares manifestaram-se precisamente no que diz respeito às matérias que devem fazer parte da competência exclusiva, da competência partilhada e das "medidas de apoio" – nova designação usada para as competências complementares –, tendo remetido para a jurisprudência do Tribunal de Justiça, tanto no que diz respeito aos critérios de distinção entre competência exclusiva e partilhada, como no que se relacione com as matérias que delas fazem parte (pág. 7 do relatório). Ora, sabe-se que, neste aspecto, a jurisprudência do TJ não prima pela clareza.

Segundo o relatório final do grupo V, o emprego, a educação e formação profissional, a cultura, a saúde pública, as redes transeuropeias, a indústria e a investigação e desenvolvimento devem ser considerados matérias para medidas de apoio (p. 9 e 10).

III) A estrutura orgânica: é evidente que uma nova configuração da União Europeia não pode deixar de ter repercussões na sua estrutura orgânica. Com efeito, sendo a União composta por Estados e por povos, terá de haver um órgão no qual estejam representados os Estados, de acordo com o princípio da representação igual, assim como outro órgão, no qual estejam representados os povos europeus, de acordo com um princípio de representação proporcional. O órgão mais vocacionado para a representação dos Estados é, sem dúvida, o Conselho, enquanto o órgão com vocação de representação dos povos europeus parece ser uma assembleia eleita por sufrágio directo e universal, como o actual Parlamento Europeu.

Apesar de não existir nenhum grupo de trabalho no seio da convenção europeia com o objectivo específico de analisar a estrutura orgânica da União, com excepção do Grupo IV sobre parlamentos nacionais, é óbvio que as conclusões dos diferentes grupos acabam por ter repercussões no quadro institucional da União. Na verdade, o grupo IX sobre a simplificação dos procedimentos legislativos e dos instrumentos acabou por se debruçar genericamente sobre questões institucionais no seu relatório final apresentado em 29 de Novembro de 2002[45]. Aliás, a ausência de um grupo de trabalho específico sobre reforma institucional compreende-se se pensarmos que o Tratado de Nice procedeu a alterações profundas, embora muito criticáveis, neste domínio.

Como já defendemos anteriormente, o poder legislativo deverá ser confiado ao Conselho e ao Parlamento em pé de igualdade, num sistema de *checks and balances*.

Segundo o relatório final do grupo IX «*todo o acto de carácter legislativo deve emanar dos órgãos que representam os Estados e os povos, ou seja, do Conselho e do Parlamento*» (p.2).

O sistema de votação no seio dos órgãos, em especial no Conselho, também tem de ser revisto, parecendo inevitável que a regra da unanimidade fique reservada para casos muito excepcionais, uma vez que numa Europa alargada aos países da Europa Central e de Leste os bloqueios serão tão frequentes que levarão à consequente paralisia da União.

Este é também o entendimento do Grupo IX sobre simplificação dos procedimentos legislativos que propõe, por um lado, a generalização da votação por maioria qualificada no seio do processo de co-decisão e, por outro lado, a aplicação deste processo a todos os casos de aprovação actos legislativos, embora admita algumas excepções a esta regra (p. 14 e 15 do relatório final mencionado). Além disso, o grupo advoga a simplificação dos procedimentos de decisão que passaria, por exemplo, pela supressão do processo de cooperação.

---

[45] CONV. 424/02.

O Grupo propõe ainda a reformulação do sistema de fontes de direito derivado[46] e a introdução de uma hierarquia de normas[47].

IV) A participação dos parlamentos nacionais: em relação à participação dos parlamentos nacionais no processo de integração europeia, defendemos, no estudo que serve de base a este trabalho[48], que estes não devem ser inseridos no sistema legislativo da União, sob pena de maior complexidade do processo e de multiplicação de estruturas de decisão, que tornarão ainda mais difícil a tomada de decisão. Assim, aos parlamentos nacionais deve ser reservado, como até aqui, um papel de acompanhamento do processo de decisão em colaboração com os governos nacionais.

O relatório final do grupo IV, de 22 de Outubro de 2002, sobre os parlamentos nacionais[49] recomenda que «*o futuro tratado constitucional deverá incluir um trecho específico que reconheça a importância da participação activa dos parlamentos nacionais nas actividades da União Europeia, em especial, a fiscalização da acção dos governos no Conselho, incluindo o controlo dos princípios da subsidiariedade e da proporcionalidade*» (p. 3).

Com o objectivo de possibilitar uma fiscalização eficaz, o relatório estabelece regras e prazos para o envio das propostas da Comissão aos parlamentos nacionais para que estes possam apresentar as suas reservas sobre as acções e medidas legislativas da União. Além disso, a maioria dos membros do grupo considera que «*deveria ser instituído um mecanismo através do qual os parlamentos nacionais pudessem, numa fase inicial do processo legislativo, dar a conhecer os seus pontos de vista sobre a observância do princípio da subsidiariedade numa dada proposta legislativa. Esse mecanismo deveria ser orientado em termos de processo e concebido de forma a não dificultar ou retardar o processo legislativo*» (p. 12).

---

[46] O Grupo propõe, em primeiro lugar, a simplificação do número de instrumentos da União. Em segundo lugar, sugere alterações à tipologia dos actos: o regulamento passaria a ser a Lei da União Europeia, a directiva seria substituída pela Lei-Quadro da União Europeia, a decisão manteria a sua denominação, assim como a recomendação e o parecer. Em terceiro lugar, o Grupo considera que a nova tipologia de actos se deve aplicar ao primeiro e ao terceiro pilares, admitindo a manutenção das diferenças no que diz respeito ao segundo pilar.

[47] O Grupo, após reconhecer as dificuldades existentes nesta matéria, acaba por propor três níveis: os actos legislativos, os actos "delegados" e os actos de execução.

[48] ANA MARIA GUERRA MARTINS, *Alguns tópicos de reflexão sobre a constituição europeia...*, p. 258.

[49] CONV 353/02.

Esta mesma ideia foi corroborada pelo grupo I sobre o princípio da subsidiariedade no seu relatório final[50], de 23 de Setembro de 2002, que passa pela criação de um mecanismo "de alerta rápido" a cargo dos parlamentos nacionais, através do qual os parlamentos nacionais passam a dispor de um mecanismo de controlo político *ex ante* (p. 5 e 6) e pelo alargamento do direito de recurso ao Tribunal de Justiça em matéria de observância do princípio da subsidiariedade aos parlamentos nacionais e ao Comité das Regiões (p. 7 e 8).

V) A garantia dos direitos fundamentais: do nosso ponto de vista, a constituição europeia ou tratado constitucional não se pode ater à repartição de atribuições entre a União e os Estados membros, nem à enumeração dos poderes dos órgãos, ela deve também garantir os direitos fundamentais dos cidadãos, pois, como afirma a Declaração dos Direitos do Homem e do Cidadão de 1789, *«toda a sociedade na qual a garantia dos direitos não está assegurada nem a separação de poderes determinada não tem constituição».*

Assim sendo, a futura constituição europeia não pode deixar de se debruçar sobre o estatuto da Carta de Direitos Fundamentais da União Europeia.

Ora, o consenso atingido na Carta quanto ao património comum europeu em matéria de direitos fundamentais tem de ser vertido numa futura constituição europeia, o que implica que a Carta deve adquirir efeito jurídico vinculativo, ao contrário do que sucede actualmente[51].

De acordo com as conclusões apresentadas no relatório final[52] do grupo de trabalho II sobre a integração da Carta/adesão à CEDH, em 22 de Outubro de 2002, existiu um consenso alargado no sentido da integração da Carta no futuro tratado constitucional sob uma forma que a torne juridicamente vinculativa e lhe confira estatuto constitucional (p. 2). O grupo é mais cauteloso quanto à forma concreta dessa integração, pois ela dependerá *«do quadro geral da arquitectura do Tratado que vier a ser definido nos futuros debates do plenário da convenção»* (p. 3). Aliás, a pró-

---

[50] Ver *supra* nota 43.

[51] O valor jurídico da Carta é meramente declarativo e não vinculativo, ao contrário do que propunha a Convenção que a elaborou. Apesar disso, ainda se pode admitir a susceptibilidade de invocação dos direitos consagrados na Carta junto do Tribunal de Justiça. Neste sentido, MELCHIOR WATHELET, *La Charte des droits fondamentaux: un bon pas dans une course qui reste longue,* Cahiers de Droit Européen (CDE), 2001, p. 591.

[52] CONV. 354/02.

pria «*decisão política sobre a eventual integração da Carta no âmbito do Tratado ficará reservada ao plenário da convenção*» (p. 2).

VI) A Política Externa e de Segurança Comum e a Defesa: a afirmação da Europa no Mundo globalizado hodierno necessita de uma política externa e de segurança comuns reforçada. Além disso, também se deve repensar o problema da representação externa da União, que deverá ficar a cargo de um órgão político.

O Grupo III sobre personalidade jurídica «*insistiu na ideia de que a acção política externa da União será mais eficaz e credível se esta conseguir exprimir-se, na medida do possível, a **uma só voz**»* (p. 11).

Além disso, os grupos de trabalho da acção externa (grupo VII) e da defesa (grupo VIII) debruçaram-se também sobre estes assuntos, tendo apresentado os seus relatórios finais no passado dia 16 de Dezembro de 2002[53].

O Grupo VII sobre a acção externa apresentou várias recomendações das quais se destacam as seguintes:

    a) o agrupamento numa secção do novo Tratado de todos os artigos relevantes em matéria de política externa da União, embora mantendo mecanismos diferentes para os diferentes sectores;

    b) a necessidade de definir no Tratado de forma clara os princípios em que assenta a acção externa da União e os seus objectivos gerais;

    c) a criação do cargo de "Representante Europeu para as Relações Externas", com o objectivo de reforçar a coerência e a eficácia entre as instituições e intervenientes na política externa;

    d) a consagração, no texto do Tratado, do princípio do paralelismo de atribuições internas e externas;

    e) o alargamento à PESC da votação por maioria qualificada, sob pena de paralisia do processo de decisão.

Deve, contudo, salientar-se que o relatório aponta para algumas divergências no seio do grupo em relação a aspectos cruciais, como, por exemplo, a criação do cargo de Representante Europeu das Relações Externas.

O Grupo VIII sobre a Defesa, após ter realçado que a política de segurança contribui para a credibilidade internacional da União e que não se

---

[53] CONV. 459/02 e CONV. 461/02, respectivamente.

pretende transformar a União numa aliança militar, apresentou as seguintes recomendações:
- actualização das missões Petersberg;
- aperfeiçoamento dos dispositivos previstos para gestão de crises, a fim de reforçar a coerência e a eficácia da acção da União;
- maior flexibilidade na tomada de decisões, através de um maior recurso à abstenção construtiva e da instauração de uma forma específica de cooperação reforçada;
- estabelecimento de uma cláusula de solidariedade que permita aos Estados-membros prevenir e responder às ameaças terroristas no seio da União, mobilizando todos os instrumentos necessários, tanto militares como civis;
- criação de uma agência europeia de armamento e de investigação estratégica, para reforçar a base industrial e tecnológica do sector de defesa;
- confiar ao Alto Representante para a PESC a responsabilidade pela condução da acção da União e pela coordenação de esforços dos Estados em matéria de defesa;
- assegurar um controlo parlamentar adequado.

VII) O espaço de liberdade, segurança e justiça: a segurança interna é um outro aspecto que deverá fazer parte das áreas de actuação da União, pois a abertura de fronteiras internas torna inviável e ineficaz a acção isolada dos Estados membros no combate a certos perigos das sociedades actuais, tais como o tráfico de droga, o terrorismo, o tráfico de seres humanos e a criminalidade organizada em geral.

O principal objectivo da União, neste domínio, deve ser a construção de um espaço de liberdade, segurança e justiça.

Foi com base nestes pressupostos que o grupo de trabalho X sobre liberdade, segurança e justiça reuniu, tendo acabado por apresentar o seu relatório final, em 2 de Dezembro de 2002[54].

O ponto de partida desse relatório é o estabelecimento de um quadro jurídico comum em matéria de liberdade, segurança e justiça, preconizando a identidade de fontes e a aplicação generalizada da regra da maioria qualificada e do processo de co-decisão.

Neste contexto, uma das principais recomendações do Grupo incide sobre a extensão da votação por maioria qualificada e a aplicação do procedimento de co-decisão aos actos legislativos relativos a asilo, refugiados

---
[54] CONV. 426/02.

e pessoas deslocadas, bem como em matéria de vistos e de imigração e ainda à matéria da cooperação policial e judiciária, embora, neste último caso, se admita a votação por unanimidade em relação a certos aspectos mais sensíveis para os Estados.

Desse relatório constam ainda várias recomendações sobre o reforço da cooperação operacional, relativamente à Europol, à Eurojust, aos controlos de fronteiras externas e à intensificação da cooperação com o Conselho Europeu. Além disso, o relatório debruça-se sobre algumas questões horizontais, como, por exemplo, a competência do Tribunal de Justiça ou o possível envolvimento dos parlamentos nacionais.

VIII) Da leitura dos relatórios finais de todos os grupos de trabalho constata-se que:

1) algumas recomendações ou propostas dos grupos são bastante inovadoras, enquanto outras têm vindo a ser objecto de discussão no seio da União há longo tempo;

2) a maior parte das propostas constituem um avanço no processo de integração europeia e contribuirão para tornar a União mais eficaz, mais transparente e mais democrática, enquanto outras são bastante ambíguas e, por isso, algo difíceis de valorar;

3) a par de consensos importantes, existiram também divergências de relevo no seio dos grupos, o que não facilita a tarefa da conferência intergovernamental;

4) questões fulcrais não foram tratadas pelos grupos, tendo sido deixadas, quer para o plenário da convenção, quer para a conferência intergovernamental.

8. Os limites materiais do poder constituinte originário da União Europeia

Antes de concluir cumpre ainda afirmar que a elaboração de uma constituição europeia ou de um tratado constitucional pode representar uma ruptura com a ordem jurídica da União em vigor, não pressupondo, por isso, o respeito das normas de revisão do Tratado nem o respeito de todo o acervo comunitário. No entanto, é de supor que a futura constituição aproveite toda a evolução do processo de integração europeia, desde a década de 50 até aos nossos dias, e se apresente, de alguma forma, como uma solução de continuidade desse processo.

Além disso, deve sublinhar-se também que a criação de uma constituição europeia, com base num poder constituinte originário próprio da União Europeia, está sujeita a alguns limites materiais. O poder constituinte originário da União Europeia, tal como o poder constituinte dos Estados membros, não é ilimitado.

Assim, a União terá de respeitar os valores que lhe são prévios, pré-existentes e que, de resto, são o seu fundamento. Esses valores são pré-positivos, transcendentes e suprapositivos, operam num determinado espaço geográfico e num determinado momento, condicionam toda e qualquer norma jurídica e vinculam toda e qualquer entidade que nesse espaço geográfico exerça poderes soberanos. Esses valores são pré-Estado e pré-União, fazendo parte da *herança cultural comum europeia*.

Uma futura constituição europeia deve, portanto, respeitar os valores que fazem parte do *corpus juris* europeu. Como defendemos anteriormente[55], esses valores são a manutenção da paz e da segurança, a liberdade, a protecção dos direitos fundamentais, a democracia e o Estado de direito.

Dado o conteúdo muito vasto de cada um destes valores, assim como dos princípios em que se concretizam, só se afigura como limite material do poder constituinte originário da União Europeia o núcleo duro ou essencial de cada um deles. Exemplificando: o poder constituinte originário que se vier a exercer na União nunca poderá pôr em causa a paz na Europa e no Mundo e a segurança dos cidadãos, sob pena de criar as condições para a sua auto-destruição. Aliás, este limite decorre também das regras de *jus cogens* de direito internacional geral ou comum, pois se os Estados renunciaram à guerra, excepto em caso de legítima defesa, não parece de admitir que outros sujeitos de direito internacional possam praticar actos que ponham em causa essa paz[56].

9. Algumas notas (in)conclusivas

- A Europa enfrenta um dos maiores desafios da sua História: o desafio constitucional. Na verdade, nem o modelo formal do tratado internacional nem as soluções nele consagradas se afiguram os mais adequados para responder à globalização e à interdependência do Mundo actual.

---

[55] ANA MARIA GUERRA MARTINS, *A natureza...*, p. 596 e ss.
[56] ANA MARIA GUERRA MARTINS, *A natureza...*, p. 604 e ss.

- A Europa necessita de instrumentos jurídicos mais eficazes e operacionais, que podem ter de passar pela elaboração de uma constituição europeia ou de um tratado constitucional, para usar uma expressão que parece estar a ganhar terreno no decorrer dos trabalhos da convenção sobre o futuro da Europa.
- A União Europeia tem de aparecer aos olhos do Mundo como uma entidade única, dotada de personalidade jurídica internacional. Porém, este eventual novo modelo não deve ter como objectivo a eliminação dos Estados. Pelo contrário, deve respeitar a riqueza das diferentes tradições culturais, jurídicas e políticas dos Estados seculares que a compõem, como decorre do princípio da subsidiariedade.
- O futuro tratado constitucional tem de resolver alguns dos problemas que se arrastam há décadas, designadamente, a repartição de competências entre a União Europeia e os seus Estados membros ou a problemática da defesa comum europeia, a par de outros mais recentes, como, por exemplo, a questão da integração da Carta de Direitos Fundamentais da União Europeia no texto fundamental da União.
- As dificuldades de obtenção de consensos em Nice deixaram bem patente o esgotamento do método das conferências intergovernamentais como processo adequado para a introdução de modificações substanciais no TUE, o que só tenderá a agravar-se com o futuro alargamento aos PECO's previsto já para 2004.
- Daí que, seguindo o exemplo da convenção que elaborou a Carta, estão a decorrer os trabalhos de uma outra convenção – a Convenção Europeia sobre o Futuro da Europa –, a qual tem por objectivo «*debater os problemas essenciais colocados pelo futuro desenvolvimento da União e analisar as diferentes soluções propostas*» (Declaração de Laeken).
- As propostas apresentadas na Convenção constantes, designadamente, dos relatórios finais dos grupos de trabalho revelam-se, na generalidade, bastante inovadoras. Se vierem a ser aceites, contribuirão, decerto, para modificar a natureza jurídica da União, mas o facto é que algumas delas estão ainda muito longe de atingir o necessário consenso.
- É de sublinhar que, do ponto de vista do direito da União Europeia vigente, a esta convenção não compete rever o Tratado nem decidir a aprovação de uma constituição europeia. A revisão deve res-

peitar o art. 48.º do TUE, ou seja, deve ser convocada uma conferência intergovernamental para o efeito. A aprovação de um modelo constitucional próprio e inovador compete aos europeus, através de referendo.
- A Europa encontra-se, pois, numa encruzilhada. Não se afigura possível protelar mais a concretização do que se entende pela expressão – *união cada vez mais estreita entre os povos da Europa* – que consta do preâmbulo do Tratado, desde a sua versão de Roma. Chegou o momento de tomar decisões.
- A constituição europeia mais do que um desejo, poderá vir a configurar-se como uma exigência existencial da União Europeia.

Lisboa, Janeiro de 2003

A ESTREIA DO EURO*

Luís Máximo dos Santos

I. Introdução

A presente edição do Curso de Verão sobre Direito Comunitário e Direito da Integração tem como temática geral "A União Europeia e Portugal: a actualidade e o futuro". Ora, um dos aspectos mais marcantes da União Europeia no ano de 2002 foi, sem dúvida, a introdução física do euro, a qual veio culminar um longo processo de construção da União Económica e Monetária (UEM), processo esse que muito reforçou o projecto de integração e se apresenta recheado de consequências para o futuro. A minha intervenção vai centrar-se nesse tema e tem como designação "A estreia do euro". Em coerência com o apelo cinematográfico que a palavra "estreia" contém, talvez a síntese das minhas palavras se possa fazer do seguinte modo: a estreia do euro correu muito bem mas não é garantido que venha a existir um *happy end*.

Em bom rigor, a estreia do euro já leva mais de cinco anos. Com efeito, desde 1 de Janeiro de 1999 que o euro é a moeda de onze dos quinze Estados-membros da União Europeia. E actualmente são já doze, visto que, em 1 de Janeiro de 2001, a Grécia acedeu à terceira fase da UEM, juntando-se assim ao grupo inicial de onze países que adoptou o euro como moeda. Como é sabido, de acordo com o Tratado de Maastricht, a partir do início da terceira fase da UEM a política monetária passa a estar centralizada e é conduzida pelo Banco Central Europeu (BCE), no quadro do Sistema Europeu de Bancos Centrais (SEBC). O BCE começou

---

* O presente texto corresponde, com ligeiros ajustamentos, ao teor da conferência proferida na Faculdade de Direito da Universidade de Lisboa, em 23 de Julho de 2002, no âmbito do Curso de Verão sobre Direito Comunitário e Direito da Integração.

a funcionar em Junho de 1998, sucedendo ao Instituto Monetário Europeu, criado em 1 de Janeiro de 1994, no início da segunda fase da UEM (1)[1].

Em 1 de Janeiro de 2002, entraram em circulação as moedas e as notas em euro, pelo que este passou a ter existência física, deixando de ser meramente escritural. Em 28 de Fevereiro, terminou o período de dupla circulação do euro e das moedas nacionais (que foi aliás antecipado quatro meses em relação ao calendário inicialmente previsto) e, portanto, o escudo, que desde 1 de Janeiro de 1999 já não era a moeda de Portugal mas sim uma mera denominação do euro, passou definitivamente à história.

A introdução física do euro revestiu-se de grande significado simbólico e psicológico e constituiu um teste essencial à solidez do processo de unificação monetária. Não obstante a sua óbvia complexidade, decorreu da melhor forma em toda a União, incluindo Portugal. Contrariamente às previsões dos habituais pessimistas de serviço, o País revelou-se preparado. Tudo decorreu normalmente, sem sobressaltos de qualquer espécie. Aliás, uma das coisas que impressiona na caminhada conducente ao euro é a normalidade, a naturalidade com que todo o processo acabou por se desenvolver, ultrapassando com inegável êxito os momentos mais importantes, tanto no plano político como no plano económico.

De facto, nada se revelou capaz de eliminar ou sequer esbater a vontade política sem a qual a UEM nunca teria chegado a nascer. Por exemplo, o impacto psicológico do tangencial "sim" do referendo francês de 1992 sobre o Tratado de Maastricht não gerou, como alguns esperavam, uma dinâmica de "arrefecimento". O Instituto Monetário Europeu (IME) cumpriu satisfatoriamente a sua função. Os critérios de convergência revelaram-se bem sucedidos, embora talvez não do modo como alguns dos seus mentores imaginaram. Na verdade, foi possível – felizmente – uma zona euro composta pela grande maioria dos Estados-membros, contrariando-se assim as teses favoráveis à ideia do chamado "núcleo duro", cuja consagração teria sido, a meu ver, nociva para o êxito do processo.

Mas a naturalidade com que decorreu o processo de unificação monetária torna-se ainda mais impressiva se pensarmos na sua magnitude, que não regista qualquer paralelo histórico, qualquer precedente que se possa validamente invocar. Independentemente da valoração que façamos do objectivo da união monetária, é inegável que estamos perante um

---

[1] Sobre a segunda fase da UEM, cf. Luís Máximo dos Santos, "A Segunda Fase da União Económica e Monetária. Aspectos Fundamentais", in Boletim de Documentação e Direito Comparado n.º 63/64, Procuradoria-Geral da República, Lisboa, 1995.

dos mais espectaculares actos de voluntarismo económico e político alguma vez ocorrido.

A criação do euro é um acontecimento histórico a uma tripla escala, isto é, para Portugal, para a Europa e para o mundo. É evidentemente um acontecimento histórico para Portugal, que passou a ter uma nova moeda substituindo o escudo, criado pela I República com a reforma monetária de 1911. Ora, a substituição de uma unidade monetária por outra é sempre um momento do maior relevo na história económica das nações. As reformas monetárias são acontecimentos marcantes, mesmo quando não criam novas unidades. Se tal criação tem lugar, como foi agora o caso, a importância torna-se ainda maior. A moeda é uma realidade muito sensível. O seu valor radica, em última análise, na confiança que a sociedade deposita em quem a emite, em quem define a política monetária e na correspondente capacidade para preservar o seu poder de compra.

Um aspecto interessante, e que a este propósito importa sublinhar, é que a criação do euro em nada se assemelha às circunstâncias em que tradicionalmente têm ocorrido as reformas monetárias. De facto, as reformas monetárias em que se assiste à criação de novas moedas têm andado historicamente associadas a períodos de hiperinflação – em que a unidade existente deixou de ser apta para continuar a desempenhar as funções da moeda e por isso precisa de ser substituída – ou a grandes convulsões políticas e sociais, como derrotas em guerras, revoluções, surgimento de novos Estados, etc. O marco alemão, por exemplo, símbolo do sucesso da Alemanha no pós II Guerra Mundial, foi criado pela reforma monetária de 1948, precedendo pois a própria Constituição da República Federal da Alemanha, que data de 1949. Ora, a unificação monetária europeia corresponde a um padrão de reforma totalmente diferente. Como alguém já disse, o euro é um instrumento de paz numa paisagem de paz, pelo menos se considerarmos o quadro europeu.

Por outro lado, tem sido referido – com razão – que a introdução do euro significa para Portugal uma mudança de regime económico, na medida em que implica:

a) um novo enquadramento para as políticas macroeconómicas;

b) uma alteração dos objectivos dessas políticas e bem assim da sua operacionalização;

c) uma alteração dos comportamentos e das expectativas dos agentes económicos e sociais, de modo a adaptarem-se às novas "regras do jogo"[2].

---

[2] Sobre todos estes aspectos, cf. "O Impacto do Euro na Economia Portuguesa",

Trata-se de uma mudança que não só se estende a toda a ordem económica como vai até muito para além, se pensarmos nas suas consequências político-institucionais.

A UEM é, pois, um projecto com importantes riscos. Reconhecer isso não significa, só por si, avaliá-lo negativamente. Como refere Victor Constâncio, "os economistas não podem fazer análises quantificadas que dêem, de um ponto de vista rigoroso, uma previsão consensual sobre o que vai acontecer. Verdadeiramente não sabemos. Há uma dimensão de aposta num projecto que vai mudar a História de Portugal. Portugal passou a ser, do ponto de vista macroeconómico, uma região da Europa desenvolvida"[3]. Não obstante os riscos, Victor Constâncio afirma ter uma visão optimista, ponto de vista que é também o meu.

Mas a introdução do euro é um acontecimento histórico também à escala europeia. De facto, representa o franquear da última etapa do processo de integração económica e constitui a mais importante mudança estrutural operada na vida comunitária. Tem consequências fundamentais para o modelo global da construção europeia, pois, mesmo não aceitando os determinismos simplistas, é inegável que a UEM gera implicações no domínio da união política, podendo mesmo vir a constituir um poderoso factor de integração neste domínio. Por tudo isto, o euro mudou a percepção do fenómeno da construção europeia.

E é também um acontecimento histórico à escala mundial. Desde logo, pela sua concepção, complexidade e consequências, estamos perante um processo inédito. É certo que os processos de unificação monetária não são nenhuma novidade. Em diferentes momentos históricos, muitos países passaram por eles (*vg.* EUA, Suíça, Itália e Alemanha). No século XIX houve várias tentativas de criar uniões monetárias (*vg.* União Monetária Germano-Austríaca, União Monetária Escandinava, União Monetária Austro-Húngara e União Monetária Latina). E existem igualmente exemplos bem mais recentes como a unificação monetária vivida no âmbito da reunificação da Alemanha. Também a Bélgica e o Luxemburgo vivem há muito em união monetária, no âmbito da união económica que esses dois países criaram em 1921. A Irlanda e o Reino Unido, por seu turno, tam-

---

estudo coordenado pela Faculdade de Economia da Universidade Nova de Lisboa, Ministério das Finanças, Lisboa, 1998.

[3] Cf. Victor Constâncio, "Instrumentos de Política Monetária na União Europeia", in *Aspectos Jurídicos e Económicos da Introdução do Euro,* I.E.F.D.U.L., Lisboa, 1999, pág. 107.

bém já estiveram sob um regime de união das taxas de câmbio, o qual, um tanto ironicamente, terminou com a criação do Sistema Monetário Europeu, visto que este, enquanto mera zona de estabilidade cambial, permitia a existência de margens de flutuação das moedas.

Por outro lado, dado o peso da área do euro na economia mundial, uma consequência da sua criação é a do surgimento de uma moeda com um grande papel internacional, o que irá portanto provocar modificações no âmbito do sistema monetário internacional. São inevitáveis repercussões mas estas não serão rápidas nem espectaculares. Estamos num domínio em que as mudanças são lentas. Não só porque o factor inércia é muito significativo mas também porque o euro precisa de passar o teste do tempo, já que a credibilidade não se decreta. Importa também sublinhar que, no entender de alguns, é possível que a união monetária europeia seja percursora de uma tendência mais geral que se manifestará no século XXI, havendo por exemplo quem aluda a uma eventual união monetária americana sob o signo do dólar[4].

II. As lições do passado e as razões para o euro

A UEM tornou visível a dimensão política do processo de construção europeia. O Tratado da União Europeia materializa uma perspectiva global da integração numa óptica que não é só económica mas também política. Não que essa dimensão não tenha existido desde sempre. Afinal a integração europeia do pós-guerra é nalguma medida herdeira do movimento intelectual e cultural que no século XIX e no início do século XX reclamava a unidade da Europa.

De resto, a fase inicial da construção europeia evidenciou claramente essa dimensão. Basta lembrar – como noutra ocasião já sublinhei[5] – a Declaração Schuman, que expressamente aludia à colocação em comum das produções de carvão e de aço como a primeira etapa de uma federação europeia, e os projectos falhados da Comunidade Europeia de Defesa e da Comunidade Política Europeia. A partir do Tratado que instituiu a

---

[4] Cf. Zanny Minton Beddoes, "From EMU to AMU. The Case for Regional Currencies", in *Foreign Affairs*, Vol. 78, n.º 4, 1999, págs. 8-13.

[5] Cf. Luís Máximo dos Santos, "Reflexões em torno da Política Externa e de Segurança Comum", in *A União Europeia na Encruzilhada*, Almedina, Coimbra, 1996, págs. 141-142.

Comunidade Económica Europeia, a tónica passou para a integração económica. A dimensão política apagou-se, tornou-se menos visível, mas voltaria a ganhar fôlego a partir do Tratado de Maastricht.

É por isso compreensível que quem não se reveja nessa dimensão política, no mínimo, manifeste reservas à UEM. Mas julgo que, mesmo esses, não deixarão de reconhecer que a UEM foi globalmente um projecto bem pensado, bem delineado e bem executado.

Uma das razões por que isso aconteceu foi o facto de se ter sabido aprender com as lições da experiência passada. Na verdade, a UEM foi um objectivo sempre presente em muitos dos defensores da integração europeia. Se para alguns a união monetária europeia era uma pura utopia – benévola, embora – para outros a convicção era a de que a mesma se iria mais tarde ou mais cedo realizar.

Vou procurar evidenciar em que medida o actual projecto de UEM foi positivamente influenciado pela experiência passada e, por outro lado, em que medida é que o mesmo se traduz efectivamente num novo regime económico para Portugal.

Mas não queria também deixar de apontar alguns aspectos que me parecem constituir lacunas ou fragilidades muito importantes de um projecto que – repito – tem sido até ao momento muito bem cumprido

A primeira tentativa de construção da UEM ocorreu nos anos 70, com a adopção do chamado Plano Werner. O seu fracasso ficou a dever-se a um conjunto de múltiplos factores, a começar pela enorme turbulência económica que caracterizou o início da década de 70. O fim do sistema de Bretton Woods em 1971, o choque petrolífero de 1973 e a recessão económica que se lhe seguiu, criaram um quadro geral adverso ao avanço do projecto. Por outro lado, as economias dos Estados-membros não só não convergiram como se deu até o movimento oposto. E faltou também a indispensável vontade política.

O fracasso da primeira tentativa de realização da UEM permitiu tornar claro que para o sucesso da unificação monetária europeia era indispensável:

a) uma convergência dos indicadores macroeconómicos fundamentais que mais directamente se prendem com a estabilidade dos câmbios;

b) uma determinada e esclarecida vontade política para levar por diante o processo, a qual teria de ser baseada, designadamente, numa adequada compreensão dos seus custos e vantagens.

Por seu turno, o Sistema Monetário Europeu (SME), criado em 1978 e entrado em vigor em 1979, não obstante todas as suas vicissitudes, reforçou o processo de integração monetária e, nessa medida, ajudou a criar condições para a união monetária. De facto, depois de um período inicial marcado por frequentes alterações das paridades centrais, o SME foi-se progressivamente consolidando. O excelente comportamento que teve a partir de 1987 contribuiu para o ambiente geral de optimismo e abriu espaço para iniciativas mais arrojadas. O êxito na consecução dos seus objectivos fundamentais, isto é, a estabilidade cambial e a convergência das políticas económicas deu sem dúvida um impulso para a união monetária.

O Acto Único Europeu (AUE) não trouxe consequências práticas para o processo de integração monetária. Como é sabido, teve como objectivo criar um mercado único europeu, eliminando totalmente os entraves físicos, técnicos e fiscais. Nesse quadro, é assumido – pela primeira vez na história comunitária – o propósito de liberalizar por completo os movimentos de capitais no espaço comunitário.

Porém, o AUE deu novos argumentos para a defesa do projecto da união monetária europeia. Com efeito, muitos sublinharam então que para existir um verdadeiro mercado único era necessário também eliminar os obstáculos monetários, isto é, evitar o risco de a moeda ser usada como instrumento proteccionista. Por outro lado, alguns prestigiados autores chamaram a atenção para a inviabilidade de, a prazo, assegurar simultaneamente a estabilidade cambial (objectivo do SME), a livre circulação dos capitais (objectivo do AUE) e manter as políticas monetárias definidas ao nível dos Estados-membros, ou seja, o chamado "triângulo impossível". A definição da política monetária ao nível nacional acabaria por conduzir a situações em que os objectivos da estabilidade cambial e da livre circulação dos capitais conflituavam irremediavelmente e por isso o avanço para a união monetária era visto como indispensável.

A crise do SME de 1992-93 veio, em larga medida, demonstrar a pertinência da aludida inviabilidade, num contexto agravado por dificuldades políticas, decorrentes em especial do referendo francês sobre o Tratado de Maastricht.

Há muito que é conhecido um conjunto de argumentos – que quase se poderiam dizer clássicos – em favor da união monetária europeia, a saber:

a) as vantagens decorrentes da eliminação dos custos de cálculo, de transacção e de risco;

b) a economia nas reservas cambiais, isto é, a união no seu conjunto necessita de menos reservas monetárias do que o somatório das que têm cada Estado;

c) a obtenção dos lucros inerentes à emissão de uma moeda mundialmente aceite (os chamados *segniorage gains* ou rendimento monetário);

d) o contributo que daria para a diminuição da excessiva dependência da Europa face ao dólar dos Estados dos Unidos e, bem assim, para a reforma do sistema monetário internacional.

Com o AUE, outros argumentos se vêm juntar a estes. Assim, em defesa da união monetária europeia passa a invocar-se o facto de a mesma:

a) garantir e potenciar os ganhos resultantes da eficiência económica que um mercado único possibilita e, nessa medida, favorecer o crescimento económico;

b) conduzir à consumação do mercado único de capitais, estimulando desse modo o investimento;

c) materializar uma alternativa a um SME vulnerável, conjugando assim, de modo duradouro, as vantagens da livre circulação dos capitais com as da estabilidade cambial;

d) permitir que os bancos centrais nacionais deixassem de ser meros seguidores da política monetária definida pelo *Bundesbank* para passarem a ser co-decisores da política monetária europeia.

Deste modo, as vantagens da união monetária europeia passam a estar associadas não só às vantagens tradicionais que a doutrina económica aponta às uniões monetárias mas também às vantagens decorrentes de a mesma se traduzir num complemento (para muitos indispensável) do mercado interno.

Sucede, porém, que estas vantagens e argumentos há muito que eram conhecidos da teoria da integração monetária, pelo que a interrogação que se impõe é a seguinte: porque foi possível relançar no final dos anos 80 o projecto da UEM e conclui-lo, com êxito, na década de 90?

Terá sido o facto de se ter previsto e aplicado um processo de convergência das economias, algo que não existiu em anteriores situações? Terá sido a consagração de significativas transferências de recursos para os países menos desenvolvidos no âmbito da coesão económica e social? Ou o facto de o impacto da globalização ter tornado mais claras as vantagens do processo?

Tudo isto foi sem dúvida muito importante. Se o processo de convergência nominal não tivesse corrido tão bem, a UEM não teria sido possível ou só teria sido possível noutros moldes, eventualmente com um pequeno número de países, como era aliás desejo de todos aqueles que sustentavam a famosa tese do "núcleo duro". Mas, a meu ver, se a união monetária é hoje uma realidade isso deve-se basicamente a uma razão política: a reunificação alemã. Sem ela, e não obstante todos os (mesmos) bons argumentos a seu favor, estou convencido de que a UEM não existiria.

É preciso lembrar que na Alemanha, fora dos círculos governamentais, mesmo o SME foi encarado com muita relutância e por vezes aberta oposição. E a possibilidade de o fazer evoluir para uma união monetária nunca teve apoio significativo. Os alemães sentiam-se bem com o marco e não queriam abdicar dele. Ora, sabendo-se como tendem a ser constantes as posições dos Estados em matérias de tão grande alcance estratégico, importa perguntar o que levou os alemães a mudar de posição.

O Tratado da União Europeia foi preparado e negociado em 1990 e em 1991, ou seja, em plena ressaca da queda do Muro de Berlim, ocorrida em Novembro de 1989, e da reunificação alemã, concretizada em Outubro de 1990. É certo que a aprovação do Relatório Delors teve lugar ainda em 1989, no Conselho Europeu de Junho. Mas mesmo nessa época a perspectiva da reunificação era já uma realidade, embora se imaginasse então um calendário mais demorado do que aquele que se verificou.

Na base da mudança da posição alemã quanto à união monetária está pois um grande compromisso estratégico e geopolítico: o apoio dos parceiros europeus à reunificação teve como contrapartida por parte dos alemães o fim do marco e o seu apoio à união monetária.

Com o avanço do processo de integração económica para a fase da UEM os parceiros comunitários, em especial a França, sentem-se confiantes quanto à perenidade do envolvimento alemão na construção europeia, mesmo no novo enquadramento da reunificação. Por outro lado, também no início da década de 90, começa a delinear-se o processo do alargamento da União Europeia aos países do centro e do leste da Europa, o qual permite à Alemanha alcançar um importante objectivo estratégico.

Com efeito, um dos receios dos alemães era o de que o novo cenário europeu conduzisse a um retorno ao sistema instável anterior à II Guerra Mundial, com o seu país numa posição desconfortável entre o Ocidente e o Leste. Ora, ao integrá-los no sistema europeu ocidental do pós-guerra, o alargamento propicia a esses países um enquadramento estável, o que vai ao encontro dos objectivos alemães, com todas as vantagens daí decorrentes, no plano económico e da segurança. A completar este projecto, está o propósito de estabelecer uma grande parceria com a Rússia, outra prioridade fundamental da política alemã.

Foi assim possível no final dos anos 80, inícios dos anos 90, reunir um conjunto de condições políticas e estratégicas de fundo que convergiram no sentido da viabilização da união monetária europeia. Só por isso foi possível o compromisso que está na sua génese, o qual nunca teria existido baseado apenas em fundamentos económicos, por mais impressivos que eles fossem.

Em suma, durante muitos anos os obstáculos de ordem política e económica à realização da UEM pareceram intransponíveis. Entre os primeiros, destacam-se a oposição da Alemanha ao projecto e a recusa dos Estados em abdicarem da sua soberania monetária. A sua remoção ficou a dever-se, como vimos, a um compromisso estratégico propiciado pela reunificação alemã e à ausência de alternativas por parte dos outros Estados, num quadro em que, no âmbito do SME, as políticas monetárias estavam alinhadas pela política monetária alemã e, portanto, a soberania monetária em larga medida já não existia.

No plano dos obstáculos económicos, destacam-se as profundas assimetrias das economias dos Estados-membros e as diferentes tradições quanto à gestão da política de conjuntura, especialmente em matéria de hierarquização dos seus objectivos. Os instrumentos para remover tais obstáculos foram a fixação de um conjunto de critérios de convergência das economias, o reforço da coordenação das políticas económicas e a realização de grandes transferências de recursos para os Estados-membros menos desenvolvidos com o objectivo de aumentar a coesão económica e social.

III. Um novo regime económico

Nos termos do artigo 2.º do respectivo Tratado[6], a Comunidade Europeia tem como missão promover, em todo o seu território, o desenvolvimento harmonioso, equilibrado e sustentável das actividades económicas, um elevado nível de emprego e de protecção social, a igualdade entre homens e mulheres, um crescimento sustentável e não inflacionista, um alto grau de competitividade e de convergência dos comportamentos das economias, um elevado nível de protecção e da melhoria da qualidade de vida, a coesão económica e social e a solidariedade entre os Estados-membros. Essa missão é prosseguida através da criação de um mercado comum e de uma união económica e monetária e da aplicação das políticas ou acções comuns previstas nos artigos 3.º e 4.º do mesmo Tratado.

---

[6] De ora em diante, quando se falar em Tratado, sem mais especificação, é ao Tratado institutivo da Comunidade Europeia que me estou a referir.

Para alcançar os fins enunciados no artigo 2.º, prevê-se no artigo 4.º, n.º 1 a adopção de uma política económica baseada na estreita coordenação das políticas económicas dos Estados-membros, no mercado interno e na definição de objectivos comuns e conduzida de acordo com o princípio de uma economia de mercado aberto e livre concorrência. Por outro lado, o n.º3 desse mesmo preceito estabelece que a acção da Comunidade e dos Estados-membros na prossecução dos seus fins implica a observância dos seguintes princípios orientadores: preços estáveis, finanças públicas e condições monetárias sólidas e balança de pagamentos sustentável.

Mas, mais em concreto, e de forma necessariamente sintética, a que tipo de enquadramento estão submetidas as principais políticas macroeconómicas?

Como é inerente ao próprio conceito de união monetária, a política monetária está centralizada ao nível da União, tendo portanto deixado de ser competência dos Estados-membros. É ao SEBC, que começou a funcionar em 1 de Junho de 1998, que cabe a definição e a execução da política monetária. Mas o SEBC é dirigido pelos órgãos de decisão do BCE que são o Conselho e a Comissão Executiva (cf. artigo 107.º, n.º 3 do Tratado).

O Conselho do BCE é composto pelos membros da Comissão Executiva e pelos governadores dos bancos centrais nacionais. A Comissão Executiva é composta pelo Presidente, pelo Vice-Presidente e por quatro vogais, todos nomeados pelo Conselho Europeu de entre personalidades de reconhecida competência e com experiência profissional nos domínios monetário ou bancário.

O Conselho do BCE adopta as orientações e toma as decisões necessárias ao desempenho das atribuições cometidas ao SEBC pelos respectivos Estatutos e pelo Tratado. É a ele que cabe definir a política monetária da Comunidade, cabendo à Comissão Executiva pô-la em prática.

A Dinamarca, a Suécia e o Reino Unido são parte integrante do SEBC mas não participam na tomada de decisões da política monetária para a área do euro ou na execução operacional dessas decisões (institucionalizou-se, com duvidosa compatibilidade com o Tratado mas compreensível justificação, o chamado Conselho do Euro).

Os órgãos do BCE decidiram adoptar o termo "Eurosistema" para descrever a estrutura na qual o BCE e os bancos centrais nacionais dos Estados-membros participantes desempenham as atribuições na área do euro.

O objectivo primordial do SEBC é a manutenção da estabilidade dos preços (cf. artigo 105.º, n.º1 do Tratado). É certo que o segundo parágrafo desse mesmo preceito refere que "o SEBC apoiará as políticas económicas gerais na Comunidade, visando nomeadamente um crescimento sustentado, um elevado grau de convergência das economias, um elevado nível de emprego, a coesão económica e a solidariedade entre os membros", mas isso sempre "sem prejuízo do objectivo da estabilidade dos preços", o qual, portanto, condiciona e limita todos os demais objectivos.

Trata-se pois de um mandato inequívoco quanto à defesa da estabilidade dos preços, formulado até em termos mais fortes do que o da própria reserva federal americana, e que exprime o largo consenso quanto à conveniência de atribuir às autoridades monetárias um mandato explícito nesse domínio. Sendo os bancos centrais a entidade responsável pelo controlo da quantidade de moeda em circulação devem também ser eles os responsáveis pela prossecução da estabilidade dos preços.

Mas porque é que é assim tão importante prosseguir a estabilidade dos preços? Mesmo fora dos casos da chamada hiperinflação – tão graves que são susceptíveis de minar os próprios fundamentos da economia de mercado – os custos associados à inflação são altamente perniciosos[7].

Ao reduzir o poder de compra da moeda, a inflação acaba por se traduzir numa espécie de imposto oculto sobre aqueles que a detêm. Distorce as decisões de investimento com benefício dos activos reais dada a maior protecção que estes oferecem contra a inflação. Leva a uma redistribuição não planeada do rendimento e da riqueza, penalizando todos os que auferem rendimentos fixos ou tendencialmente fixos. A inflação afecta o próprio papel da moeda como unidade de medida: a incerteza quanto aos preços perturba os sinais que os agentes recebem e transmitem no mercado, tornando assim menos eficiente a afectação de recursos.

Uma política orientada para a estabilidade dos preços tem pois como efeito reduzir o prémio de risco de inflação nas taxas de juro e desse modo contribui para a redução destas, com todas as vantagens daí inerentes. A estabilidade dos preços aumenta a transparência dos preços relativos, isto é, permite que se observem mais facilmente as variações de preços relativos, visto que estas não ficam escamoteadas pelas flutuações no nível geral de preços. Consequentemente, as decisões de consumo e de investimento são mais informadas e a afectação de recursos é mais eficiente.

---

[7] Cf. estudo cit. na nota 2, pág. 80 e segs..

A estabilidade dos preços garante, pois, um melhor funcionamento do sistema económico de mercado.

Claro que os custos da inflação são tanto maiores quanto mais alta é a taxa de inflação. Como já foi referido, as situações mais graves correspondem precisamente às da chamada hiperinflação. Mas isso não significa que a situação ideal seja a de uma taxa nula. A generalidade dos economistas tende a considerar que uma pequena variação positiva do nível geral de preços traz algumas vantagens. Punha-se por isso o problema da quantificação do objectivo. O problema era tanto mais relevante quanto o Tratado não contém qualquer definição a esse respeito.

Assim, logo em 1998, a questão foi objecto de uma deliberação do Conselho do BCE nos termos da qual a estabilidade dos preços é definida "como um aumento homólogo do Índice Harmonizado de Preços no Consumidor (IHPC) para a área do euro inferior a 2%".

Ao agir dessa forma, o BCE clarificou a forma como interpreta o objectivo que lhe foi cometido pelo Tratado, contribuindo assim para tornar a política monetária mais transparente. Para além de ficar definido um ponto de referência em relação ao qual os agentes económicos e o público em geral podem responsabilizar o BCE.

Mas tal definição deixava margem para certas dúvidas. Deveria o BCE ter como objectivo uma taxa de inflacção de 0%? Em que medida seria isso razoável num contexto em que muitos economistas mais do que para o perigo da inflação alertavam para os riscos de se incorrer numa situação de deflação?

Foi por isso que, em Maio de 2003, o Conselho do BCE, confirmando embora a definição que adoptara em 1998, anunciou que o seu objectivo é o de manter a inflação "num nível próximo de 2% a médio prazo". Tratou-se de uma precisão oportuna. Com efeito, sem a descaracterizar minimamente, esta precisão veio flexibilizar a quantificação do objectivo em matéria de inflação, proporcionando uma margem de segurança para a prevenção contra os riscos de deflação.

Por outo lado, importa referir que o objectivo da inflação para o conjunto da área do euro é compatível com a existência de diferenciais de inflação entre os Estados-membros. Refira-se, por outro lado, que o IHPC reflecte em 61,9% o preço dos bens e em 38,1% o preço dos serviços.

Um aspecto que importa também sublinhar é o facto de a credibilidade ser um aspecto essencial para o SEBC cumprir adequadamente a sua missão de preservar a estabilidade dos preços. Sem essa reputação, que terá de construir de forma paulatina e permanente, a zona euro tenderá a ter, em média, taxas mais altas.

Ora, precisamente para a garantir, os autores do Tratado apostaram na definição do princípio da independência dos bancos centrais nacionais e do BCE (cf. artigo 108.° do Tratado e artigo 7.° dos Estatutos do SEBC).

A consagração desse princípio está, aliás, na origem de um critério de convergência legislativa ou jurídica, previsto no artigo 109.° do Tratado. Nos termos desse preceito, "cada um dos Estados-membros assegurará, o mais tardar até à data da instituição do SEBC, a compatibilidade da respectiva legislação nacional, incluindo os estatutos do seu banco central, com o presente Tratado e com os Estatutos do SEBC". Trata-se de um aspecto menos conhecido, já que as atenções se centraram sobretudo nos critérios de convergência económica, mas que não deixa de ser bastante importante.

A aludida independência tem como epicentro a proibição de o BCE, os bancos centrais nacionais ou qualquer membro dos respectivos órgãos de decisão solicitar ou receber instruções das instituições ou organismos comunitários, dos governos dos Estados-membros ou de qualquer outra entidade. Por seu turno, as instituições e organismos comunitários, bem como os governos dos Estados-membros, assumem o compromisso de respeitar o aludido princípio e de não procurar influenciar os membros dos órgãos de decisão do BCE e dos bancos centrais nacionais no exercício das suas funções.

Mas o princípio da independência concretiza-se ainda noutras vertentes como, por exemplo, a autonomia financeira (o BCE tem orçamento próprio e o seu capital é subscrito e realizado pelos bancos centrais nacionais da área do euro), a longa duração (8 anos) e o carácter não renovável dos mandatos dos membros da Comissão Executiva.

São conhecidos os fundamentos deste princípio de independência. Procura-se garantir que o crescimento da massa monetária não fique sujeito a considerações de estrita ordem política, tentando-se assim evitar os nocivos ciclos político-eleitorais.

Numa matéria em que a ambiência dominante favorece por vezes algum fundamentalismo, convirá atentar nas sábias palavras de Samuelson: "Os bancos centrais independentes são mesmo algo bom? Alguns governadores, nunca eleitos num processo democrático, são livres de decidir, em teoria, que políticas de crédito devem prevalecer na Grã-Bretanha, no Japão e na Nova Zelândia. Isto pode funcionar bem. Ou mal. Em 1929, quando Montague Norman era o monarca absoluto do Banco de Inglaterra, cometeu erros chocantes e obstinados. Muitos acreditam que ele chegou a mentir ao primeiro-ministro eleito. Mas lembre-se também que noutras alturas e noutros locais, quando os banqueiros centrais eram escravos dos políticos, foram frequentemente compelidos a imprimir quantias excessivas de dinheiro para financiar os défices gigantes criados por democracias populistas. É preciso fazer compromissos entre males"[8].

Pode pois, de algum modo, dizer-se que o Tratado da União Europeia constitucionalizou o poder monetário e deu-lhe independência. Mas isso não exclui a questão fundamental que consiste em saber qual o envolvimento que o BCE deve ter com os outros órgãos decisores da política económica. De facto, a ideia de independência exclui a possibilidade de um banco central como mero executor de políticas definidas noutras instâncias (v.g. pelos governos) mas não excluirá seguramente o envolvimento com outros decisores político-económicos.

De resto, a estabilidade dos preços resulta de uma adequada conjugação das políticas monetária, orçamental e de rendimentos, pelo que algum grau de envolvimento e concertação com os demais decisores político-económicos se afigura indispensável.

Ora, se é certo que o Tratado da União constitucionalizou o poder monetário e lhe garantiu a independência, não previu soluções quanto à sua responsabilização, nem quanto ao problema da legitimidade.

É certo que o Tratado previu, no seu artigo 113.°, alguns mecanismos de interacção com outros órgãos. Assim, o Presidente do Conselho e um membro da Comissão podem assistir, sem direito a voto, às reuniões do Conselho do BCE e o Presidente do Conselho pode mesmo submeter moções à deliberação do Conselho do BCE. Em contraponto, está previsto que o Presidente do BCE seja convidado a participar nas reuniões do Conselho sempre que este delibere sobre questões relativas aos objectivos e atribuições do SEBC.

Além disso, é dever do BCE enviar anualmente um relatório ao Parlamento Europeu, ao Conselho, à Comissão e ao Conselho Europeu sobre as actividades do SEBC e sobre a política monetária do ano anterior e do ano em curso. Com base nesse relatório, o Parlamento Europeu pode proceder a um debate de carácter geral.

De notar também que o Presidente do BCE e os demais membros da Comissão Executiva podem ser ouvidos, a pedido do Parlamento Europeu ou por sua iniciativa, nas comissões parlamentares competentes. Na prática, o Presidente do BCE tem comparecido trimestralmente perante o Co-

---

[8] Cf. Paul Samuelson, "A Herança do Século XX", in Economia Pura, n.° 46, Maio, 2002, pág. 70.

mité de Assuntos Económicos e Monetários do Parlamento Europeu para informar sobre a política monetária e responder a perguntas. Sensível às questões da transparência, o BCE foi mesmo além do que as obrigações jurídicas impunham, fazendo publicar um Boletim Mensal sobre o desenvolvimento das suas actividades.

Em qualquer caso, tem sido sublinhada por muitos a ideia de que, face à independência do BCE, faz falta um enquadramento institucional onde a política económica possa ser equacionada como um todo. Daí a defesa feita por alguns países, como a França, da consagração do conceito de "governo económico". Outros têm aludido à hipótese de se criarem mecanismos de responsabilização do BCE perante o Parlamento Europeu, mas essa não parece ser uma boa solução, por diversas razões em que convergem considerações de eficácia e de natureza político-institucional[9].

A criação do euro não trouxe um novo enquadramento apenas para a política monetária. Também a política cambial ficou centralizada e deixou de ser uma competência dos Estados-membros. O seu regime fundamental consta do artigo 111.º do Tratado. A definição da política cambial cabe ao Conselho e a sua execução cabe ao BCE, tendo os seus objectivos de ser compatíveis com a manutenção da estabilidade dos preços. Há uma estreita interdependência entre a política monetária e a política cambial, a qual é reconhecida no Tratado. O seu diferente enquadramento institucional traz o risco de surgirem zonas de conflito entre o BCE e o Conselho.

A definição da política cambial pode traduzir-se em:

a) orientações gerais sobre uma política cambial do euro face às demais moedas;

b) acordos formais relativos a um sistema de taxas de câmbio do euro face a outras divisas.

Os acordos a que se refere a alínea anterior são celebrados pelo Conselho, deliberando por unanimidade, sob recomendação do BCE ou da Comissão e após consulta do BCE. De momento não se divisa no horizonte a celebração de acordos de estabilidade cambial deste tipo. Poriam em causa a autonomia da política monetária europeia e eventualmente a própria estabilidade dos preços.

---

[9] Sobre esta questão, ver Eduardo Paz Ferreira, *União Económica e Monetária – um guia de estudo*, Quid Juris, Lisboa, 1999, págs. 108-119, e, do mesmo autor, "O modelo do Banco Central Europeu", *in Aspectos Jurídicos e Económicos da Introdução do Euro*, I.E.F.D.U.L., 1999, págs. 89 a 106.

Já quanto às orientações gerais, prevê-se que o Conselho delibere por maioria qualificada, quer sob recomendação da Comissão e após consulta do BCE quer sob recomendação do BCE.

Outra importante mutação é a que resulta do reforço da coordenação das políticas económicas nacionais, no âmbito do mecanismo de "supervisão multilateral" (cf. artigos 98.° e 99.° do Tratado).

E em matéria de política orçamental? A política orçamental constitui naturalmente uma competência dos Estados-membros mas está sujeita a um forte enquadramento comunitário, que resulta do Tratado e do Pacto de Estabilidade e Crescimento, posteriormente estabelecido.

Como alguém já notou, há um certo paradoxo a envolver a UEM: por um lado, os Estados-membros têm de usar a política orçamental mais intensamente para compensar a perda da política monetária e da política cambial mas, ao mesmo tempo, o próprio bom funcionamento da UEM impõe a existência de severos limites à utilização da política orçamental.

A partir dos anos 80 assistimos a um recuo das concepções keynesianas, ganhando terreno a concepção clássica das finanças públicas, que privilegia o equilíbrio orçamental como objectivo prioritário. O modelo da UEM reflecte essa perspectiva e reflecte também o facto de, em contexto de união monetária, a condução das políticas orçamentais nacionais ter associadas externalidades que justificam que tais políticas sejam consideradas de interesse comum. De facto, no quadro de uma união monetária os inconvenientes de uma política orçamental laxista são sofridos também pelos demais parceiros, numa proporção tanto maior quanto maior for a dimensão da economia em que se verifique o laxismo orçamental.

Assim, o Tratado impõe um conjunto de importantes limitações em matéria de política orçamental:

1.ª) a proibição do financiamento monetário dos défices orçamentais (artigo 101.°);

2.ª) a consagração da cláusula "*no bail out*", segundo a qual a Comunidade não é responsável pelos compromissos dos governos centrais, das autoridades regionais ou locais ou de outras autoridades públicas, dos organismos do sector público ou das empresas públicas de qualquer Estado-membro nem assumirá esse compromisso (artigo 103.°);

3.ª) a proibição do acesso privilegiado às instituições financeiras por parte das instituições ou organismos da Comunidade, dos governos centrais, das autoridades regionais ou locais, ou outras autoridades públicas, de outros organismos do sector público ou de empresas públicas dos Estados-membros (artigo 102.°);

4.ª) a obrigação de os Estados-membros evitarem incorrer em défices orçamentais excessivos (ou seja, superiores a 3% do PIB), sendo o cumprimento dessa obrigação controlado através de um procedimento específico que poderá inclusivamente conduzir à aplicação de sanções (artigo 104.º).

Por seu turno, o Pacto de Estabilidade e Crescimento veio aumentar ainda mais os limites à soberania orçamental dos Estados-membros, introduzindo um novo elemento no processo da UEM.

A proposta de um pacto de estabilidade para reforçar o procedimento dos défices excessivos foi avançada pela primeira vez, em Novembro de 1995, pelo Ministro das Finanças da Alemanha Theo Waigel. Embora se invocassem diversas insuficiências e imperfeições nas normas reguladoras do aludido procedimento, de modo a reforçar o rigor e a eficácia das soluções consagradas, é inegável que na génese do Pacto, a par de motivações de ordem económica, estão também fortes razões de ordem política. Com efeito, a proposta de Theo Waigel foi largamente ditada pela necessidade de tranquilizar a opinião pública alemã, inquieta com o desaparecimento do marco. Procurou-se assim dar-lhe um sinal susceptível de reforçar a confiança dos mais cépticos no projecto da UEM, contribuindo desse modo para cortar cerce um eventual movimento de contestação ao euro nesse país[10].

Encetou-se a partir daí um difícil processo negocial, com a Comissão a defender a necessidade do Pacto mas a procurar também temperar a proposta alemã, designadamente com o propósito de a reconduzir aos limites do Tratado.

Em termos gerais, o propósito do Pacto foi o de clarificar e acelerar a aplicação do procedimento relativo aos défices excessivos. Consubstancia-se numa Resolução do Conselho Europeu e em dois regulamentos do Conselho[11]. Os Estados-membros da zona euro têm de apresentar às instituições comunitárias programas de estabilidade plurianuais, descrevendo a posição e as projecções orçamentais a médio prazo. Tais programas cobrem períodos de 3 anos e são actualizados anualmente.

---

[10] Sobre o Pacto de Estabilidade, cf. Eduardo Paz Ferreira, *União Económica e Monetária – um guia de estudo*, Quid Juris, Lisboa, 1999, pág. 101 e segs..

[11] Resolução do Conselho Europeu sobre o Pacto de Estabilidade e Crescimento, de 17 de Junho de 1997, *in* JOCE n.º C 236, de 2 de Agosto de 1997, págs. 1-2, e Regulamentos do Conselho n.ºs. 1466/97 e 1467/97, ambos de 7 de Julho de 1997, *in* JOCE n.º L 209, de 2 de Agosto de 1997, págs. 1-5 e 6-11, respectivamente.

Os programas de estabilidade devem visar alcançar uma situação orçamental próxima do equilíbrio ou excedentária a médio prazo, por forma a que o limite de 3% do PIB para o défice não seja ultrapassado, mesmo em situação económica desfavorável, e devem especificar as medidas previstas para alcançar esse objectivo. É na imposição deste caminho gradual rumo a uma situação de equilíbrio orçamental – que vai pois para além da mera não ultrapassagem de um determinado limiar de défice – que se traduz o aspecto simultaneamente mais relevante e mais polémico do Pacto. Refira-se ainda que o Pacto veio também clarificar as condições em que o défice orçamental superior a 3% é excepcional e temporário e, portanto, não excessivo, bem como certos aspectos relativos à aplicação de sanções, as quais funcionam sobretudo como um elemento de disuasão, em especial para os pequenos países.

Se trouxe aqui à colação o Pacto foi apenas para evidenciar a sua importância como elemento caracterizador do novo enquadramento macroeconómico resultante da UEM e não com o propósito de proceder à sua análise e crítica.

Por muito válidas que sejam algumas das críticas que lhe são dirigidas – e sem dúvida, a meu ver, que algumas o são – aos pequenos países como Portugal não resta outro caminho que não seja cumpri-lo, aguardando com benévola expectativa que possa emergir um consenso alargado que crie condições para uma revisão que introduza alguns aperfeiçoamentos, designadamente conferindo-lhe maior flexibilidade.

Antes de expor algumas considerações de carácter conclusivo, gostaria de fazer uma breve referência sobre a questão dos choques assimétricos, isto é, perturbações que, em função de factores particulares, atingem uma economia de maneira específica ou especial, desproporcionada em relação à dos seus parceiros económicos. Como exemplos de choques assimétricos pode-se apontar a crise finlandesa motivada pela implosão da União Soviética, a própria reunificação alemã, certos desvios bruscos na procura de determinados produtos que afectam economias mais dependentes da sua exportação (*vg.* o impacto em Portugal da liberalização do comércio internacional dos têxteis), a crise do sector do petróleo no Texas (em meados da década de 80), o colapso do mercado imobiliário na Nova Inglaterra (no final da década de 80), etc.

Ora, num cenário de união monetária, o problema que se põe é o de saber se o custo de tais choques, designadamente em matéria de desemprego, não se agrava por carência de instrumentos macroeconómicos para lhes fazer face.

De facto, o recurso à política monetária e à política cambial deixou de ser possível. Por seu turno, e como vimos, a utilização da política orçamental está também limitada pelas regras do Tratado e do Pacto de Estabilidade. Acresce que também não existe o chamado federalismo financeiro, isto é, nem o orçamento comunitário, por insuficiente dimensão dos seus recursos, está em condições de contrabalançar os efeitos de um choque assimétrico, nem existe qualquer outro instrumento para esse efeito previsto no modelo da UEM[12].

Para muitos esse é mesmo o maior defeito, a maior vulnerabilidade e lacuna da UEM. Victor Constâncio afirma mesmo que é a primeira vez que se vai fazer uma união monetária com uma lacuna desse tipo[13].

Na verdade, na ausência de um orçamento central com suficiente dimensão, deveriam existir mecanismos que graduassem as transferências de rendimentos de forma ajustada às flutuações económicas dos diferentes países da União.

De facto, importa lembrar que os fundos estruturais têm uma finalidade completamente diferente: destinam-se a corrigir as assimetrias de desenvolvimento e por isso estão concebidos em função dessas assimetrias, sendo portanto regulares ao longo dos anos.

Ora, sucede que, segundo alguns estudos, nos Estados Unidos cerca de 40% dos efeitos dos choques assimétricos são contrabalançados pelo orçamento federal pela via combinada da descida dos impostos e do aumento das transferências. A isso acresce que as migrações da população (a mobilidade da mão-de-obra) desempenham também um papel fundamental como factor de equilíbrio.

Na Europa, não obstante estar consagrada a livre circulação de pessoas, há uma menor mobilidade da mão-de-obra, em virtude de entraves linguísticos, culturais e psicológicos, e a rigidez dos salários tende a ser maior. Tudo aspectos que dificultam o ajustamento. No entanto, deve referir-se que em Portugal o grau de flexibilidade dos salários reais tem sido superior ao dos parceiros comunitários.

Talvez no entanto não seja muito elevado o risco de ocorrência de choques assimétricos nos diversos países da União, incluindo Portugal. Alguns autores têm chamado a atenção para o facto de existir um elevado

---

[12] Cf. Paulo Pitta e Cunha, "Integração Monetária e Federalismo Financeiro", *in Aspectos Jurídicos e Económicos da Introdução do Euro*, I.E.F.D.U.L., Lisboa, 1999, págs. 63 e segs..

[13] Cf. Victor Constâncio, ob. cit., pág. 109.

grau de convergência dos objectivos da política económica dos Estados-membros e, sobretudo, para a forte sincronização das fases do ciclo económico. O padrão de comércio que predomina é intra-sectorial e, portanto, a especialização que se dá não seria de molde a aumentar as probabilidades da ocorrência de choques assimétricos.

De facto, em Portugal, em virtude do crescente grau de abertura da nossa economia, as flutuações têm-se tornado cada vez mais sincronizadas com o ciclo económico europeu[14].

Assim sendo, a vulnerabilidade não seria tão grande. Pessoalmente propendo para este entendimento. Em qualquer caso, penso que se trata de uma lacuna muito importante, não sendo de excluir, perante a conjugação de certas circunstâncias, a ocorrência de consequências graves.

IV. Considerações conclusivas

A estreia do euro foi bastante positiva e julgo que não é preciso ser euro-optimista para pensar assim. A aceitação da nova moeda foi total, e isso não pode deixar de ser sublinhado. Os receados efeitos inflacionistas da introdução do euro tiveram diminuta expressão. Quanto ao comportamento do euro no mercado de câmbios importa sobretudo não tirar ilações apressadas da evolução conjuntural das cotações. Desde 1999 o euro já atravessou as mais diferentes situações mas parece claro que, não obstante alguns sobressaltos, tudo tem decorrido segundo um padrão de normalidade.

Procurei deixar claro que existem importantes problemas em aberto. É o caso da articulação do BCE com os decisores político-económicos, questão que pode avultar em épocas de crise e que convinha que fosse equacionada antes da sua ocorrência. Mas as grandes sombras que pairam sobre a UEM vêm de outros aspectos:

a) a inexistência de mecanismos financeiros aptos a lidar com os choques assimétricos;

b) as consequências que poderão advir dos problemas orçamentais de alguns Estados-membros, já que a excessiva rigidez do Pacto de Estabilidade pode afinal revelar-se contraproducente e torná-lo – paradoxalmente – um factor de instabilidade;

---

[14] Cf. estudo citado na nota 2, pág. 153 e segs..

c) a incerteza quanto à evolução global da União Europeia, designadamente no que toca aos contornos do novo modelo que se está a procurar pôr de pé, tendo em conta o alargamento.

É por todas estas razões que, tal como disse no início, embora a estreia do euro tenha corrido muito bem o *happy end* não está garantido. A terminar, uma nota para lembrar que está ainda por decidir a adesão do Reino Unido ao euro, que é basicamente um problema político, mas muito reforçaria o projecto da UEM.

O ALARGAMENTO A LESTE

Marta Hirsch-Ziembinska

"Os aspectos juridicos do alargamento ao Leste. Os dilemas da harmonização ou "how to cook a frog"

Para melhor compreender o presente e entender as perspectivas futuras da integração dos países da Europa centro-oriental na UE será preciso fazer, do meu ponto de vista, uma referência à história, que já existe, do alargamento. Assim, vou concentrar-me nos aspectos jurídicos do alargamento e comentar o estado da incorporação do Direito comunitário no Direito nacional e todos os dilemas que esta incorporação envolve.

Mesmo se a história do alargamento, considerada do ponto de vista institucional, começa com o fim do comunismo nos países de Leste, é preciso lembrar, antes de tudo, que as ligações desta região com o Ocidente da Europa foram sempre muito fortes e que a abolição dos regimes comunistas nestes países não pode ser considerada como um regresso à Europa: cultural e juridicamente estes países nunca saíram da Europa.

As relações diplomáticas entre os actuais candidatos a adesão e as Comunidades Europeias foram restabelecidas pouco depois da restauração da independência, no final da década de oitenta, e logo em seguida foram assinados os acordos de comércio de segunda geração. O primeiro, intitulado *"Agreement on trade, commerce and economical cooperation"*, foi assinado com a Hungria no dia 26 Setembro de 1988, servindo de modelo para os seguintes. A Polónia assinou o acordo a 19 de Setembro de 1989. Posteriormente, sucedeu-se uma série de negociações e foram assinados os acordos de associação, ditos acordos europeus. A sua parte comercial e económica vigorou previamente enquanto documento transitório nos dois anos anteriores à vigência da globalidade. No caso da Hungria, o acordo europeu foi assinado a 16 de Dezembro de 1991 e entrou em vigor no dia

1 de Fevereiro 1994 depois de todas as necessárias ratificações. No caso da Polónia, as datas foram as mesmas. Depois dos acordos europeus estarem concluídos, os países apresentaram os pedidos de adesão em forma de memorando, no caso da Hungria a 22 de Abril de 1994, no caso da Polónia três semanas antes. Quanto aos restantes países efectuaram o respectivo pedido mais ou menos no mesmo período. Três anos depois a Comissão fez um pedido ao Conselho para se iniciarem as negociações. No dia 13 de Dezembro de 1997 foi oficialmente apresentado o primeiro grupo dos candidatos, o denominado grupo do Luxemburgo, tendo as negociações sido formalmente iniciadas sob a Presidência britânica, a 31 de Março de 1998. No mesmo ano, juntou-se às negociações o grupo de Helsínquia, abrangendo, desta forma, doze potenciais candidatos, dos quais dez entrarão na UE no próximo ano.

Presentemente, o alargamento desenvolve-se em duas frentes: a primeira no âmbito das negociações de adesão e a segunda no âmbito do processo de associação. Nesta última (acordo de associação) existem diversas instituições a funcionar como o conselho de associação, o comité de associação, sub-comités especializados (a saber, sete: assuntos económico-financeiros, comercio, indústria, mercado interno, agricultura e pescas, inovação e comunicação, desenvolvimento regional, emprego e política social). Nestes organismos discutem-se os assuntos do alargamento, as questões da realização regular das obrigações resultantes do acordo europeu e, também, o progresso do processo de harmonização. Até hoje, por exemplo, no caso da Polónia, realizaram-se dez reuniões do comité de associação.

Quanto às negociações, prossegue-se o processo desde Março de 1998. Atente-se, todavia, que ao contrário da conclusão de um acordo de índole comercial ou de outra índole de carácter bilateral ou multilateral, nas negociações de adesão a chegada a consensos mútuos através da aproximação de posições é acompanhada pelo controlo levado a cabo por uma só parte nas negociações da realização, pela outra parte, das obrigações já acordadas. Este controlo designa-se, no vocabulário do alargamento, por *"monitoring"*, hoje subdividido em duas espécies: o *"monitoring"* normal e o reforçado. O reforçado foi introduzido pela Comissão com a denominação de *"Analysis monitoring process"* no *"Enlargement strategy paper"*, que foi aceite nos relatórios periódicos do ano passado, no dia 13 de Novembro. Isto significa que para além do mecanismo tradicional de *monitoring*, que funciona em virtude dos acordos de associação, e dos relatórios periódicos da UE, dos relatórios nacionais, do relatório de *monitoring*, e da apreciação do Direito com o *acquis communautaire*, através de comissões com a participação de peritos dos Estados-Membros (*peer reviews*) a Comissão utiliza mais um instrumento, o *monitoring* da realização das tarefas contidas no plano de acção para fortalecer a administração e a justiça. Por exemplo, esse plano foi, no caso da Polónia, aceite pelo Conselho de ministros da Polónia no passado dia 16 de Abril.

Em Sevilha, foi apresentado, pela Comissão, um comunicado sobre este mesmo plano e sobre o progresso do *monitoring* reforçado. Neste documento, que tem mais cariz político do que técnico, ficou indicado que em alguns âmbitos será preciso atender sobretudo às opções e à implementação do *acquis communautaire*. No relatório da Comissão esclarece-se que a criação da capacidade administrativa adequada é um processo que ultrapassa a adesão e que os critérios políticos estão cumpridos, nomeadamente no funcionamento da justiça na Polónia. O sistema foi reestruturado, os pequenos tribunais das cidades funcionam, a morosidade judicial é muito menor e a protecção dos direitos humanos é uma das prioridades polacas com a recente assinatura do Protocolo à Convenção dos Direitos do Homem sobre a abolição da pena de morte em toda e qualquer circunstância. Estes são apenas dois dos exemplos apresentados no relatório da Comissão.

Como foi *supra* mencionado, a Comissão utiliza para o controlo comissões de crédito (*Peer reviews*), sobre as quais gostaria, agora, de dizer algumas palavras para demonstrar a amplitude dos temas tratados. Por exemplo, na Polónia, até hoje, houve Comissões nas seguintes áreas sujeitas a harmonização: sector financeiro, protecção do meio ambiente, protecção de dados pessoais, controlo veterinário nas fronteiras, funcionamento do mercado de frutas e legumes.

Quanto aos capítulos de negociação (que são vinte e nove) ficam sistematicamente fechados. No fim da Presidência espanhola, a Polónia encerrou vinte cinco. Durante a Presidência dinamarquesa esperamos concluir os últimos quatro, isto é, os capítulos de política de concorrência, justiça e assuntos internos, agricultura, orçamento e finanças. Também outros foram concluídos temporariamente, como a política regional e a coordenação de instrumentos estruturais. Foram também definidos períodos derrogatórios e o grau de harmonização atingido.

Contudo, por vezes, surgem problemas simultâneos muito graves. Por exemplo, no âmbito das telecomunicações exigia-se que, durante o próximo ano e meio, os candidatos não só deveriam continuar com o processo de abertura de mercado, que como sabem é muito difícil, como implementar o *acquis communautaire* e actualizá-lo, atendendo às novas regulações quadro recentemente em vigor na União Europeia.

As negociações desenvolvem-se à volta da harmonização do Direito nacional com o Direito Comunitário. Portanto, a relação recíproca entre as negociações e a harmonização é tal que, ao progresso das negociações, têm de corresponder a harmonização e a devida aplicação do Direito. A conclusão provisória dos capítulos na maioria dos casos apoia-se, assim, na aceitação para a UE das obrigações de harmonização para os países candidatos que deviam ser realizadas de acordo com o programa estabelecido. Dito de outra maneira, o progresso das negociações depende da harmonização do Direito. Desta feita, antes de falar sobre a harmonização – passando das negociações para a harmonização – queria só fazer uma digressão de índole mais geral.

É preciso, acima de tudo, entender que a mudança fundamental nos países candidatos à UE, até mesmo verdadeiramente original perante as exigências do alargamento, não consiste tanto no plano institucional mas no plano interpretativo. A título de exemplo, o Código Civil da Polónia que com algumas correcções vigora desde 1964 e o novo Código Penal de 1964 só foram substituídos o ano passado. Por outras palavras, a lei material, antes da revolução de veludo, na Polónia, era como uma espécie de ornamento belo e decorativo. O Código Civil foi considerado tão ocidental que a sua aplicação no tempo da economia de planificação central no regime comunista não foi possível. Só depois da transformação política se soube, na prática, o verdadeiro significado de autonomia de vontade contratual, prevista no Código Civil de 1964 mas que não podia ser aplicada. Mais, retocaram-se leis, foram introduzidas novas que reflectem a actual realidade económica, como a lei bancária e a lei dos direitos de autor, por exemplo, e, por fim, foi proclamada a nova Constituição de 1996. Em geral, pode dizer-se que através das mudanças políticas e económicas se deu significado real ao papel do Direito na vida social e económica. Neste clima desenvolve-se o processo de harmonização resultante dos acordos europeus com o objectivo final da participação como membro pleno da UE.

Contudo, esse objectivo não foi desde sempre tão claro. Primeiro foi muito timidamente expresso pela UE, no entanto, torna-se evidente com a análise dos documentos legais concluídos com os actuais candidatos, como nos acordos europeus. Por exemplo, no preâmbulo, há só uma referência, aliás pouco nítida, sobre a adesão do país associado à UE, formulada de maneira a não constituir para esta nem uma obrigação legal nem política para aceitar a outra parte do acordo de associação como seu futuro membro. Assim, a última frase do preâmbulo do acordo de associação com a Polónia é *"tomando em consideração que o objectivo final da Polónia é a sua participação como membro nas Comunidades e que a associação, segundo as partes, pode ajudá-las a atingir esse objectivo."*

Os acordos europeus constituem um quadro institucional para a cooperação comercial, económica e cultural, para o diálogo político e por fim, para a harmonização do Direito nacional com o Direito comunitário. Há muitas referências à harmonização dispersas no texto dos acordos europeus e nos artigos 67 e 68 no caso húngaro e 68 e 69 no caso polaco. Nesses artigos, trata-se a harmonização como uma pré-condição para a integração económica e fornece-se um catálogo não exaustivo dos domínios nos quais a harmonização deveria ter lugar.

No contexto do processo de harmonização foi discutido o grau de extensão da aproximação da legislação nacional dos países candidatos ao direito comunitário. Nos acordos de associação havia indicações neste sentido. Por exemplo, no acordo com a Hungria, o artigo 66 dispõe *"should act to insure that future legislation is compatible with community legislation as far as possible."* Esta cláusula é ainda mais precisa no acordo com as repúblicas Checa e Eslóvaca: no artigo 69 lê-se que a sua legislação deve-se gradualmente tornar compatível com a europeia. No caso polaco afirma-se que *"é preferível"* tornar-se compatível.

Às obrigações resultantes dos acordos europeus, a Cimeira de Copenhaga de 21 de Junho de 1993 acrescenta os cinco famosos critérios para a adesão: estabilidade das instituições, democracia, respeito pelos direitos civis das minorias nacionais, economia de mercado em funcionamento, capacidade para enfrentar a concorrência de mercado na UE e, por fim, que o nível de integração atingido não possa ser ameaçado pela adesão.

Em consequência das decisões de Copenhaga, a Comissão publicou um comunicado sobre a aproximação das leis e, na Cimeira de Junho de 1995, foi apresentado outro documento intitulado *"White paper on the preparation of the associative countries of Central and Easten Europe for integration in the internal market of the European Union"*. Neste se afirma que a harmonização do Direito nacional dos Estados candidatos com o Direito comunitário tem como base um triângulo: num lado, as obrigações resultantes do acordo europeu/de associação; noutro, as exigências do *acquis communautaire* e, por fim, na base, o Livro Branco. Este último é a agenda quadro para a harmonização legal mas sem ser juridicamente vinculante. O Livro Branco não foi só preparado para um país candidato mas para todos como o programa geral da Comissão, deixando a responsabilidade de harmonização a cada um dos países segundo as regras e calendários por eles preparados. Por exemplo, nos acordos europeus há áreas citadas nas quais a harmonização é obrigatória (nomeadamente, o Direito da concorrência, propriedade intelectual). O Livro Branco, por seu turno, relaciona-se mais com as políticas sociais (saúde, segurança no trabalho, protecção do ambiente).

Do ponto de vista da matéria sujeita a harmonização, a situação é equivalente nos países candidatos. No início o Direito das sociedades, o Direito financeiro e o Direito da concorrência tiveram uma harmonização mais extensa do que a protecção dos consumidores ou ambiental. Aliás, o Direito comunitário do ambiente é tão extenso e com tantas directivas que até para os Estados-Membros constitui um campo minado, cheio de regras regulatórias e *standards*.

A transposição de tais normas nos sistemas legais dos países candidatos com a simultânea revogação das nossas leis domésticas vigentes traduziu-se numa tarefa gargantuesca dentro do processo de harmonização. Por exemplo, em 2000 e 2001, porque já quase não tínhamos tempo, fazia-se leis sobre o ambiente em pacotes no parlamento. Assim, em 2000 fez--se aprovar uma lei sobre a protecção do ambiente, outra sobre acesso à informação sobre o meio ambiente, outra sobre a gestão da água, outra ainda sobre resíduos, outra sobre as embalagens, outra sobre as obrigações dos empresários na âmbito da gestão de resíduos, outra sobre o tratamento de substâncias nocivas ao ozono, sobre os organismos geneticamente modificados e, em Setembro deste ano, vamos ter uma lei que implementa a Directiva 2000/53 de 18 de Setembro sobre veículos para exportação.

Desta forma, é notório que esse conjunto de actos legislativos é muito amplo face ao tempo demasiado escasso para completar a tarefa, sobretudo atendendo à vastidão do *acquis communautaire* que, ainda por cima, está sempre em actualização.

No que diz respeito à protecção dos direitos dos consumidores foi um pouco mais fácil porque não havia anteriormente quase normas neste campo nos Direitos nacionais e, igualmente, porque se procurou aproximar os Códigos Civis das directivas europeias, com algumas pequenas correcções.

Do ponto de vista dos modos de harmonização, esta tem algumas etapas também comuns a todos os países candidatos: primeiro, a tradução dos textos legais europeus, depois o processo legiferante seguido da entrada em vigor de leis-quadro, depois o processo legiferante e o processo de entrada em vigor dos actos executivos e, por fim, a aplicação das leis harmonizadas.

Quanto à tradução, tal como foi sublinhado pelo Primeiro-ministro Dr. Durão Barroso, na passada segunda feira, as línguas vão ser uma questão importante na UE com tantos membros. No nosso caso, assim que começámos o processo de alargamento tivemos logo problemas. Vou contar como foi de um ponto de vista pessoal porque, nessa época, era directora da divisão de assuntos europeus no Ministério dos Negócios Estrangeiros, trabalhando ao mesmo tempo na universidade, e tinha problemas incríveis com a tradução.

Antes de apresentar os problemas, tenho de lembrar que, quando se apresentaram os pedidos de adesão, os países candidatos se obrigaram a aceitar a totalidade do *acquis communautaire* que, em 2000, atingiu as 70000 páginas, segundo o Jornal Oficial das Comunidades. Até Maio de 2001, a Polónia, por exemplo, traduziu 38551 páginas, das quais, a grande maioria, 31002, são traduções ainda não verificadas. Recorde-se que o arranque foi muito difícil porque não havia tradutores especializados e, a existir, estavam no sector privado e não na Administração Pública. Além disso houve muitas dúvidas sobre qual a melhor língua comunitária de partida para as traduções dos textos jurídicos. Por exemplo, os colegas finlandeses aconselharam-nos o francês mas talvez o Direito polaco seja mais aproximado do alemão.

Não havia, no início, glossários de termos jurídico-comunitários e os centros académicos propunham para as mesmas definições termos diferentes. Nem mesmo a doutrina foi capaz de ajudar a resolver a situação. Desta feita, umas vezes faziam-se traduções que eram praticamente incompreensíveis, mesmo para quem trabalhava na área. Imagine-se então para um juiz num tribunal fora de Varsóvia. Por fim, em 2000, criou-se, no comité de integração, um departamento de traduções que acelerou o processo, fazendo, igualmente, uma verificação adequada do ponto de vista formal (linguístico). Conseguiu-se, assim, aos poucos, uma uniformização da terminologia e a verificação dos textos através de sistemas de repartição por assunto entre ministérios.

Alguns ministérios são responsáveis, de acordo com a sua competência, por certos projectos de leis, aos quais se deveria adicionar uma lei europeia que foi devidamente traduzida e que deveria ser harmonizada pela lei nacional. Depois esses ministérios fariam a verificação das traduções. Houve, no entanto, alguns protestos porque certos ministérios tinham muito trabalho, enquanto que outros quase nenhum. Um grande feito a assinalar foi, por fim, se ter elaborado um padrão modelo da versão polaca dos actos jurídicos comunitários, hoje disponíveis na *internet*.

No âmbito do Direito primário foram traduzidos todos os tratados de adesão mas continua a faltar a verificação das traduções. Todos os trabalhos de verificação dos textos traduzidos devem ser terminados com uma antecedência de seis, sete meses antes da data de adesão prevista.

No que respeita a segunda etapa da actividade legislativa, eu gostaria aqui de apresentar algumas soluções que foram tomadas para dar um carácter excepcional à harmonização da legislação. Na Polónia, em Maio de 2000, por exemplo, foi criada, na câmara mais baixa do Parlamento, uma comissão excepcional de Direito europeu e, no Senado, a sua homóloga. Com o novo Governo, há mais de 10 meses, que a Comissão perdeu o seu carácter excepcional, tornando-se permanente.

Ambas as comissões que eu acabei de mencionar são responsáveis pela consulta dos projectos de lei e pela adopção das leis que harmonizam o Direito nacional com o Direito comunitário. A criação destas comissões aumentou de forma simples e visivelmente a rapidez da harmonização, pois, dentro dessas comissões, participavam representantes de todas as opções políticas presentes no Parlamento. Durante o seu primeiro ano de existência, foram aprovados 103 projectos de leis da iniciativa do Governo e 53 projectos do Parlamento em áreas muito sensíveis como o Direito fiscal bancário, a privatização das empresas nacionais, educação, concorrência e direito dos consumidores. Além do mais, todos os projectos de leis que resultam da adopção do Direito comunitário seguem o procedimento de "*fast track*". Foram ainda editados uns decretos-leis específicos que estabeleciam os métodos de procedimento para os projectos de leis que harmonizam o Direito polaco com o Direito europeu e elaborado o harmonograma da entrada em vigor das leis harmonizadas para o ano de 2002. Foram também estabelecidas regras sobre quem é responsável e sobre quando se permite o *fast track*, ou seja a cláusula da lei que harmoniza o Direito polaco com o Direito europeu.

O harmonograma que se elaborou está sempre em actualização porque há um enriquecimento do *acquis* constante. Para este ano previmos, no caso da Polónia, no harmonograma, 74 projectos, tanto no que diz respeito a leis novas, a emendas. Até ao final do ano faltam 26 projectos para serem aprovados, cuja maioria se relaciona com a livre circulação de mercadorias, pessoas e também com a agricultura.

Do que já se mencionou retira-se que ao lado da capacidade legislativa se deve simultaneamente desenvolver a capacidade administrativa que permite a implementação legal na prática: do ponto de vista técnico-legislativo o efeito parece ser atingido mas na execução podem surgir problemas.

Falemos agora da terceira etapa, isto é, a aplicação do Direito harmonizado, ou, doutra maneira, a actividade judiciária. A reforma do sistema judiciário foi um dos primeiros desafios colocados e a sua eficácia condiciona, na verdade, a aplicação do Direito europeu nos países candidatos. Assim, são lançados cursos de Direito comunitário para os juizes. A reforma administrativa do sistema judiciário também ela é implementada.

Convém recordar que se exige muito dos juizes porque, como foi anteriormente explicitado, a maior mudança no Direito nacional depois da transformação política e económica consiste na interpretação legal. Contudo, daí resultam os primeiros paradoxos da harmonização.

O primeiro está ligado à possibilidade de se conseguir o maior grau de transposição (maior do que nos Estados Membros) ou atingir uma situação de *never ending harmonization*. Já referi que os países candidatos têm de traduzir cerca de 70000 páginas das regulações jurídicas da União. A situação hoje é bem mais complexa do que aquando da última adesão (países escandinavos e Áustria) e do que os casos português, espanhol e grego. O Direito comunitário desenvolveu-se muito desde então e atingiu um tal grau de especificidade e tecnicidade que só peritos na matéria podem compreender. Eu considero, portanto, que não é de estranhar que um dos desafios da UE actual seja a democratização, o que significa tornar a União mais compreensível para o cidadão e, no que respeita o Direito, um certo grau de simplificação.

A obrigação de implementar o *acquis communautaire* com um mecanismo de controlo tão reforçado e motivado (temos um prémio, a adesão) pode conduzir à situação caricata, mas ainda hipotética, de, no final das negociações com os países candidatos, estes terem um grau de transposição superior ao dos Estados já membros. Contudo, a mesma situação pode ser encarada de uma outra perspectiva. O *acquis communautaire* aumenta constantemente; os países candidatos aceleram a harmonização tanto quanto lhes é possível; há vários condicionalismos a ponderar (políticos, sociais, processuais, etc.). Ora, se considerássemos o processo de harmonização de um lado e, do outro, um processo constante de hiperprodução de normas comunitárias detalhadas, incluindo neste *never ending* as decisões do TJCE, talvez nunca venha a ser possível para os países candidatos harmonizarem todo o *acquis communautaire* exigido.

Aliás, neste contexto, também se pronunciou a Comissão no seu comunicado de Sevilha, sublinhando que todos os países candidatos à UE são obrigados à adaptação constante da sua capacidade legislativa e administrativa por exigência permanentemente mudada ou enriquecida do *acquis*.

Outro paradoxo (que eu prefiro qualificar de dilema) prende-se com a interpretação pré-adesão. Mas antes, gostaria de fazer mais uma digressão sobre o Direito dos juizes, isto é sobre a legitimação do Direito criado pelos próprios juizes. Não quero aqui falar do papel do Tribunal europeu no desenvolvimento do Direito comunitário que evidentemente o cria e desenvolve através da sua jurisprudência. Não vou falar aqui também das sentenças que marcaram o desenvolvimento do Direito europeu relacionadas com o primado e com as consequências jurídicas em matéria de responsabilidade dos Estados e direitos fundamentais, entre outras. Também não quero avaliar a admissibilidade e limites para um futuro desenvolvimento do Direito pela jurisprudência. Quero sim discutir a fronteira entre o poder legislativo e o judiciário, fronteira essa sancionada e delineada por uma relação muito frágil entre a admissibilidade do desenvolvimento do Direito pelos juizes e a inadmissibilidade de sua criação de Direito.

As competências dos tribunais para o desenvolvimento do Direito (com o simultâneo respeito da parte deste do domínio legislativo) constitui um problema para todas as iudicaturas. Para o Tribunal Constitucional (com competência para fazer o controlo da conformidade das normas com a Lei Fundamental), este problema é mais significativo. Desta forma se compreende o recente interesse por esta matéria em Varsóvia, com a realização de um seminário na Universidade no passado dia 11 de Junho, onde discutimos a questão do papel dos tribunais nacionais depois da entrada da Polónia na UE.

Os juizes polacos deverão, por exemplo, saber aproveitar a instituição das questões prévias pronunciadas pelo TJCE, pedindo a interpretação do Direito europeu quando têm dúvidas sobre a sua interpretação e sobre a validade da norma comunitária. Quando o caso se desenrola num tribunal cuja sentença não tem recurso, a questão prejudicial é uma obrigação. Conforme a opinião do Presidente do Tribunal Constitucional polaco, a integração levanta questões muito importantes para o funcionamento da justiça constitucional porque o Tratado de adesão da Polónia às Comunidades pode ser averiguado do ponto de vista da sua constitucionalidade como qualquer outro acordo internacional. Contudo, daqui não resulta que o Tribunal Constitucional possa controlar o Direito comunitário. Seguramente, também no futuro, a relação entre o Tribunal Constitucional e o TJCE, tão discutida na Alemanha, por exemplo com o problema da competência das competências, merecerá algumas reflexões na antecâmara da UE.

O papel dos juizes nacionais será, por certo, enorme porque eles deverão uniformizar a prática. Além disso, o juiz que averigua um caso com um elemento europeu deverá *ex officio* verificar se a Convenção Europeia dos Direitos do Homem foi violada, o que se traduz num fortalecimento dos tribunais. Como afirmou o Presidente da Provedoria polaca, esta situação, seguramente, causará um fortalecimento do terceiro poder face ao poder legislativo.

Hipoteticamente raciocinando, o poder do juiz de um pequeno tribunal de província poderá ser muito maior ou talvez mesmo mais importante do que um juiz como o Presidente do Tribunal Constitucional de Varsóvia: o primeiro poderá, hipoteticamente, decidir que o Direito nacional não está de acordo com o Direito comunitário e aplicá-lo directamente, eliminando, assim, o Direito nacional; o segundo já não o poderá fazer pois tem a competência de se pronunciar so sobre a constitucionalidade das leis nacionais.

Os juizes deveriam, especulando ainda, ter a capacidade de interpretar as leis de uma forma comunitária. A criação do Direito dos juizes tem a ver com a interpretação da lei e com o problema da qualificação que deverá também ela ser uniforme seguindo a metodologia aplicada pelos actuais membros da UE e, sobretudo, pelo TJCE. Mas como interpretar? Como formar os juizes na Polónia ou noutros países candidatos?

Na actividade tradicional de aplicação de normas considera-se a interpretação gramatical mas o problema de uniformização a nível europeu dá-se quando uma norma não tem, na verdade, o mesmo significado quando lida pelos juizes de cada um dos países implicados mesmo que se todas as versões linguísticas sejam autênticas. A vontade do legislador nem sempre se exprime, no Direito europeu, de forma nítida, muitas vezes sendo dominada pelos compromissos políticos. Talvez mais fácil seria a relação com o fim da norma, numa interpretação teleológica, ou de "*effet utile*" (TJCE). Contudo, dificilmente posso imaginar um juiz num pequeno tribunal polaco a procurar agora o "*effet utile*", sem colocar a questão ao TJCE (por agora ainda não podemos fazê-lo). O "*effet utile*" de uma norma nacional já harmonizada com o Direito europeu é praticamente o mesmo da norma europeia. Desta feita, mesmo antes que os juizes dos actuais países candidatos atinjam o grau de uniformização de interpretação do *acquis communautaire* e mesmo antes de serem obrigados a fazê-lo, muitas vezes o aplicarão como está transposto no seu Direito nacional através do processo de harmonização, sem poder colocar questões ao TJCE. Mais, uma lei nacional já conforme com o Direito europeu, por estar adequadamente harmonizada, é aplicada tendo a sua própria vida no país candidato. Pode então ocorrer uma situação em que os tribunais nacionais de um qualquer país candidato possam interpretar as mesmas leis de um modo diferente dos seus colegas ocidentais, ou que dos seus colegas no Luxemburgo, pois, até à adesão, esses tribunais não são obrigados a seguir a jurisdição do TJCE. Concluindo, quanto mais tempo durar a pré-adesão, mais possibilidades haverá de os tribunais nacionais dos países candidatos desenvolverem uma interpretação diferente, na prática, das mesmas leis.

O último ponto relativo aos dilemas da harmonização é uma omnipresença do dever de harmonização. Pegando num exemplo concreto, vejamos a reforma do Direito internacional privado polaco causado pela Convenção de Roma sobre as obrigações contratuais.

No seio da comissão codificadora do Direito civil discutiu-se a necessidade de reforma do Direito internacional polaco no âmbito do Direito das obrigações e defendeu-se a necessidade de ter em conta as disposições da Convenção de Roma. É evidente que temos de mudar muitos aspectos em matéria de obrigações contratuais e deveríamos, mesmo se a Convenção não faz parte das exigências da harmonização, isto é do *acquis*, tomá-la em consideração. Depois da adesão, a Polónia vai seguramente aderir, ora podia-se preconizar uma solução negativa. Se a Polónia vai fazer, em breve, parte da Convenção, talvez tenha sentido modificar agora as leis neste domínio ou, talvez mesmo, fazer uma recepção muito fiel, no Direito internacional polaco, das disposições da Convenção, já que 60% do comércio polaco é dirigido aos Estados membros da União. Assim, os tribunais arbitrais ou outros que decidam sobre questões comerciais podem, desta forma, aplicar as soluções europeias.

A discussão em torno desta questão seria para decidir em que medida a legislação polaca deve ser fiel ao original, isto é, se a Convenção deve servir de modelo para o Direito internacional privado polaco ou se a recepção deve ser literal e tão fiel e precisa quanto possível. Esta última opção parece-nos ser a mais adequada porque, assim, o efeito unificador será mais rápido e eficaz com todos os proveitos imediatos para o intercâmbio comercial da Polónia com a UE, pois, como sabem, a unificação das normas de conflito favorece a harmonia internacional das resoluções dos tribunais.

Resumindo, a harmonização nem sempre é necessária mas influencia outras áreas que não são, neste momento, directamente tocadas pelo dever resultante do alargamento.

Antes de concluir esta minha intervenção gostaria de fazer um ponto de ordem. O alargamento tem duas chaves para o seu sucesso: a primeira é a harmonização adequada do Direito nacional com o Direito comunitário e, a segunda, a preparação adequada dos juízes nacionais para aplicar o Direito harmonizado. Com estas condições pouco tempo resta para fazer uma reflexão aprofundada sobre o futuro da UE depois do alargamento.

Para concluir gostaria de fazer uma relação com uma receita culinária que me foi dada por um juiz do TJCE. É uma receita não de um juiz francês mas de cozinha francesa retomada por Mark Twain e que se intitula *"como se devem cozinhar os sapos para que fiquem saborosos"*.

A arte da receita consiste na forma de jogar os sapos de forma adequada para dentro de água. A água dentro da panela deve estar, no início fria, colocando-se, nesse momento, os sapos que gostam desse ambiente. Só depois se aumenta o lume. Se se jogasse os sapos na água a ferver os sapos fugiriam. O responsável por esta metáfora confidenciou-me que quem aumenta o lume é o TJCE e na condição de sapos encontramos os países membros das Comunidades. Agora devemos acrescentar na condição de sapos os países candidatos.

Eu cito este exemplo não para demonstrar quaisquer advertências ou eurocepticismo. Pelo contrário, este exemplo demonstra como os países candidatos já estão dentro da panela com água fria e gostam desse ambiente ao ponto de não pensar sair (nem o podem depois fazer quando a água começar a ferver). O processo de alargamento a Leste é irreversível. É claro que os países candidatos vão desenvolver todos os esforços para atenuar a sua condição de sapos e como melhor meio para suavizar este efeito lançar a mão ao princípio da subsidiariedade que, felizmente, hoje em dia, é tema central da discussão europeia.

A questão da subsidiariedade envolve um problema de garantia dos direitos dos Estados Membros mas não quero, na minha condição de cidadã de um país candidato, discutir o que considero ser o melhor entendimento para garantir um funcionamento eficaz do princípio. Queria apenas sublinhar que será necessário decidir com clareza sobre a problemática das competências entre Estados Membros e UE. A situação actual é marcada por muita complexidade, e há quem acredite que não existe quase nenhum sector de actividade em que as competências nacionais possam ser exercidas. No tratado constitutivo da UE seria necessário clarificar as competências, guardando uma nítida distinção entre as competências exclusivas dos Estados e da UE, fixando estas últimas de forma limitada. Ao mesmo tempo deveriam ser atribuídas garantias excepcionais aos Estados como a não participação sem direito de veto em algumas políticas de intervenção. Se o princípio da subsidiariedade for assegurado, talvez o referendo de adesão ao tratado (imperativo nos Estados candidatos) seja mais fácil.

O referendo é, na verdade, o dilema final do alargamento. Na Polónia é exigido pelo artigo 90.º da Constituição. O alargamento depende, portanto, da vontade popular que nem sempre é previsível nas sondagens mas que é essencial para dar legitimidade ao processo de integração. Recorde-se ainda que o alargamento exige também a aprovação dos actuais Estados membros por meio da ratificação dos acordos de adesão.

Entretanto, os políticos, tanto nos países membros como nos candidatos, procuram argumentos que convençam. Os seus sociólogos tentam explicar as razões nacionais das posições eurocépticas.

Gostaria, agora, de citar as palavras de um grande historiador polaco, ex-ministro dos negócios estrangeiros e um dos principais activistas do movimento A Solidariedade, professor Bronislaw Geremek: "*A história, que ficou parada no mundo bi-polar, depois da Segunda Guerra Mundial, de novo disparou e os países, nações e regiões receberam a possibilidade de criar o seu próprio destino. O destino da Europa está fortemente ligado à passagem dos países da Europa centro-oriental do comunismo para a liberdade. Por isso, a integração destes países é uma obrigação moral da UE.*"

Eu falei hoje do alargamento de um ponto de vista jurídico e talvez fizesse demasiadas avaliações de índole técnica. Todavia, o alargamento não se reduz a um termo técnico pois o que se prepara é a unificação histórica da Europa e tal facto não pode ser olvidado ou minorado.

AS NOVAS FRONTEIRAS DA UNIÃO EUROPEIA

Professor MANUEL LOPES PORTO
Faculdade de Direito de Coimbra

Apresentação efectuada pelo Senhor Professor Pitta e Cunha

O Professor Manuel Lopes Porto é um dos membros honorários do Instituto Europeu desde a fundação do Instituto como associação oficial. Só isso dá um pouco a ideia da colaboração permanente que nos tem dado. Ele alia às suas capacidades de investigador em matéria jurídico-económica, o facto de ter passado alguns anos como elemento do Parlamento Europeu, o que lhe deu uma possibilidade muito directa de seguir, acompanhar, criticar e examinar os problemas da integração Europeia.
Voltando ao tema do alargamento, abordado agora numa outra perspectiva, o Professor Manuel Porto irá ocupar-se, segundo a referência que é feita no programa, dos aspectos ligados às novas fronteiras da União Europeia e eu passo-lhe gostosamente a palavra.

Muito obrigado, Senhor Prof. Pitta e Cunha, é um gosto e uma honra estar aqui. Tem havido aliás desde sempre uma ligação estreitíssima entre as nossas secções e os nossos cursos, um bom exemplo, em grande parte por mérito do Professor Pitta e Cunha.
Quanto ao tema, é um tema da maior actualidade e com uma grande importância, o que constitui um motivo acrescido de agradecimento pela oportunidade de estar aqui a abordá-lo.

Quando se aproxima o alargamento da União Europeia, importa que nos debrucemos com especial atenção sobre as suas implicações e sobre as medidas a tomar, face aos seus riscos e aos seus desafios.

Em primeiro lugar, será de recordar que a possibilidade de adesão de novos membros vem da redacção inicial do Tratado de Roma. Trata-se de princípio consagrado hoje no artigo 49.° do Tratado da União, segundo o qual "qualquer Estado europeu que respeite os princípios enunciados no n.° 1 do artigo 6.° pode pedir para se tornar membro da União. Dirigirá o respectivo pedido ao Conselho, que se pronunciará por unanimidade, após ter consultado a Comissão e após parecer favorável do Parlamento Europeu, que se pronunciará por maioria absoluta dos membros que o compõem".

O artigo 6.°, por seu turno, afirma que "a União assenta nos princípios da liberdade, da democracia, do respeito pelos Direitos do Homem e pelas liberdades fundamentais, bem como do Estado de Direito, princípios que são comuns aos Estados-membros"; acrescentando que " a União respeitará os direitos fundamentais tal como os garante a Convenção Europeia de Salvaguarda dos Direitos do Homem e das Liberdades Fundamentais, assinada em Roma em 4 de Novembro de 1950, e tal como resultam das tradições constitucionais comuns aos Estados-membros, enquanto princípios gerais do Direito Comunitário".

2. É em boa parte neste quadro que se compreende que vários países da Europa Central e Oriental (PECO's), a par de Chipre e Malta, desejem a integração na União Europeia, vendo nela uma âncora de estabilidade e segurança que os porá a salvo do regresso a um regime totalitário e de menor bem-estar das populações. Trata-se de razão que anos antes havia sido importante para as integrações da Grécia, da Espanha e de Portugal.

Além de serem maiores a estabilidade e a segurança política conseguidas com a integração, com ela os países são participantes no processo legislativo que define o quadro por que estão quase totalmente determinados, bem como ainda no processo jurisdicional (ou gracioso) quando haja alguma violação. Não se satisfariam pois com a celebração de acordos de cooperação, como é o caso dos "acordos europeus".

A democratização política não corresponde todavia a um desiderato apenas da população dos países candidatos; qualquer cidadão da União Europeia sonhava antes com a possibilidade da abertura dos PECO's, no interesse destes e no interesse próprio, como factor de estabilidade e segurança europeias.

A Europa não pode além disso deixar de ser sensível ao reforço da sua posição geoestratégica, acrescida com o alargamento e o aprofundamento de um bloco formal onde há já um pilar dedicado à política externa e de segurança. Trata-se de razão que terá sido determinante na decisão inesperada de se dar início a negociações para a entrada da Turquia.

A estabilidade europeia não pode ainda desconhecer a situação dos países a leste dos PECO's (da ex-União Soviética), com dificuldades de diferentes naturezas. Não podendo pôr-se (pelo menos para já) a hipótese de integração, contribui para a sua estabilização uma proximidade maior das fronteiras da União Europeia.

3. Às razões políticas acrescem todavia razões económicas, também no interesse tanto dos países candidatos como no interesse do conjunto da União Europeia.

Por mais abrangentes que fossem os acordos de cooperação celebrados, há um acréscimo de oportunidades com a integração; em termos de acesso ao mercado, com o consequente estímulo à eficiência, em termos de atracção de investimentos público e privado, ou ainda por exemplo em termos de atracção turística, promovendo-se um sector que poderá ser muito relevante em alguns dos países em causa. Assim acontece designadamente porque só com a integração podem ter a certeza de que não haverá recuos na abertura do comércio e dispôr-se de instâncias de defesa da concorrência, de toda a segurança, onde são participantes de pleno direito (casos da Comissão e dos Tribunais do Luxemburgo).

Deve sublinhar-se, além disso, que o mero efeito de estímulo à concorrência provocado por um mercado maior será um factor de fortalecimento da Europa, na linha da experiência tão favorável do mercado único de 1993. Trata-se naturalmente de efeito positivo tanto para os que são já hoje membros deste mercado como para os que a ele acedem.

Em particular, com a integração as autoridade podem 'resistir' melhor a pressões de grupos de interesse ou do eleitorado para não intervirem no sentido de reformas desejáveis mas com custos sociais. A experiência portuguesa mostra bem como a União Europeia é uma 'boa desculpa', dando-nos cobertura a políticas impopulares que devemos seguir (por exemplo no domínio orçamental, com o rigor que é exigido).

Alguns estudos foram já elaborados mostrando as vantagens gerais do alargamento: naturalmente com muito maior expressão, em relação aos PIB's actuais, para os PECO's do que para os membros da União (ver designadamente Rollo e Smith, 1993, Baldwin *et al.*, 1997 ou Brocker, 1998).

4. Para além do reconhecimento de uma vantagem geral é importante saber como se repartem os ganhos (ou as perdas, caso se verifiquem) entre

os países da União Europeia, o que deverá (deveria...) ter consequências na distribuição dos encargos com o alargamento. Sendo grandes as novas oportunidades de mercado, estima-se que das exportações para os PECO's 50% sejam da Alemanha, 18% da Itália, 8% da França e apenas 0,34% de Portugal, valor muito abaixo do que nos cabe no conjunto das exportações da União: 1,22%. Em termos de investimento privado, determinado obviamente por melhores perspectivas de remuneração, constata-se também a participação privilegiada dos países mais ricos da União Europeia (cfr. Jesus, Silva e Barros, 1998, p. IV.11). Por fim, serão ainda naturalmente esses países do centro da União Europeia a atrair a maior parte dos fluxos turísticos que crescerão nos PECO's.

No cálculo de Baldwin *et al.* há pouco referido (1997), com a aplicação de um modelo de equilíbrio geral, por si só a Alemanha tem um ganho de 33,8%, seguindo-se a França com 19%3% e o Reino Unido com 14,1%; ou seja, estes três países têm 67,2% (mais de dois terços) do ganho com a integração dos PECO's. Devido basicamente à concorrência acrescida no sector têxtil e de confecções (no estudo procedeu-se também a uma análise sectorial), o único país da União Europeia que fica a perder é Portugal, com uma perda de 0,06% do seu PNB: sendo pelo contrário países mais ricos os que mais ganham em relação ao PNB's: 0,29% a Suécia, 0,24% a Alemanha, 0,22% o Reino Unido, 0,21% a França e 0,20% a Holanda.

5. Trata-se de alargamento que terá naturalmente implicações em todas as políticas, podendo distinguir-se, além da PAC e da política regional, por exemplo a política ambiental, dada a pouca atenção que lhe era dada nos países socialistas. A exigência imediata dos nossos padrões levantaria dificuldades enormes à sua competitividade, mas por outro lado a manutenção da situação actual, além de prejudicar os seus cidadãos, constituiria motivo de queixa para os nossos empresários, obrigados a despesas muito superiores. Haverá pois que avançar aos poucos, com os apoios financeiros indispensáveis.

Curiosamente, apesar das diferenças entre os níveis salariais, não se espera que se levantem problemas muito difíceis com a livre circulação de pessoas para os países da União Europeia. Segundo estimativas de Baldwin (1994, pp. 190-92), deslocar-se-ão dos quatro países de Visegrado (Polónia, República Checa, Eslováquia e Hungria) entre 3,2 e 6,4 milhões de pessoas par um espaço com cerca de 370 milhões. Levantar-se-ão apenas problemas localizados se estas pessoas se concentrarem em zonas urbanas sobrepovoadas de dois ou três países.

As maiores dificuldades levantam-se, sem dúvida, nas áreas da agricultura e do desenvolvimento regional.

5.1. Na agricultura levantam-se dificuldades enormes como consequência das diferenças existentes nos preços e nas condições de produção nestes países.

Tendo antes preços muito baixos, a aplicação imediata da Política Agrícola Comum (PAC) teria repercussões intoleráveis no nível de vida das populações e no orçamento da União. Pessoas com salários muito mais baixos não poderiam pagar os preços 'europeus'; e para manter o sistema de garantia do FEOGA o orçamento necessitaria de montantes muito avultados. De acordo com os cálculos feitos por Anderson e Tyers (1995), seriam necessários 37 600 milhões de euros só para os quatro países de Visegrado. Ou seja, só nestes quatro países seria preciso gastar mais do que o montante total gasto com todos os membros quando foi feito o estudo. Cálculos da Comissão Europeia (1995), pressupondo um esforço intermediário muito grande, apontam já 'simpaticamente' para valores muito mais favoráveis, com uma exigência de 12 000 milhões de euros no ano 2000, quando seria de 42 000 milhões para os membros actuais; podendo perguntar-se todavia se serão estes os valores que se verificarão (cfr. Porto, 2001, pp. 470-1).

Trata-se de qualquer modo de um problema de uma dimensão tal que não pode ser resolvido através de transferências de outras categorias do orçamento actual. Dado que a agricultura e as acções estruturais (também exigidas pelos PECO's, como veremos de seguida) representam cerca de 80% do orçamento, ficam apenas cerca de 20% para todas as outras categorias (casos das políticas interna e externa e da administração), com despesas que de um modo geral não poderão ser reduzidas.

Não sendo aceitável ou mesmo possível ter dois regimes separados, a PAC actual aplicada aos membros actuais e outra política agrícola (ou nenhuma política) aplicada aos novos membros, fica como único caminho a seguir proceder a uma nova reforma da política agrícola, na linha da reforma de 1992 e da tímida reforma da Agenda 2000. Não é todavia fácil fazê-la, e mesmo que se faça não podem afastar-se de um ano para o outro pagamentos com que se está a contar.

5.2. No caso da política regional nem pode pôr-se em causa a sua correcção, sendo para além disso inquestionável que os PECO's têm direito a ela, com níveis de PIB *per capita* muito abaixo da média comunitária.

Vindo todos eles a constituir, de acordo com os critérios vigentes, regiões objectivo 1, absorvedoras da maior parte dos recursos (não obstante com a sua integração 75% do PIB vir a corresponder a um nível mais baixo), levantar-se-ão enormes dificuldades orçamentais. Segundo estimativas iniciais deveriam absorver valores acima dos 26 mil milhões de euros (ver Courchene *et al.*, 1993 ou Slater e Atkinson, 1995).

Estudos mais recentes procurarem 'sossegar' os países mais ricos (cfr. Baldwin *et al.*, 1997 e referências de Grabbe e Hughes, 1998), é de esperar de qualquer modo que não se fique aquém dos 12 mil milhões.

Acresce que não é grande apenas a distância do conjunto destes países em relação aos países da União Europeia, são também muito grandes as distâncias entre si e entre os seus espaços regionais. Acontece aliás que se trata de países sem a tradição de estruturas regionais ou mesmo de desenvolvimento regional, estando alguns deles a dar agora os primeiros passos neste domínio, numa caminhada que será todavia difícil e demorada (ver por exemplo alguns dos estudos em Tang, ed., 2000).

6. Não pode por consequência comparar-se este orçamento com o orçamento de um Estado federal; e não deve de facto sê-lo, dada a natureza política muito diferente da União, podendo mencionar-se ainda o facto de o Tratado de Maastricht ter vindo generalizar o princípio da subsidiariedade. Mas mesmo num quadro político e económico correcto tem que ter lugar alguma mudança se queremos receber membros novos sem prejuízo do processo de integração.

Tal como foi sublinhado há pouco, não podem ser reduzidas as verbas de outras categorias, as quais de qualquer modo não seriam suficientes – todas elas – para financiar as políticas agrícola e regional.

No que respeita à PAC, ainda que haja uma reforma desejável são necessários montantes importantes para manter o rendimento dos agricultores e promover o desenvolvimento rural, não só nos membros actuais como também, numa medida maior, nos novos membros.

Por outro lado, conforme se sublinhou também já, numa política de primeiro óptimo são necessários montantes importantes para o desenvolvimento regional (bem como para outras melhorias estruturais). São necessários para os membros actuais, que continuam a requerer um maior equilíbrio em relação aos demais e entre as suas regiões, sob pena de poder ficar comprometido o próprio processo de união económica e monetária. Mas é naturalmente muito maior a necessidade com o alargamento, abrangendo países muito atrasados.

7. Há de facto um *trade-off* entre aprofundar e alargar se o orçamento da União se mantiver no nível actual. E sendo assim não há dúvida de que deve ser dada preferência ao aprofundamento, mesmo no interesse dos países terceiros (designadamente dos países da Europa Central e do Leste), na medida em que passa pela força da Europa, v.g. como mercado comprador e financiador, a possibilidade de ser promovido o seu desenvolvimento.

Nas circunstâncias existentes poderia ter sido economicamente mais favorável adiar o alargamento, explorando-se, com menores encargos financeiros (v.g. sem a aplicação da PAC), as oportunidades oferecidas pelos acordos já celebrados. Seria talvez mesmo uma solução a médio prazo mais favorável para os candidatos, por não serem assim forçados a aceitar regras da UE para que poderão não estar ainda preparados e poderão causar-lhes embaraços, ou preços agrícolas muito elevados. E, por fim, não seria caso único de demora num processo negocial, podendo lembrar-se que o processo negocial de Portugal, tendo um nível de desenvolvimento e uma estrutura produtiva (de mercado) muito mais próximos dos dez membros de então, demorou 9 anos e 8 meses.

Não podendo todavia fugir-se ao alargamento, face à pressão política que se verificava, com a justificação que vimos atrás, estamos de facto face à "quadratura do círculo", com a intransigência de países mais ricos em alargar o seu contributo orçamental; não conseguindo deixar de ter sempre presentes as palavras de Jacques Delors numa sessão plenária do Parlamento Europeu: "um alargamento mal feito poderá ser o fim da União Europeia".

Esperamos bem, e tudo devemos fazer em tal sentido, que assim não aconteça, no nosso interesse, no interesse dos novos membros e no interesse mundial.

Sendo nós das últimas pessoas a defender orçamentos exagerados, não podemos deixar de reconhecer que os orçamentos têm de ser suficientes para corresponder aos objectivos que nos propomos: na designação já utilizada pela Comissão, temos de ter um orçamento "à medida das nossas ambições".

Já antes de se pôr sequer a hipótese de alargamento, quando acabou por se fixar o valor de 1,27% do PIB da União como máximo a atingir, o Presidente Jacques Delors propôs um valor entre 1,34 e 1,36% do valor referido. Por maioria de razão agora, não deveria ficar-se aquém destes valores.

Para além do montante global a dispender, põe-se com uma acuidade acrescida o modo de repartição dos encargos, com os recursos próprios comunitários. É de facto inaceitável que se agrave a regressividade que vem de trás, como o predomínio de impostos indirectos (cfr. Porto 2001, pp. 405-12); só se podendo ter um sistema justo se os recursos do orçamento vierem em maior medida dos países mais ricos, afinal aqueles que, como vimos, beneficiam em maior medida com o alargamento.

BIBLIOGRAFIA:

ANDERSON, Kym e TYERS, R. – 1995 – *Implications of the EC Expansion for European Agricultural Policies, Trade and Welfare*, em Baldwin, Haaparanta e Kiander (ed.), Cambridge University Press, Cambridge

BALDWIN, Richard E. – 1994 – *Towards an Integrated Europe*, Centre Economic Policy Research (CEPR), Londres

BALDWIN, Richard E., FRANÇOIS, Jean e PORTES, Richard – 1997 – *The Costs and Benefits of Eastern Enlargement; The Impact on the EU and Central Europe*, em *Economic* Policy, n. 24, pp. 125-76

BROCKER, J. – 1998 – *How would an EU-Membership of Visegrad Countries Affect Europe's Economic Geography?*, em *The Annals of Regional Science*, n. 32

COMISSÃO EUROPEIA – 1995 – *Agricultural Situation and Outlook in the Central and Eastern European Countries. Summary Report*, Direcção Geral da Agricultura, Bruxelas

COURCHENE, Tom et al. – 1993 – *Stable Money-Sound Finances, Community Public Finance in the Perspective of EMU*, Report of an independent group of economists, em *European Economy*, n. 53

GRABBE, Heather e HUGHES, Kirsty – 1998 – *Enlarging the European Union Eastwards*, The Royal Institute of International Affairs, Londres

JESUS, Avelino de, SILVA, Joaquim Ramos, BARROS, Carlos – 1998 – *O Impacto sobre Portugal do Alargamento da EU aos PECO*, Centro de Estudos e Gestão do ISEG, Lisboa

PORTO, Manuel C.L. – 2001 – *Teoria da Integração e Políticas Comunitárias*, 3ª ed., Almedina, Coimbra

ROLLO, Jim e SMITH, A. – 1993 – *The Political Economy of Eastern European Trade with the European Community: Why so Sensitive?*, em *Economic Policy*, n. 16, pp. 139-81

SLATER, J. C. e ATKINSON, B. – 1995 – *The Common Agricultural Policy and EU Enlargement to the East*, Ministério da Agricultura, Pescas e Alimentação do Reino Unido, Londres

TANG, Helena (ed.) – 2000 – *Winners and Losers of EU Integration. Policy Issues for Central and Eastern Europe*, Banco Mundial, Washington

O TRATADO DE NICE E A REFORMA DO SISTEMA JURISDICIONAL COMUNITÁRIO

RUI MANUEL MOURA RAMOS
Membro do Instituto de Direito Internacional
Professor da Faculdade de Direito da Universidade de Coimbra
Antigo Juiz do Tribunal de Primeira Instância das Comunidades Europeias
Vice-Presidente do Tribunal Constitucional

SUMÁRIO: *1. Introdução. 2. O Sistema Jurisdicional Comunitário na sua estática e na sua dinâmica. 3. Princípios directores de uma reforma possível. 4. As modificações decorrentes do Tratado de Nice. 5. Apreciação*

1. Ao alterar o Tratado da União Europeia, os Tratados que instituem as Comunidades Europeias e alguns actos relativos a esses Tratados, o Tratado de Nice, de 26 de Fevereiro de 2001, introduziu a mais significativa modificação do sistema jurisdicional comunitário até hoje verificada no plano do direito primário[1].

---

[1] Cfr. o seu artigo 2.° (Alterações ao Tratado da Comunidade Europeia), n.os 26 a 35, que altera os artigos 220.° a 225.°, 230.° e 245.° deste último Tratado e lhe acrescenta os artigos 225.°-A e 229.°-A, e os artigos 3.° e 4.° (n.os 8 a 16 em ambos os casos) que modificam nos mesmos termos os artigos 136.° a 140.°-A, 146.° e 160.° do Tratado que institui a Comunidade Europeia da Energia Atómica, acrescentando-lhe o artigo 140.°-B, e 32.° a 32.°-D, 33.° e 45.°, do Tratado que institui a Comunidade Europeia do Carvão e do Aço, acrescentando-lhe igualmente o artigo 32.°-E. Para além disso, são ainda revogados os Protocolos relativos ao Estatuto do Tribunal de Justiça anexos ao Tratado que institui a Comunidade Europeia e ao Tratado que institui a Comunidade Europeia da Energia Atómica, que passam a ser substituídos pelo Protocolo relativo ao Estatuto do Tribunal de Justiça anexo ao Tratado da União Europeia, ao Tratado que institui a Comunidade Europeia e ao Tratado que institui a Comunidade Europeia da Energia Atómica (artigo 7.° do Tratado de Nice), é revogado parcialmente o Protocolo relativo ao Tribunal de Justiça da Comunidade

Tal modificação não parece ter sido contemplada quando da convocação da conferência intergovernamental que se seguiu à entrada em vigor (1 de Maio de 1999) do Tratado de Amesterdão, de 2 de Outubro de 1997, e que se viria a concluir com a negociação de Nice. Na verdade, o objectivo da revisão então configurada aparecia determinado pela preocupação de possibilitar a concretização do processo de alargamento a leste e a sul que tinha sido iniciado[2], pelo que se centrava sobretudo no domínio institucional, visando nomeadamente criar as condições para o funcionamento eficiente de uma União integrada por um maior número de Estados. E daí que os aspectos que inicialmente constituíam o objectivo da revisão coincidissem com os temas cuja consideração se afigurava indispensável à realização do alargamento e que não tinham logrado adequado tratamento na negociação de Amesterdão: a dimensão e composição da Comissão, a ponderação de votos no seio do Conselho e o mecanismo de tomada de decisões no seio desta instituição, com a possível extensão do voto por maioria qualificada[3].

Europeia do Carvão e do Aço (artigo 8.º do mesmo Tratado), determina-se a aplicação das disposições do primeiro, sem prejuízo das regras que se mantêm em vigor no segundo, nos casos em que o Tribunal de Justiça exerce as suas funções no âmbito do Tratado CECA (artigo 9.º), e é ainda revogada parcialmente a Decisão 88/591/CECA, CEE, Euratom do Conselho, de 24 de Outubro de 1988, que instituíra o Tribunal de Primeira Instância das Comunidades Europeias.

Saliente-se ainda que as Declarações 12 a 17 anexas à Acta Final se referem à problemática do sistema jurisdicional comunitário.

Uma vez que o teor das modificações é idêntico nos três Tratados, as referências que a partir de agora faremos terão como objecto o Tratado da Comunidade Europeia (Tratado CE).

[2] E que envolve países tão díspares como a Polónia, a Hungria, a República Checa, Chipre, Malta, a Letónia, a Lituânia, a Estónia, a Eslovénia, a Eslováquia, a Roménia e a Bulgária e, com um estatuto algo particular, a Turquia. Como é sabido, a adesão dos dez primeiros destes Estados concretizou-se a 1 de Maio de 2004.

[3] Para as soluções adoptadas a este respeito, cfr. o Protocolo relativo ao alargamento da União Europeia, anexo pelo Tratado de Nice ao Tratado da União Europeia e aos Tratados que instituem as Comunidades Europeias. E para um breve comentário a seu respeito, cfr. Sean Van Raepanbush, «Le Traité de Nice: Entre espoirs et déceptions», *Gazette du Palais,* Mercredi 20, Jeudi 21 Juin 2001, 121 Année n.º 171 a 172, *Gazette Européenne,* n.º 28, pp. 2-19, Andreu Olesti Rayo, «Las Modificaciones Institucionales en el Tratado de Niza», *Boletim Europeo de la Universidad de la Rioja,* n.º 7/8 (Março de 2001), Suplemento, pp. 14-26, Alan Dashwood, «The Constitution of the European Union after Nice: law-making procedures», 26 *European Law Review* (2001), pp. 215-238, Jan Wouters, «Institutional and constitutional challenges for the European Union: some reflections in the light of the Treaty of Nice», *ibidem,* pp. 342-356, Jean Marc Favret, «Le traité de Nice du 26 février 2001: vers un affaiblissement irrésistible de la capacité d'action de l'Union

Se a importância das reformas a concretizar nestes sectores da armadura institucional das Comunidades e da União aparecia como consequência da indispensabilidade de que se revestiam para garantir o seu funcionamento possível uma vez concretizado o alargamento, cabe no entanto referir que o mesmo se podia dizer da necessidade de repensar o funcionamento do sistema jurisdicional comunitário. De resto, esta realidade seria sublinhada num documento de reflexão apresentado ao Conselho de Ministros da Justiça em Maio de 1999 pela jurisdição comunitária. Neste texto, salientava-se o aumento constante dos processos introduzidos naqueles dois órgãos jurisdicionais (o Tribunal de Justiça e o Tribunal de Primeira Instância), com o consequente alongamento dos prazos necessários ao seu tratamento, e acentuava-se que a evolução previsível ia no mesmo sentido, como consequência não só do alargamento perspectivado como também da evolução do direito comunitário, que consagrara recentemente diversas situações de alargamento do pretório[4]. Nestas circunstâncias, e na ausência de modificações estruturais[5], a tendência para o aumento da du-

---

européenne?», 37 *Revue trimestrielle de droit européen* (2001), pp. 271-304, P. van Nuffel, «Le Traité de Nice: Un commentaire», *Revue du droit de l'Union Européenne*, 2/2001, pp. 329-387, F. Aldecoa Luzarraga, «El Tratado de Niza, consolidación y reforma de la Unión Europea» *in Cuadernos Europeos de Deusto,* 25 (2001), pp. 11-54, Markus G. Puder, «Salade Niçoise from Amsterdam left-overs: Does the Treaty of Nice contain the institutional recipe to ready the European Union for enlargement?», 8 *Columbia Journal of European Law* (2002), pp. 53-83, e, na doutrina portuguesa, António Goucha Soares, «O Tratado de Nice», 90 *Revista do Ministério Público*, pp. 29-55, Augusto Rogério Leitão, «O Tratado de Nice: Preliminares de uma Europa-Potência?», *in Identidade Europeia e Multiculturalismo*, Coimbra, Quarteto, pp. 353-373 e «O Tratado de Nice: Um Novo Modelo de Governação para a União Europeia?», 6-7 *Temas de Integração* (2001-2002), n.os 12-13, pp. 131-144, Miguel Gorjão Henriques, «Novas Reflexões sobre o Sistema Institucional Comunitário antes e depois de Nice», *ibidem*, pp. 145-171 e Paulo Vila Maior-Nuno Castro Marques, «O Tratado de Nice: um Nice Treaty? Para que Estados Membros?», *ibidem*, pp. 173-198.

[4] E que decorrem da entrada em vigor do próprio Tratado de Amesterdão, da terceira fase da União Económica e Monetária e de certas convenções aprovadas no quadro do antigo terceiro pilar da União.

[5] Que ultrapassassem as entretanto postas em prática pelas duas jurisdições no plano da modificação do respectivo regulamento de processo e de entre as quais salientaríamos, quanto ao Tribunal de Primeira Instância, a possibilidade desta jurisdição decidir enquanto juiz singular (cfr. a Decisão do Conselho de 26 de Abril de 1999 que altera nesse sentido a decisão 88/591/CECA, CEE, Euratom, *in JOCE* L 114 de 1 de Maio de 1999, pp. 52-53) e a introdução de uma tramitaç ão acelerada, hoje regulada no Capítulo II-A, do Título II (Do Processo) do Regulamento de Processo do Tribunal de Primeira Instância, de 2 de Maio de 1991 (*JOCE*, L, 136, de 31 de Maio de 1991), artigo 76.°-A (cfr. a alteração de 6 de Dezembro de 2000 *in JOCE,* L, 322, de 19 de Dezembro de 2000, p. 4).

ração dos processos não deixaria de se continuar a verificar, com o inerente dano aos direitos dos sujeitos submetidos à jurisdição comunitária, o que seria sobretudo paradoxal num momento em que parte dos novos processos (os relativos à interpretação da Convenção de Bruxelas II[6] e das disposições do Tratado CE relativas aos aspectos externos da livre circulação de pessoas)[7] não se compadeciam, pela natureza dos interesses envolvidos, com um tratamento que não fosse particularmente rápido.

---

[6] Hoje Regulamento n.° 1347/2000, do Conselho, de 29 de Maio de 2000.
Sobre este texto vejam-se Christian Kohler, «Internationales Verfahrensrecht für Ehesachen in der Europaischen Union: Die Verordnung 'Brussels II'», *NJW* (2001), pp. 10-15, Wolfgang Hau, «Das System der internationalen Entscheidungszuständigkeit im europaischen Eheverfahrensrecht», 47 *FamRZ* (2000), pp. 1333-1341, Hélène Gaudemet-Tallon, «Le règlement n° 1347/2000 du Conseil du 29 mai 2000: Compétence, reconnaissance et exécution des décisions en matière matrimoniale et en matière de responsabilité parentale des enfants communs», 128 *Journal de Droit International* (2001), pp. 381-430, J.-Y. Carlier--S. Francq-J.L.van Boxstael, «Le règlement de Bruxelles II. Compétence, reconnaissance et exécution en matière matrimoniale et en matière de responsabilité parentale», *Journal des Tribunaux. Droit Européen,* 9ème année, n.° 78, avril 2001, pp. 73-90 e Bertrand Ancel-Horatia Muir Watt, «La désunion européenne: Le Règlement dit 'Bruxelles II'», 90 *Revue critique de droit international privé* (2001), pp. 403-457..
E sobre a Convenção que lhe deu origem, cfr. Jörg Pirrung, «Unification du droit en matière familiale: La Convention de l'Union européenne sur la reconnaissance des divorces et la question des nouveaux travaux d'Unidroit», *Uniform Law Review*, NS-vol III (1998-2/3), pp. 629-640, Pascal de Vareilles-Sommières, «La libre circulation des jugements rendus en matière matrimoniale en Europe. Convention de Bruxelles II du 28 mai 1998 et proposition de règlement (C.E.) du Conseil», *Gazette européenne* n° 21, 17 e 18 décembre 1999, pp. 15-28, Alegría Borrás Rodríguez,«La Convention de Bruxelles II», *in L'Espace judiciaire européen*, Paris, 1999, La Documentation française, pp. 57-60 e «La proteccíon de los hijos comunes con motivo de la crisis matrimonial en el convenio de 28 de mayo de 1998 sobre la competencia judicial, el reconocimiento y la ejecucíon de resoluciones en materia matrimonial», *in Disyuntivas en los pleitos matrimoniales de separación y divorcio*, Madrid, 2000, Dikinson, pp. 297-325 e Mathilde Sumampouw, «Parental Responsibility under Brussels II», *in Private Law in International Arena. Liber Amicorum Kurt Siehr. From National Conflict Rules to Harmonization and Unification*, The Hague, 2000, T.M.C. Asser Instituut, pp. 729-745.

[7] A este propósito, cfr. Piet Eeckhout, «The European Court of Justice and the Area of Freedom, Security and Justice: Challenges and Problems», in *Judicial Review in European Union Law. Liber amicorum in honour of Lord Slynn of Hadley* (ed. David O'Keeffe e Antonio Bavasso), The Hague, 2000, Kluwer Law International, pp. 153-166 e Nial Fennelly, «The area of 'freedom, security and justice' and the European Court of Justice: a personal view», 49 *International and Comparative Law Quaterly* (2000), pp. 1-14 e, entre nós, Nuno Piçarra, «O Tribunal de Justiça das Comunidades Europeias e o novo espaço de liberdade, de segurança e de justiça», 1 *Thémis* (2000), pp. 81-125.

A necessidade de reformar o sistema jurisdicional comunitário[8] seria assim elevada ao estatuto de condição igualmente necessária ao saudável funcionamento da Comunidade e da União no período subsequente ao alargamento em perspectiva e justificaria a atenção que o legislador de revisão lhe dedicou no Tratado de Nice[9]. Atenção que contraria a atitude anterior dos Estados-Membros a este respeito que, se exceptuarmos as limitadas modificações tornadas necessárias pelos processos de adesão de novos Estados, apenas dele se haviam ocupado de forma bem mais restrita. No Acto Único Europeu, em 1987, para prever, com o então novo artigo

---

[8] Para uma discussão argumentada das propostas contidas no documento citado em texto assim como de outras que o precederam e das constantes de um outro documento que se lhe seguiu (o Relatório do Grupo de Trabalho sobre a Reforma do Sistema Jurisdicional Comunitário designado pela Comissão, também conhecido por Relatório Due, do nome do seu presidente) e um diagnóstico das dificuldades do sistema jurisdicional comunitário e o avançar de algumas sugestões para a sua superação, cfr. P.J.G. Kapteyn, «The Court of Justice of the European Communities after the year 2000», *in Institutional Dynamics of European Integration. Essays in honour of Henry G. Schermers*, v. II, Dordrecht, 1994, Martinus Nijhoff Publishers, pp. 135-152, Walter van Gerven, «The role and sctruture of the European Judiciary now and in the future», 21 *European Law Review* (1996), pp. 211-223, David W.J. Scorey, «A new model for the Communities' judicial architecture in the new Union», *ibidem*, pp. 224-231, Gil Carlos Rodríguez Iglesias, «L'avenir du système juridictionnel de l'Union Européenne», 35 *Cahiers de Droit Européen* (1999), pp. 275-281, Ulrich Everling, «The future of the European judiciary within the enlarged European Union», *in Mélanges en hommage à Michel Waelbroeck*, v. I, Bruxelles, 1999, Bruylant, pp. 333-354, Jean-Paul Jacqué, «L'avenir de l'architecture juridictionnelle de l'Union», 35 *Revue trimestrelle de droit européen* (1999), pp. 443-449, Arjen W.H. Meij, «Guest editorial: Architects or Judges? Some comments in relation to the debate», 37 *Common Market Law Review* (2000), pp. 1039-1045, Hjalte Rasmussen, «Remedying the Crumbling EC Judicial System», *ibidem*, pp. 1071-1112, Denis Waelbroeck, «Vers une nouvelle architecture judiciaire européenne?», 36 *Cahiers de Droit Européen* (2000), pp. 3-7, Francis Jacobs, «Introducing the Court's Paper», *in* Alan Dashwood-Angus Johnston, *The Future of the Judicial System of the European Union* (que contém os dois textos de reflexão, da jurisdição comunitária e do grupo de trabalho designado pela Comissão, acima citados), Oxford, 2001, Hart Publishing, pp. 3-12, Henry Schermers, «Problems and Prospects», *ibidem*, pp. 31-35, Anthony Arnull, «Judicial Architecture or Judicial Folly? The Challenge facing the EU», *ibidem*, pp. 41-51, Alan Dashwood-Angus Johnston, «Synthesis of the Debate», *ibidem,* pp. 65-82 e Ole Due «The Working Party Report», *ibidem*, pp. 87-94.

Prolongando o debate para além das alterações introduzidas em Nice, cfr. Peter Dryberg, «What should the Court of Justice be doing», 26 *European Law Review* (2001), pp. 291-300 e Dashwood-Johnston, *The Future of the Judicial System of the European Union,* Oxford, 2001, Hart Publishing.

[9] Cfr. o que dizemos *supra*, nota 1.

187.°-A, a criação do Tribunal de Primeira Instância[10] e a possibilidade de o Conselho, deliberando por unanimidade, a pedido do Tribunal de Justiça, e após consulta da Comissão e do Parlamento Europeu, alterar as disposições do Título III do Estatuto do Tribunal de Justiça (artigo 188.°, parágrafo 2). No Tratado da União Europeia, em Maastricht, em 1992, para limitar a obrigatoriedade da utilização da sessão plenária do Tribunal de Justiça aos casos em que um Estado-Membro ou uma Instituição parte na instância assim o solicitassem[11], com o que se introduzia alguma flexibilidade no funcionamento deste Tribunal; pôr fim à restrição da competência do Tribunal de Primeira Instância às «acções propostas por pessoas singulares ou colectivas», e remetendo a fixação dessa competência para uma decisão do Conselho[12], a ser aprovada por unanimidade, a pedido do Tri-

---

[10] Que viria a ser criado pela Decisão do Conselho 88/591/CECA, CEE, Euratom de 24 de Outubro de 1988 (in *JOCE*, C, 215, de 21 de Agosto de 1989, pp. 1-8), e instalado a 25 de Setembro de 1989.

Para uma visão de conjunto das razões que estiveram na origem da criação do Tribunal, a sua composição, competência, organização e funcionamento, cfr. Francis G. Jacobs, «Proposals for reform in the organisation and procedure of the Court of Justice of the European Communities: with special reference to the proposed Court of First Instance», in *Du droit international au droit de l'intégration. Liber amicorum Pierre Pescatore*, Baden-Baden, 1987, Nomos Verlagsgesellschaft, pp. 287-298, Henry G. Schermers, «The European Court of First Instance», 25 *Common Market Law Review* (1988), pp. 541-558, AAVV, *Le Tribunal de première instance des Communautés européennes. Histoire, Organisation et Procédure* (édité par Spyros A. Pappas), Maastricht, 1990, Institut européen d'administration publique, Millett, *The Court of First Instance of the European Communities*, London, 1990, Butterworths, Cruz Vilaça-Pais Antunes, «The Court of First Instance of the European Communities: A significant step towards the consolidation of the european community as a community governed by the rule of law», 10 *Yearbook of European Law* (1990), pp. 1-56, Umberto Leanza-Pasquale Paone-Antonio Saggio, *Il Tribunale di Primo Grado della Comunità Europea*, Napoli, 1994, Editoriale Scientifica, Massimo Condinanzi, *Il Tribunale di Primo Grado e la Giurisdizione Comunitaria*, Milano, 1996, Giuffrè, Richard Plender (General Editor), *European Courts Practice and Precedents*, London, 1997, Sweet & Maxwell e Kirschner-Klüppel, *Das Gericht erster Instanz der Europaischen Gemeinschaften*, Koln, 1998, Carl Heymans Verlag.

[11] No sistema anterior, a sessão plenária era obrigatória tratando-se de causas introduzidas por um Estado-Membro ou por uma Instituição da Comunidade ou de questões prejudiciais na medida em que o regulamento processual não atribuísse competência às secções do Tribunal.

[12] Que doravante apenas tinha que respeitar o limite das questões prejudiciais introduzidas de acordo com o artigo 177.°, e já não o dos processos apresentados por Estados-Membros ou por Instituições Comunitárias (como na versão original do artigo 168.°-A, parágrafo 1).

Saliente-se que esta possibilidade não viria até ao momento a ser utilizada pelo legislador comunitário.

bunal de Justiça e após consulta do Parlamento Europeu e da Comissão[13]; prever a possibilidade de imposição de sanções pecuniárias aos Estados que não executarem as decisões do Tribunal de Justiça[14]; e operar as modificações decorrentes da criação do mecanismo da co-decisão (cfr. os actuais artigos 239.°, 240.° e 241.°) do Banco Central Europeu e do Sistema Europeu de Bancos Centrais (artigos 230.°, 232.°, 233.°, 237.° e 241.°, na sua redacção actual) e do reconhecimento, pelo Tribunal de Justiça, da legitimidade activa e passiva do Parlamento Europeu, no quadro do recurso de anulação (artigo 230.°) e da sua legitimidade passiva no quadro do recurso por omissão (artigo 232.°)[15]. E no Tratado de Amesterdão, em 1997, para reconhecer legitimidade activa ao Tribunal de Contas no sistema do recurso de anulação (artigo 230.° actual)[16].

Antes de descrever o conteúdo das alterações introduzidas, há que referir brevemente a estrutura do sistema, na sua estática como na dinâmica

---

[13] Artigo 168.°-A, parágrafo 1, na versão posterior à entrada em vigor do Tratado de Maastricht.

[14] Possibilidade que veio a ser concretizada, pela primeira vez, no acórdão do Tribunal de Justiça de 4 de Julho de 2000, Comissão/Grécia, C-387/97, *Colectânea*, p. I-5047. Em três outros processos actualmente em curso (C-41/01, C-85/01 e C-278/01), a Comissão solicita igualmente a aplicação de medidas desta natureza por violação de anteriores acórdãos do Tribunal de Justiça respectivamente à Alemanha, ao Reino Unido e à Espanha.

[15] Sobre o ponto ver Vieira Peres, «A posição do Parlamento Europeu no contencioso da Comunidade Económica Europeia (algumas questões)», *Revista de Direito e Economia*, 14 (1988), pp. 213-279.

[16] Para uma perspectiva desta evolução, cfr. José Luís da Cruz Vilaça, «L'évolution du système juridictionnel communautaire avant et après Maastricht», *in Festschrift für Ulrich Everling*, v. I, Baden-Baden, 1995, Nomos Verlagsgesellschaft, pp. 181-203 e «La nouvelle architecture judiciaire européenne et la conférence intergouvernementale», 32 *Cahiers de Droit Européen* (1996), pp. 3-8, Albertina Albors Llorens, «Changes in the jurisdiction of the European Court of Justice under the Treaty of Amsterdam», 35 *Common Market Law Review* (1998), pp. 1273-1294, J. Palacio Gonzalez, «Las reformas introducidas en el sistema judicial comunitario por el Tratado de Amsterdam», *in Cuadernos Europeos de Deusto*, v. 21 (1999), pp. 191-212, Juan Manuel de Faramiñán Gilbert, «El Tribunal de Justicia en los Tratados de Maastricht y de Amsterdam: una versión comparativa», *in Reflexiones en torno al Tratado de Amsterdam y al Futuro de la Unión Europea*, Granada, 2000, Editorial Comares, pp. 159-198, José Luís da Cruz Vilaça, «La protection des droits des particuliers et le système juridictionnel communautaire dans le Traité d'Amsterdam», *ibidem*, pp. 245-271, J.M. Pelaez Maron, «Le traité d'Amsterdam et l'activité de contrôle de la Cour de Justice des Communautés Européennes», *in Mélanges en hommage à Michel Waelbroeck*, v. I (*cit. supra*, nota 8), pp. 497-516 e Angela Ward, «Amsterdam and amendment to Article 230: an opportunity lost or simply deferred?», *in The Future of the Judicial System of the European Union*,(*cit. supra*, nota 8), pp. 37-40.

que nele se desenvolveu, para a melhor apreensão da natureza das dificuldades ocasionadas pela sua evolução, apontando de seguida as linhas de solução possíveis. Poder-se-á então ajuizar da oportunidade, adequação e suficiência das medidas tomadas.

2. O sistema jurisdicional comunitário assentou desde a sua criação em dois eixos ou pilares estreitamente associados num conjunto integrado que exerce o poder judicial no quadro comunitário: a jurisdição comunitária propriamente dita e as jurisdições nacionais[17].

A associação das jurisdições nacionais a esta empresa impunha-se de toda a evidência. Se a construção comunitária implicava a criação de direitos e obrigações não apenas na esfera jurídica dos Estados-Membros mas também na dos seus nacionais[18] e mesmo de outras pessoas jurídicas[19], a realização judiciária destes direitos não podia apenas ser confiada ao aparelho judicial directamente criado pelos Tratados[20]. Daí que as jurisdições nacionais tivessem sido chamadas a colaborar nesta tarefa, tendo-lhes sido reconhecida competência para aplicar o direito comunitá-

---

[17] Cfr. a este propósito, Gil Carlos Rodríguez Iglesias, «Der EuGH und die Gerichte der Mitglierstaaten-Komponenten der richterlichen Gewalt in der Europaischen Union», *NJW*, 27 (2000), pp. 1889-1896.

Sobre as relações que esta coexistência organizada tende a desenvolver, cfr. J.H.H. Weiler, «The least-dangerous branch: a retrospective of the European Court of Justice in the arena of political integration», in *The Constitution of Europe*, 1999, Cambridge University Press, pp. 188-218 (192-197) e Olivier Dord, «Systèmes juridiques nationaux et Cours Européennes: de l'affrontement à la complementarité?», in *Pouvoirs*, n° 96 (Les Cours Européennes. Luxembourg et Strasbourg), pp. 5-18.

[18] Veja-se desde logo o acórdão de 5 de Fevereiro de 1963, Van Gend & Loos, 26/62, *Colectânea*, pp. 205. Relativizando a novidade que geralmente é associada a esta situação, cfr. Ole Spiermann, «The other side of the story: an unpopular essay on the making of the European Community legal order», 10 *European Journal of International Law* (1999), pp. 763-789. Sobre o ponto, e em contraposição a esta última interpretação, cfr. ainda J.H.H. Weiler, «The transformation of Europe» e «The autonomy of the community legal order: through the looking glass», in *The Constitution of Europe* (*cit. supra*, nota 17), pp. 10-110 e 286-323, respectivamente.

[19] Que podem evidentemente ser nacionais de outros Estados. Basta pensar no contencioso das medidas de defesa comercial, no âmbito do qual empresas sujeitas ao direito de Estados terceiros contestam a legalidade das medidas comunitárias que impõem direitos antidumping às suas exportações para as Comunidades. Ou no contencioso da responsabilidade, onde empresas não comunitárias procuram obter a reparação de danos que lhes teriam sido causados pelas Comunidades.

[20] Cfr., na sua versão actual (a que decorre do Tratado de Amesterdão), os artigos 220.° a 245.° do Tratado CE.

rio. O que redunda, aliás, na extensão à administração da justiça da aplicação de um princípio que vale para toda a administração no sistema comunitário: o princípio da administração indirecta que faz com que este sistema se sirva, para a prossecução dos seus objectivos e para a realização das tarefas que lhe são confiadas, dos órgãos já estabelecidos no seio dos Estados. Se assim acontece para a administração em geral, a simples aplicação desta ideia à administração da justiça justificava que aos tribunais nacionais fosse reconhecido um papel relevante no sistema jurisdicional comunitário.

Mas se a intervenção das jurisdições nacionais não podia ser afastada na configuração do sistema comunitário ela não poderia obviamente ser exclusiva. Com efeito, havia que garantir a unidade de aplicação do sistema jurídico no conjunto do espaço comunitário, sem a qual a simples possibilidade de prossecução dos objectivos das Comunidades quedava ameaçada. Daí a criação de uma jurisdição central – o Tribunal de Justiça – que, dotada de uma função própria, completava o sistema jurisdicional comunitário, constituindo um seu outro eixo que se vinha acrescentar ao formado pelo conjunto dos órgãos judiciais nacionais.

Era porém necessário que as funções respectivas de cada um destes dois ramos fossem definidas de uma forma clara e precisa. Para o efeito, os Tratados basearam-se numa linha de demarcação que, reconhecendo aos tribunais nacionais o estatuto de tribunais comuns do sistema comunitário, caracteriza a competência da jurisdição comunitária como uma competência de atribuição. O que significa que ela apenas se poderá exercer nas situações e para os efeitos previstos nos Tratados[21], sendo todas as controvérsias que aí se não insiram do domínio da competência dos tribunais nacionais. E pode dizer-se, atenta a estabilidade que vimos ter constituído a característica maior da disciplina dos Tratados referente ao sistema jurisdicional[22], que tal partilha se apresentou até aos nossos dias em termos praticamente idênticos.

Segundo a linha de demarcação estabelecida, o controlo do respeito do direito comunitário pelos particulares cabe exclusivamente aos tribunais nacionais e o Tribunal de Justiça apenas intervém na medida em que estes últimos a ele recorram, a título prejudicial, quando a aplicação do direito comunitário se defronte com questões relativas à interpretação das re-

---

[21] Vejam-se os artigos 226.º a 294.º do Tratado citado na nota anterior.
[22] Cfr., *supra*, n.º 1.

gras comunitárias e à validade dos actos de direito derivado[23]. Pelo contrário, compete à jurisdição comunitária assegurar o respeito do direito comunitário pelas instituiç ões comunitárias[24]. No que respeita, enfim, ao respeito do direito comunitário pelos Estados, o respectivo controlo cabe ao Tribunal de Justiça, quando for desencadeado pela Comissão[25], mas é da competência das jurisdições nacionais nos processos interpostos pelos particulares. Por último, a jurisdição comunitária pode ainda ser dotada da competência para estatuir quer, em virtude de cláusula compromissória, sobre contratos de direito privado celebrados pelas Comunidades ou por sua conta[26], quer, em virtude de um compromisso, sobre qualquer diferendo entre Estados-Membros que tenha conexão com o objecto dos Tratados[27].

Se esta primeira delimitação de competências se caracterizou como vimos pela sua estabilidade, outrotanto se não passou com uma outra, es-

---

[23] Cfr. o artigo 234.º do Tratado CE e o que escrevemos sobre o ponto em «Reenvio prejudicial e relacionamento entre ordens jurídicas na construção comunitária», em *Das Comunidades à União Europeia. Estudos de Direito Comunitário*, 2.ª edição, Coimbra, 1999, Coimbra Editora, pp. 213-237.

[24] Cfr. os artigos 229.º a 233.º, 235.º a 237.º e 241.º do Tratado CE. Estes preceitos regulam os recursos directos (de anulação e de omissão), as acções em responsabilidade (contratual e extracontratual) e a excepção de ilegalidade. Sobre estes institutos, mais em particular, cfr. Bruno Nascimbene-Luigi Daniele, *Il ricorso di annullamento nel Trattato Istitutivo della Comunità Europea*, Milano, 1998, Giuffrè Editore, Marianne Dony-Thierry Ronse, «Réflexions sur la specificité du recours en carence», *Cahiers de Droit Européen*, 36 (2000), pp. 595-636, Fausto Capelli-Maria Migliazza, «Recours en indemnité et protection des intérêts individuels: quels sont les changements possibles et souhaitables?», *ibidem*,, v. 31 (1995), pp. 585-640, Francisco Jesus Carrera Hernandez, *La exception de ilegalidad en el sistema jurisdicional comunitário*, Madrid, 1997, Mc-Graw Hill, Koen Lenaerts, «The Legal Protection of Private Parties under the EC Treaty: a coherent and complete system of judicial review?», *in Scritti in onore di Giuseppe Federico Mancini* – v. II – Diritto dell'Unione Europea, Milano, 1998, Giuffrè, pp. 591-623 e Moura Ramos, «Contrôle juridictionnel des actes des institutions communautaires», *in Cursos Euromediterráneos Bancaja de Derecho Internacional*, v. IV (2000), pp. 421-461.

[25] Cfr. os artigos 226.º a 228.º do Tratado CE. Sobre as características do processo para o efeito seguido, cfr. por último, C.W.A. Timmermans, «Judicial Protection against the Member States: Articles 169 and 177 revisited», *in Institutional Dynamics of European Integration. Essays in honour of Henry G. Schermers*, v. II (*cit. supra*, nota 8), pp. 391-407 e Maria Dolores Blázquez Peinado, *El procedimiento contra los Estados miembros por incumplimiento del derecho comunitario*, Castelló de la Plana, 2000, Publicacíons de la Universitat Jaume I.

[26] Cfr. o artigo 239.º do Tratado CE.

[27] Cfr. o artigo 240.º do Tratado CE.

tabelecida agora no interior da jurisdição comunitária, entre o Tribunal de Justiça e o Tribunal de Primeira Instância. Assim, após a fase inicial que revelaria a exclusividade do Tribunal de Justiça na jurisdição comunitária[28], a nova instância jurisdicional seria criada para permitir, por um lado, a instituição de um duplo grau de jurisdição que era visto, nos recursos que necessitavam de um exame aprofundado de factos complexos, como um meio de assegurar a protecção judicial dos particulares e, por outro lado, a concentração da actividade do Tribunal de Justiça na sua tarefa essencial, a interpretação uniforme do direito comunitário. Se a sua competência começou por ser restringida ao julgamento, em primeira instância e sem prejuízo de recurso ao Tribunal de Justiça, limitado às questões de direito, dos recursos introduzidos pelos agentes das instituições, dos recursos introduzidos por pessoas físicas e colectivas no domínio da concorrência no âmbito do Tratado CEE e de certos recursos introduzidos por empresas e associações no âmbito do Tratado CECA[29], bem como das acções de indemnização com eles conexas[30], em breve seria alargada, de acordo aliás com a previsão do legislador[31], e face à avaliação positiva da experiência adquirida[32], a todos os recursos ou acções introduzidas por pessoas físicas ou colectivas no domínio de aplicação dos Tratados CECA, CEE e CEEA[33].

---

[28] E que durou, como vimos (*supra*, nota 10), até 1989.

[29] Os relativos às restituições, à produção, aos preços, aos acordos entre empresas e às concentrações.

[30] Veja-se o artigo 3.°, parágrafos 1 e 2 da Decisão citada *supra*, na nota 1.

[31] Veja-se o artigo 3.°, parágrafo 3, da decisão referida na nota anterior.

[32] Sobre esta experiência, vejam-se sobretudo Cruz Vilaça-Pais Antunes, «Le démarrage d'une nouvelle juridiction communautaire. Le Tribunal de première instance un an après», *in L'Europe et le Droit. Mélanges en hommage à Jean Boulouis,* Paris, 1991, Dalloz, pp. 47-94, Bo Vesterdorf, «The Court of First Instance of the European Communities after two full years in operation», 29 *Common Market Law Review* (1992), pp. 887-915, Van der Woude, «Le Tribunal de première instance. 'Les trois premières années'», *Revue du Marché Unique européen* (1992), pp. 113-157 e Neville Brown, «The First Five Years of the Court of First Instance and Appeals to the Court of Justice: Assessment and Statistics», 32 *Common Market Law Review* (1995), pp. 743-761

[33] Cfr. a decisão do Conselho 93/350/Euratom/CECA/CEE, de 8 de Junho de 1993, modificativa da Decisão 88/591 (*in JOCE* L, 144, de 16 de Setembro de 1993, pp. 21-22). Saliente-se que o artigo 3.° desta decisão reportava a uma data ulterior a sua entrada em vigor no que respeita aos recursos relativos às medidas de defesa comercial tomadas em caso de dumping e às subvenções, no âmbito dos Tratados CECA e CEE. Tal data seria fixada em 15 de Maio de 1994 pelo artigo primeiro da Decisão do Conselho 94/149, CECA, CE, de 7 de Março de 1994, modificativa da Decisão 93/350 (*in JOCE* L, 66, de 10 de Maio de 1994, p. 29).

O critério de repartição de competências entre o Tribunal de Justiça e o Tribunal de Primeira Instância caracteriza-se assim, na actualidade, pela sua clareza e simplicidade, uma vez que se ao primeiro está reservado o julgamento dos recursos e acções introduzidos pelos Estados e pelas instituições, para além das questões prejudiciais, já ao segundo incumbe pronunciar-se em primeira linha sobre os recursos e acções introduzidos pelos particulares.

Se a criação do Tribunal de Primeira Instância permitiu de facto que o Tribunal de Justiça se concentrasse nos aspectos essenciais da actividade jurisdicional comunitária, o certo é que os efeitos desta reforma como que se esgotariam em breve, vindo os dois órgãos jurisdicionais a defrontar-se em breve com dificuldades semelhantes às que o Tribunal de Justiça conhecera anteriormente à criação do Tribunal de Primeira Instância. O aumento do volume de processos que esteve na sua origem[34] resultou em parte da inserção de novas áreas do direito na competência da jurisdição comunitária. Assim, o contencioso relativo aos direitos de propriedade industrial foi atribuído ao Tribunal de Primeira Instância, sujeito a recurso para o Tribunal de Justiça, no que respeita aos recursos interpostos contra as decisões do Instituto de Harmonização do Mercado Interno (marcas e patentes, desenhos e modelos) e do Instituto Comunitário das Variedades Vegetais[35], o mesmo acontecendo com o decorrente do direito de acesso dos cidadãos aos documentos detidos pelas instituições comunitárias[36].

---

[34] E que se pode ilustrar com a duplicação, em sete anos, do número de processos entrados no Tribunal de Primeira Instância (de 1992 a 1998) e no aumento de 87%, em nove anos, dos reenvios prejudiciais entrados no Tribunal de Justiça (de 1990 a 1998).

[35] Cfr. o artigo 63.º do Regulamento n.º 40/94, do Conselho, de 20 de Dezembro de 1993 sobre a marca comunitária e *JOCE* L, 11, de 14 de Janeiro de 1994, p. 1 e o artigo 130 do Regulamento de Processo do Tribunal de Primeira Instância, tal como alterado a 6 de Julho de 1995 (*JOCE*, L, 172, de 22 de Julho de 1995, p. 3) e Hans Jung, «Gemeinschaftsmarke und Rechtsschutz», *in Festschrift für Ulrich Everling* (*cit. supra*, nota 16), pp. 611-628; e o artigo 73.º do Regulamento n.º 2100/94, do Conselho, de 27 de Julho de 1994, relativo ao regime comunitário de protecção das variedades vegetais (*JOCE* L, 227, de 1 de Setembro de 1994, p. 1).

[36] Situando este direito num contexto mais geral, no plano da ordem jurídica comunitária, cfr. Hans Ragnemalm, «Démocratie et transparence. Sur le droit général d'accès des citoyens de l'Union européenne aux documents detenus par les institutions européennes», *in Scritti in onore di Giuseppe Federico Mancini*, v. II-*Dirittto dell'Unione Europea*, (*cit. supra*, nota 24), pp. 809-830, Roberto Viciano Pastor, «Publicité et accès aux documents officiels dans les institutions de l'Union européenne avant et après le Traité d'Amsterdam», *in Mélanges en hommage à Michel Waelbroeck*, v. I, (*cit. supra*, nota 8), pp. 649-681, Bo Vesterdorf, «Transparency – Not just a vogue word», *in* 22 *Fordham*

E o Tratado de Amesterdão, não só comunitarizou matérias até então inseridas no domínio da cooperação intergovernamental organizada no seio da União Europeia[37], assim sujeitando os actos aprovados a esse propósito ao controlo do Tribunal de Justiça, como permitiria o alargamento da fiscalização judicial exercida por esta instituição aos actos praticados no domínio da cooperação policial e judiciária em matéria penal[38], o sector da anterior cooperação em matéria de justiça e assuntos internos que não foi objecto de

---

International Law Journal (1999), pp. 902-929, *maxime* 913-924 e D.M. Curtin, «Citizens fundamental right of acess to EU information: An evolving digital *passepartout*?», 37 *Common Market Law Review* (2000), pp. 7-41.

Para um balanço da actividade do Tribunal de Primeira Instância e dos desafios a que foi sujeita, cfr., por último, Juan Manuel de Faraminan Gilbert, «Evolucíon y ampliacíon de competencias del Tribunal de Primera Instancia y la Conferencia Intergubernamental de 1996», *Gaceta Juridica de la C.E.*, 1996, pp. 301-366, Paolo Mengozzi, «Le Tribunal de première instance des Communautés européennes et la protection juridique des particuliers» *Il diritto dell'Unione Europea*, v. 4 (1999), pp. 181-205, Koen Lenaerts, «Le Tribunal de première instance des Communautés européennes: Regard sur une décennie d'activités et sur l'apport du double degré d'instance au droit communautaire, v. 36 (2000), pp. 323-411, o balanço de dez anos de protecção jurisdicional dos particulares inserido em *Le Tribunal de première instance des Communautés européennes*, Luxembourg, 2000, pp. 13-76, Emmanuel Coulon, «L'indispensable réforme du Tribunal de première instance des Communautés européennes», *Revue des Affaires Européennes*, 2000, pp. 254-266, Christopher Bellamy, «The Court of First Instance: A day in the life of a judge», *in Judicial Review in European Union Law*, (*cit. supra*, nota 7), 81-96, Koen Lenaerts, «The European Court of First Instance: Ten years of interaction with the Court of Justice», *ibidem*, pp 97-116 e Pernilla Lindh, «The Court of First Instance: Meeting the challenge», *in The Future of the Judicial System of the European Union*, (*cit. supra*, nota 8), pp. 13-18.

[37] Em matéria de justiça e assuntos internos, veja-se o novo Título IV do Tratado CE, relativo aos visas, asilo, imigração e outras políticas ligadas à livre circulação de pessoas (artigos 61.° e 69.°), introduzido pelo Tratado de Amesterdão, que prevê o estabelecimento de um espaço de liberdade, segurança e justiça. Sobre este conceito, cfr. Henri Labayde, «Un espace de liberté, de sécurité et de justice», 33 *Revue trimestrielle de droit européen* (1997), pp. 105-173, Kay Hailbronner, «European Immigration and Asylum Law under the Amsterdam Treaty», 35 *Common Market Law Review* (1998), pp. 1047-1067 e, entre nós, Anabela Miranda Rodrigues, «O papel dos sistemas legais e a sua harmonização para a erradicação das redes de tráfico de pessoas», 21 *Revista do Ministério Público* (2000), pp. 15-29.

Para a situação anterior, cfr. Peter-Christian Müller-Graf, «Die Europaische Zusammenarbeit in den Bereichen Justiz und Inneres (JIZ). Verbindungen und spannungen zwischen dem dritten Pfeiler der Euroäischen Union und der Europäischen Gemeinschaft», *in Festschift für Ulrich Everling*, v. II (*cit. supra*, nota 16), pp. 925-944.

[38] Veja-se o artigo 35.° do Tratado da União Europeia, tal como ficou após o Tratado de Amesterdão.

comunitarização. Por outro lado, diversas convenções assinadas no âmbito desta cooperação prevêem igualmente a competência interpretativa do Tribunal de Justiça, a título prejudicial, em relação às suas disposições. E o reforço da União Monetária, com a possibilidade de imposição de sanções aos particulares acarreta igualmente um aumento do contencioso.

Face a este complexo de situações que, a manter-se a tendência anterior, apenas poderia conduzir ao alargamento da duração dos processos introduzidos na jurisdição comunitária[39] e ao aumento do número daqueles que nas duas instâncias aguardam decisão[40], importa agora indagar quais os princípios directores de uma reforma destinada a inverter este estado de coisas.

3. Afigura-se-nos que uma preocupação essencial que deverá nortear qualquer iniciativa de reforma do sistema jurisdicional comunitário seja a de manter a lisibilidade do sistema e a sua compreensão pelos destinatários. Para além de ser transparente, este deverá garantir a aplicação uniforme da ordem jurídica comunitária no território onde se exerce a sua actuação, assegurar a protecção judiciária aos diversos actores envolvidos no processo de integração e fazê-lo de forma tanto quanto possível pronta e eficaz[41].

Em sede de garantia da aplicação uniforme do direito comunitário, o processo do reenvio prejudicial[42] não pode deixar de se considerar es-

---

[39] Duração que já atingiu hoje, em média, valores próximos dos 21 meses no Tribunal de Justiça e 30 meses no Tribunal de Primeira Instância.

[40] E que era, em 30 de Setembro de 2001, de 961 no Tribunal de Justiça e de 735 no Tribunal de Primeira Instância.

[41] No mesmo sentido, veja-se Josef Azizi, «Die Reform der Gerichtsbarkeit der Europaïschen Gemeinschaften im Lichte der aktuellen Entwicklung», *in Volker- und Europarecht*, 25 Osterreichischer Volkerrechtstag, Wien, 2001, Verlag Osterreich, pp. 167-190, p. 168.

[42] Sobre este mecanismo veja-se, por último, Koen Lenaerts, «Form and substance of the preliminary rulings procedure», *in Institutional Dynamics of European Integration. Essays in honour of Henry G. Schermers*, v. II (*cit. supra*, nota 8), pp. 355-380, B.H. ter Kuile, «To refer or not to refer: about the last paragraph of Article 177 of the EC Treaty» *ibidem*, pp. 381-389, Manfred A. Dauses, «Aufgabenteilung und judizieller Dialog zwischen den einzelstaatlichen Gerichten und dem EuGH als Funktionselemente des Vorabentscheidungsverfahrens», *in Festschrift für Ulrich Everling*, v. I (*cit. supra*, nota 16), pp. 223-243, Georges Vandersanden, «La procédure préjudicielle: à la recherche d'une identité perdue», *in Mélanges en hommage à Michel Waelbroeck*, v. I, (*cit. supra*, nota 8), pp. 619-648, David O'Keefe, «Is the spirit of Article 177 under attack? Preliminary references and admissibility», *in Scritti in onore di Giuseppe Federico Mancini* – v. II – Diritto dell'Unione Europea (*cit. supra*, nota 24), pp. 695-729, David Edward, «Reform of Article 234 Procedure: The Limits of the Possible", *in Judicial Review in European Union Law* (*cit. supra*, nota 7), pp. 119-142 e Giorgio Gaja, «The Growing Variety of Procedures concerning Preliminary Rulings», *ibidem*, pp. 143-152.

sencial para o sistema, sobretudo nas vésperas de um alargamento particularmente vasto que quase duplicará o número de Estados-Membros da Comunidade. Não parece pois que se deva limitar a eficácia e a centralidade deste mecanismo, mantendo-se pelo contrário as obrigações que hoje impendem sobre o juiz nacional[43] assim como o direito de, independentemente da sua posição na estrutura judiciária nacional, desencadear a sua actuação[44]. Mas, uma vez que a aplicação uniforme do direito comunitário parece não se revestir de igual essencialidade e relevo em todos os sectores do ordenamento comunitário, poderá admitir-se que ela deixe de estar centralizada no Tribunal de Justiça, desde que continue a pertencer ao âmbito de competência da jurisdição comunitária.

Quanto aos recursos directos, cremos que se deve manter a linha de evolução iniciada com a instituição do Tribunal de Primeira Instância em 1989, fazendo deste órgão jurisdicional a jurisdição comunitária de direito comum, com a eventual excepção de alguns recursos ou acções particularmente sensíveis que poderiam continuar a constituir competência exclusiva do Tribunal de Justiça[45]. Também se deveriam introduzir limites

---

[43] Quer a de não se pronunciar pela invalidade de um acto comunitário sem recorrer ao processo prejudicial (acórdão de 22 de Outubro de 1987, Fotofrost/Hauptzollamt Lübeck-Ost, 314/85, *Colectânea*, p. 4199, pontos 15 a 20), quer a de, quando as decisões não são susceptíveis de recurso jurisdicional na ordem interna, utilizar aquele procedimento, independentemente de tal ser suscitado pelas partes e desde que o considere necessário para proferir a respectiva decisão; tal obrigação só não existirá pois ou quando ele constate que a questão suscitada não é pertinente ou que a disposição comunitária já foi objecto de uma interpretação pelo Tribunal de Justiça ou que a aplicação correcta do direito comunitário se impõe com tal evidência que não deixa lugar a dúvida razoável. Tal eventualidade deve ser avaliada em função das caraterísticas próprias do direito comunitário, das dificuldades que apresenta a sua interpretação e do risco de divergências de interpretação no interior da Comunidade (acórdão de 6 de Outubro de 1982, CILFIT/Ministério da Saúde, 283/81, *Recueil*, p. 3415, pontos 9-21).

[44] Direito que não existe actualmente para as jurisdições nacionais cujas decisões são susceptíveis de um recurso jurisdicional de direito interno, no que respeita às disposições dos actos comunitários aprovados com base no Título IV do Tratado CE (vistos, asilo, imigração e outras pol íticas relativas à livre circulação de pessoas). No que toca aos actos que se baseiam no Título VI do Tratado da União Europeia (que cont ém as disposições relativas à cooperação policial e judiciária em matéria penal), o artigo 35.° deste Tratado permite igualmente aos Estados que aceitem a competência prejudicial do Tribunal de Justiça que restrinjam a faculdade de proceder ao reenvio prejudicial às jurisdições cujas decisões n ão sejam susceptíveis de recurso jurisdicional de direito intenro [parágrafo 3, alínea a)].

[45] Seria o caso das acções por incumprimento (artigos 226.° a 228.° do Tratado CE), dos recursos relativos às decisões tomadas pelo Conselho a propósito da existência, em alguns Estados, de défices orçamentais excessivos (artigo 104.°, parágrafos 11 e 12 do mesmo Tratado), da suspensão dos direitos decorrentes do Tratado para um Estado-Membro em con-

ao julgamento, pelo Tribunal de Justiça, dos recursos das decisões do Tribunal de Primeira Instância[46] podendo para o efeito instituir-se um sistema de filtragem.

A concentração no Tribunal de Primeira Instância da competência para a grande maioria dos recursos directos deveria ser acompanhada da libertação deste órgão jurisdicional da competência para o julgamento de certos blocos de contencioso especializados como o da função pública comunitária e o do direito da propriedade industrial, que poderiam ser atribuídos a câmaras (eventualmente de natureza jurisdicional) especializadas de cujas decisões poderia posteriormente haver recurso para aquele órgão jurisdicional[47].

Enfim, em sede de composição dos tribunais comunitários, as transformações referidas poderiam conduzir a um aumento do número de juízes do Tribunal de Primeira Instância que, pela circunstância de trabalhar essencialmente em secções, não conhece limites particulares ao respectivo

---

sequência da verificação, nos termos do artigo 7.º, de uma violação grave e persistente, por esse Estado, de algum dos princípios consagrados no artigo 6.º do Tratado (artigo 309.º, parágrafo 2) e da autorização da instituição de uma cooperação reforçada entre certos Estados-Membros (artigo 11.º, parágrafo 2), bem como da competência consultiva relativa ao exercício, pela Comunidade, do *treaty making power* (artigo 300.º, parágrafo 6). Saliente-se no entanto a dificuldade de reconduzir a um critério claro e simples o conjunto de hipóteses aqui elencadas.

[46] Actualmente o recurso é possível, no prazo de dois meses a contar da respectiva notificação, em relação a todas as decisões do Tribunal de Primeira Instância que ponham termo à instância bem como às decisões que apenas se pronunciem parcialmente sobre o mérito da causa ou que ponham termo a um incidente processual relativo a uma excepção de incompetência ou de inadmissibilidade (artigo 49.º do Estatuto do Tribunal de Justiça). No mesmo prazo podem ser atacadas as decisões que ordenem a suspensão de um acto cuja anulação haja sido pedida perante o Tribunal de Primeira Instância ou que ordenem medidas provisórias. Pelo contrário, as decisões do Tribunal de Primeira Instância que indeferiram um pedido de intervenção só podem ser atacadas no prazo de duas semanas a contar da notificação da respectiva decisão (artigo 50.º do mesmo Estatuto). Em qualquer caso, o recurso é limitado às questões de direito e apenas pode ter por fundamento a incompetência do Tribunal de Primeira Instância, irregularidades processuais perante este Tribunal que prejudiquem os interesses do recorrente, bem como violação do direito comunitário por este Tribunal. O recurso é excluído em matéria de despesas (*ibidem*, artigo 51.º).

Para uma avaliação deste mecanismo, cfr. Melchior Wathelet, «Le contrôle sur pourvoi de la Cour de Justice des Communautés européennes, dix ans après la création du Tribunal de Première Instance», in *Mélanges en hommage à Fernand Schockweiler*, Baden-Baden, 1999, Nomos Verlagsgesellschaft, pp. 605-633.

[47] Como acontece já hoje em matéria de marcas, ainda que a natureza das câmaras de recurso estabelecidas pelo Regulamento n.º 40/94 (artigo 130.º) não tenha sido precisada.

alargamento. Ao contrário do Tribunal de Justiça que, funcionando com alguma frequência como tribunal pleno, não poderá ver aumentado indefinidamente o número dos seus membros.

4. Vejamos agora quais as alterações decorrentes do Tratado de Nice, no que respeita ao desenho do sistema jurisdicional comunitário[48].

A primeira consta da redacção proposta para o novo artigo 220.º onde se encontra a definição dos órgãos que integram a jurisdição comunitária e que se afasta nitidamente da versão actual do mesmo artigo onde a função de garantia do respeito do direito na interpretação e aplicação do Tratado é ainda reconhecida, em exclusivo, ao Tribunal de Justiça. O novo texto, para além de reconhecer, no parágrafo 1, que o Tribunal de Justiça e o Tribunal de Primeira Instância partilham, no âmbito das respectivas competências, esta responsabilidade, prevê ainda, no parágrafo 2, que ao Tribunal de Primeira Instância poderão ser adstritas, nas condições do artigo 225.º-A, câmaras jurisdicionais que, em certos domínios específicos, exercerão as competências jurisdicionais previstas no Tratado. Para além de se reconhecer assim expressamente[49] a actual natureza bifronte da jurisdição comunitária, antecipa-se, de forma muito clara a sua expansão, pela criação de novas instâncias nela integradas.

Passando agora aos três estamentos que passarão a constituir a jurisdição comunitária, há que reconhecer que o Tratado de Nice não apresenta grandes inovações a propósito do Tribunal de Justiça. Em sede de constituição, o artigo 221.º precisa, numa fórmula que poderá dispensar alterações por ocasião dos novos alargamentos, que o Tribunal de Justiça é composto de um juiz por Estado-Membro e, invertendo a situação actual, prescreve que ele se reúne em secções ou em grande secção, em conformidade com as regras previstas para o efeito no seu Estatuto, podendo igualmente reunir em tribunal pleno quando este documento assim o pre-

---

[48] Sobre este ponto podem ver-se Manuel López Escudero, «Modificaciones del Tratado de Niza en el sistema jurisdicional comunitário», in Boletín Europeo de la Universidad de La Rioja, (cit. supra, nota 3), pp. 27-40, Angus Johnston, «Judicial reform and the treaty of Nice», 38 Common Market Law Review (2001), pp. 499-523, Alan Dashwood-Angus Johnston, «The Outcome at Nice», in The Future of the Judicial System of the European Union (cit. supra, nota 8), pp. 219-268 e Ulrich Everling, «Zur Fortbildung der Gerichtsbarkeit der Europaischen Gemeinschaften durch den Vertag von Nizza», in Tradition und Weltoffenheit des Rechts. Festschrift für Helmut Steinberger, Heidelberg, 2002, Springer, pp. 1103-1127.

[49] Ao contrário do que actualmente sucede com o artigo 7.º do Tratado CE onde se faz o elenco das instituições comunitárias.

veja[50]. Por outro lado, o artigo 222.° continua a prever que o Tribunal de Justiça será assistido por oito advogados-gerais[51] a quem cabe, como até aqui, apresentar publicamente, com toda a imparcialidade e independência, conclusões fundamentadas sobre as causas que, nos termos do Estatuto do Tribunal de Justiça, requeiram a sua intervenção[52]. Enfim, o artigo

---

[50] Saliente-se que, anteriormente, o princípio era a reunião em tribunal pleno (que era obrigatória sempre que um Estado-Membro ou uma instituição da Comunidade que seja parte na instância assim o solicitar – solução que é mantida no artigo 16.°, pará grafo 3 do Estatuto respectivo) ainda que o Tribunal de Justiça possa criar secções constituídas por três, cinco ou sete juízes, quer para procederem a certas diligências de instrução quer para julgarem certas categorias de causas.

Acrescente-se que, de acordo com o novo artigo 16.° do Estatuto, os presidentes das secções são eleitos pelos seus pares mas o mandato dos presidentes das secções de cinco juízes passa a ser de três anos, admitindo-se a reeleição por um novo mandato (até agora era de um ano). Já a grande secção (constituída por onze juízes) será presidida pelo Presidente do Tribunal e integrará, além dos presidentes das secções de cinco juízes, outros juízes designados nas condições estabelecidas pelo Regulamento de Processo. O Tribunal reúne em grande secção sempre que um Estado-Membro ou uma Instituição das Comunidades que seja parte no litígio assim o solicite e, em tribunal pleno, quando lhe seja apresentado um requerimento em aplicação de determinados preceitos de direito primário (o n.° 2 do artigo 195.°, o n.° 2 do artigo 213.°, o artigo 216.° ou o n.° 7 do artigo 247.° do Tratado CE, e o n.° 2 do artigo 107.°-D, o n.° 2 do artigo 126.°, o artigo 129.° e o n.° 7 do artigo 160.°-B do Tratado CEEA) ou quando remeter a esta formação, ouvido o advogado-geral, uma causa que considerar de excepcional importâ ncia.

Por último, note-se que o novo artigo 17.° do Estatuto refere o *quorum* necessário para as várias formações de julgamento poderem deliberar.

[51] Como até agora, este número pode ser aumentado pelo Conselho, por deliberação unanimitária. Sobre esta instituição, cfr. por último, Carl Otto Lenz, «Das Amt des Generalanwalts am Europäischen Gerichtshof», in *Festschrift für Ulrich Everling*, v. I (*cit. supra*, nota 16), pp. 719-727, Damaso Ruiz-Jarabo Colomer, «L'institution de l'avocat général à la Cour de Justice des Communautés Européennes», in *Mélanges en hommage à Fernand Schockweiler* (*cit. supra.*, nota 46), pp. 523-550 e Francis G. Jacobs, «Advocate General and Judges in the European Court of Justice: Some Personal Reflections», in *Judicial Review in European Union Law. Liber amicorum in honour of Lord Slynn of Hadley* (*cit. supra*, nota 7), pp. 17-28 e Florence Benoît-Rohmer, «L'affaire Emesa Sugar: l'institution de l'avocat général de la Cour de Justice des Communautés Européennes à l'épreuve de la jurisprudence Vermeulen de la Cour Européenne des Droits de l'Homme», 37 *Cahiers de Droit Européen* (2001), pp. 403-426..

[52] Anteriormente (artigo 222.°, parágrafo 2) o advogado-geral apresentava as suas conclusões «nas causas submetidas ao Tribunal de Justiça». A maior flexibilidade da nova redacção encontra eco no parágrafo 5 do artigo 20.° do Estatuto, onde se estabelece que quando considerar que se não suscita questão de direito nova o Tribunal pode, ouvido o advogado-geral, decidir que a causa seja julgada sem conclusões do advogado-geral.

223.º mantém os requisitos para a designação dos ju ízes e advogados-gerais do Tribunal de Justiça[53], a regra da sua substituição parcial de três em três anos[54], e a possibilidade de renovação dos mandatos, e continua a cometer aos juízes a escolha do Presidente, e ao Tribunal a nomeação do respectivo secretário e o estabelecimento do respectivo estatuto. Insere igualmente a regra, até agora constante do artigo 245.º, parágrafo 3.º, que consagra o poder do Tribunal de Justiça de elaborar o seu regulamento de processo, que deverá no entanto ser aprovado pelo Conselho por maioria qualificada[55].

Já quanto ao Tribunal de Primeira Instância, as alterações são de maior relevo, se não tanto quanto à composição e funcionamento sobretudo a propósito da respectiva competência. Assim, em sede de composição, o artigo 224.º passa a prever que nele terão assento pelo menos um juiz por Estado-Membro, sendo o respectivo número fixado pelo Estatuto do Tribunal de Justiça que pode igualmente prever que ele seja assistido por advogados-gerais (parágrafo 1)[56]. Por outro lado, mantém-se as condições de designação e o regime do mandato dos membros (parágrafo 2)[57], assim como o poder do Tribunal de, de acordo com o Tribunal de Justiça, estabelecer o seu regulamento de processo que é submetido à aprovação do Conselho deliberando por maioria qualificada (parágrafo 5)[58], prevê-se, à semelhança do Tribunal de Justiça, que os juízes designem entre si, por um período de três anos, o respectivo presidente, que poderá ser reeleito (parágrafo 3), e que o Tribunal nomeie o respectivo secretário e estabeleça

---

[53] Serem personalidades que ofereçam todas as garantias de independência e que reúnam as condições exigidas, nos respectivos países, para o exercício das mais altas funções jurisdicionais ou que sejam juristas de reconhecida competência. A nomeação continua a fazer-se de comum acordo, por seis anos, pelos Governos dos Estados-Membros.

[54] Que, todavia, passa a fazer-se nos termos previstos no Estatuto (artigo 9.º).

[55] Artigo 223.º, parágrafo 6. Na actualidade, exige-se a aprovação por unanimidade.

[56] O aumento possível do número de juízes do Tribunal de Primeira Instância (o artigo 48.º do Estatuto continua presentemente a falar em quinze juízes) assim como a expressa previsão de advogados-gerais resultam do aumento das competências deste órgão judicial e da respectiva importância.

[57] Os membros serão escolhidos de entre pessoas que ofereçam todas as garantias de independência e possuam a capacidade requerida para o exercício de altas funções jurisdicionais; são nomeados de comum acordo por seis anos, pelos Governos dos Estados-Membros. De três em três anos tem lugar uma substituição parcial e os membros cessantes podem ser nomeados de novo.

[58] Presentemente, ainda se requer, tal como acontece com a aprovação do Regulamento de Processo do Tribunal de Justiça (cfr. *supra*, nota 55), a unanimidade a este propósito.

o respectivo estatuto (parágrafo 4)[59], e continua a dispor-se que salvo disposição em contrário do Estatuto do Tribunal de Justiça[60] se aplicam ao Tribunal de Primeira Instância as disposições do Tratado relativas ao Tribunal de Justiça (parágrafo 6).

Mas é a propósito da competência que as modificações assumem maior relevância. Assim, o parágrafo 1 do artigo 225.° dispõe que o Tribunal é competente para conhecer em primeira instância dos recursos referidos nos artigos 230.° (recurso de anulaç ão), 232.° (recurso por omissão), 235.° (acções de indemnização), 236.° (litígios relativos à função pública comunitária) e 238.° (litígios em que a competência da jurisdição comunitária resulta de uma cláusula compromissória constante de um contrato de direito público ou de direito privado, celebrado pela Comunidade ou por sua conta), com excepção dos atribuídos a uma câmara jurisdicional e dos que o Estatuto reservar para o Tribunal de Justiça[61]. Em matéria de recursos directos a competência parece assim ser de vocação geral, salva a específica atribuição ao Tribunal de Justiça ou a uma câmara jurisdicional, o que é confirmado pela previsão expressa de que o Estatuto pode atribuir competência ao Tribunal para outras categorias de recursos[62]. Como até

---

[59] Esta última regra constava anteriormente do artigo 45.°, parágrafo 1, do Estatuto do Tribunal de Justiça. Quanto à relativa à presidência do Tribunal, ela encontrava-se no artigo 7.°, parágrafo 1, do Regulamento de Processo do Tribunal de Primeira Instância, constituindo a passagem destas regras para o Tratado uma harmonização com o que se passa com as disposições semelhantes relativas ao Tribunal de Justiça.

[60] Uma destas disposições é o artigo 49.°, nos termos do qual os membros do Tribunal de Primeira Instância podem ser chamados a exercer as funções de advogado-geral sobre algumas das causas submetidas a esta jurisdição não podendo em consequência participar na elaboração do acórdão respeitante a essa causa.

Por outro lado, o artigo 50.° dispõe que o Tribunal de Primeira Instância funciona por secções, compostas por três ou cinco juízes. Os presidentes das secções são eleitos pelos seus pares, como no Tribunal de Justiça, sendo a eleiç o dos presidentes das secções de cinco juízes por três anos, e admitindo-se a possibilidade de uma reeleição. O mesmo preceito admite ainda que o Regulamento de Processo possa prever que o Tribunal de Primeira Instância reúna em grande secção, nos casos e condições nele previstos.

[61] Saliente-se que o artigo 51.° do Estatuto do Tribunal de Justiça (que integra igualmente o direito primário uma vez que a sua autoria pertence aos Estados-Membros) atribui ao Tribunal de Justiça competência para julgar as acções propostas e os recursos interpostos pelos Estados-Membros, pelas Instituições das Comunidades e pelo Banco Central Europeu.

[62] Cfr. o artigo 225.°, parágrafo 1, primeira frase, *in fine*.

Pela Declaração n.° 12 a Conferência convida o Tribunal de Justiça e a Comissão a proceder com a maior brevidade a um exame de conjunto da repartição de competências entre o Tribunal de Justiça e o Tribunal de Primeira Instância, em especial em matéria de recursos directos, e a apresentar propostas adequadas a fim de serem analisadas pelas

agora acontecia, as decisões a este propósito proferidas pelo Tribunal de Primeira Instância podem ser objecto de recurso para o Tribunal de Justiça limitado às questões de direito, nas condições e limites previstos no Estatuto[63].

Como consequência da criação das câmaras jurisdicionais, o parágrafo 2 do artigo 225.º reconhece ao Tribunal de Primeira Instância a competência para conhecer dos recursos interpostos contra as decisões que estas venham a proferir. O Tribunal de Primeira Instância passa assim a constituir uma segunda instância de julgamento. Mas admite-se a reapreciação a título excepcional pelo Tribunal de Justiça, nas condições e limites previstos no Estatuto, caso exista grave lesão da unidade ou da coerência do direito comunitário, das decisões que aquele órgão venha a proferir[64].

Por outro lado desaparece o limite actualmente constante da última frase do parágrafo 1 do artigo 225.º, e o parágrafo 3 do artigo 225.º reconhece expressamente ao Tribunal de Primeira Instância competência para conhecer das questões prejudiciais, submetidas por força do artigo 234.º, em matérias específicas determinadas pelo Estatuto. Admite-se contudo que, se considerar que a causa exige uma decisão de princípio susceptível de afectar a unidade ou a coerência do direito comunitário, o Tribunal de Primeira Instância possa remetê-la ao Tribunal de Justiça para que este delibere sobre ela. E prevê-se igualmente, e nas mesmas condições que na hipótese das decisões proferidas relativamente aos recursos interpostos das decisões das câmaras jurisdicionais[65], a possibilidade de reapreciação[66] destas decisões pelo Tribunal de Justiça[67].

---

instâncias competentes logo que entre em vigor o Tratado de Nice. Correspondendo a este convite, o Tribunal de Justiça, em concertação com o Tribunal de Primeira Instância, propôs que ficassem reservadas ao Tribunal de Justiça apenas os recursos de anulação ou de omissão apresentados por um Estado-Membro, uma instituição ou o Banco Central Europeu nos quais sejam requeridos o Parlamento, o Conselho ou o Parlamento e o Conselho assim como os recursos interinstitucionais dirigidos contra os actos ou abstenções da Comissão ou do Banco Central Europeu. Na discussão entretanto desencadeada, e que ainda decorre no momento em que escrevemos, a Comissão manifestou reservas ao critério baseado na qualidade do requerido, que não garantiria no seu entender que se mantivessem na competência do Tribunal de Justiça todos os processos de particular importância.

[63] Cfr. a redacção do artigo 225. º, parágrafo 1, segunda frase.

[64] Cfr. o artigo 225.º, parágrafo 2, segunda frase.

[65] Isto é, a título excepcional, nas condições e limites previstos no Estatuto, caso exista risco grave de lesão da unidade ou da coerência do direito comunitário. A verificação da existência desta condição cabe, nos termos do artigo 62.º do Estatuto, ao primeiro advogado-geral a quem compete propor ao Tribunal de Justiça que reaprecie a decisão do Tribunal de Primeira Instância. A proposta deve ser apresentada no prazo de um mês

Com o novo artigo 225.°-A, parágrafo 1, o Tratado passa a permitir ao Conselho, a criação, através de deliberação unanimitária e mediante proposta da Comissão e após consulta ao Parlamento Europeu e ao Tribunal de Justiça, ou do Tribunal de Justiça e após consulta ao Parlamento Europeu e à Comissão, de câmaras jurisdicionais encarregadas de conhecer em primeira instância certas categorias de recursos em matérias específicas[68]. A decisão que cria a câmara jurisdicional, prescreve o parágrafo 2, fixará as regras relativas à composição dessa câmara e especificará o âmbito das competências que lhe forem conferidas. Por outro lado, e segundo o parágrafo 3, as decisões destas instâncias podem ser objecto de recurso para o Tribunal de Primeira Instância limitado às questões de direito ou, quando tal estiver previsto na decisão que cria a câmara, que incida também sobre as questões de facto.

O parágrafo 4 sujeita a designação dos membros das câmaras jurisdicionais a uma decisão unanimitária do Conselho que terá de incidir sobre pessoas que ofereçam todas as garantias de independência e possuam a capacidade requerida para o exercício de funções jurisdicionais. E reconhece-se ainda às novas instâncias o poder de elaborarem, de acordo com

---

a contar da data em que tiver sido proferida a decisão deste órgão jurisdicional. E o Tribunal de Justiça decide, no prazo de um mês a contar da recepção da proposta apresentada pelo primeiro advogado-geral, se a decisão deve ou não ser reapreciada.

[66] Tendo a Conferência acrescentado, na Declaração n.° 15, que, nos casos excepcionais em que decida reapreciar uma decisão do Tribunal de Primeira Instância em matéria prejudicial o Tribunal de Justiça deve deliberar por procedimento de urgência.

[67] Refira-se que a Declaração n.° 14 aprovada pela Conferência prevê que, ao adoptar as disposições do Estatuto necessárias à execução dos parágrafos 2 e 3 do artigo 255.° (relativos, respectivamente, à competência para conhecer dos recursos interpostos contra as decisões das câmaras jurisdicionais e à competência para conhecer de questões prejudiciais), o Conselho deverá criar um procedimento que garanta que o funcionamento concreto destas disposições seja avaliado, o mais tardar, três anos após a entrada em vigor do Tratado de Nice.

[68] Saliente-se que por uma Declaração (16.ª) respeitante ao artigo 225.°-A do Tratado CE, a Conferência solicita ao Tribunal de Justiça e à Comissão (instituições a quem é reconhecido o direito de iniciativa no que toca às alterações do Estatuto do Tribunal de Justiça – vide o artigo 245.°) que preparem com a maior brevidade um projecto de decisão que crie uma câmara jurisdicional competente para decidir em primeira instância os litígios entre a Comunidade e os seus agentes (cfr., a propósito, Timothy Millett, «Staff cases in the Judicial Architecture of the Future», in *Judicial Review in European Union Law. Liber amicorum in honour of Lord Slynn of Hadley* (cit. supra, nota 7), pp. 221-231). Acha-se assim claramente identificada já uma matéria em que a experiência das câmaras jurisdicionais será ensaiada, sendo-lhes atribuída uma competência actualmente exercida pelo Tribunal de Primeira Instância.

o Tribunal de Justiça, o respectivo regulamento de processo, que será submetido à aprovação do Conselho, deliberando por maioria qualificada (parágrafo 5). Enfim, prevê-se a aplicação às câmaras jurisdicionais, salvo disposição em contrário da decisão que procede à respectiva criação, das disposições do Tratado relativas ao Tribunal de Justiça assim como das do seu Estatuto (parágrafo 6).

O Tratado passa ainda a incluir um novo artigo 229.°-A, nos termos do qual, sem prejuízo das suas restantes disposições, o Conselho, deliberando por unanimidade e após consulta da Comissão e do Parlamento Europeu, pode aprovar disposições destinadas a atribuir ao Tribunal de Justiça, na medida determinada pelo Conselho, competência para decidir sobre litígios ligados à aplicação dos actos adoptados com base no Tratado que criem títulos comunitários de propriedade industrial. A regra parece conter uma habilitação ao Conselho para que venha a adoptar disposições[69] que estendam em determinada medida[70] a competência do Tribunal de Justiça. A solução parece ter designadamente em vista o sistema jurisdicional que deverá presidir à aplicação do regulamento da patente comunitária, assim se abandonando a proposta inicial da Comissão que avançara para o efeito com a ideia da criação de uma nova jurisdição centralizada, afastando expressamente a competência do Tribunal de Justiça e do Tribunal de Primeira Instância[71]. Mas não parece decorrer de uma determinação muito clara a este propósito, uma vez que na Declaração n.° 17, a Conferência considera que o artigo 229.°-A não condiciona a escolha do quadro jurisdicional eventualmente a criar para o tratamento do contencioso relativo à aplicação dos actos adoptados com base no Tratado CE que criem títulos comunitários de propriedade industrial.

---

[69] Que, como se diz no mesmo artigo 229.°-A, *in fine*, deverão ser aprovadas pelos Estados-Membros, de acordo com as respectivas normas constitucionais, o que parece revelar assim a sua natureza de normas de natureza internacional, ainda que a sua aprovação dependa de recomendação do Conselho.

[70] Em referência à solução dos litígios decorrentes da aplicação de certos actos adoptados com base no Tratado que criem títulos comunitários de propriedade industrial.

[71] Cfr. os *consideranda* 7 a 9 e os artigos 30 a 35 da Proposta de regulamento do Conselho relativo à patente comunitária, que cria um tribunal comunitário de propriedade industrial (*in JOCE* C, 337 E, de 28 de Novembro de 2000, p. 278). Sobre a patente comunitária, cfr. Albrecht Krieger, «Das Gemeinschaft Patent- ein essential des europäischen Binnenmarkts», *in Festschrift für Ulrich Everling*, v. I (*cit. supra,* nota 16), pp. 701-717 e Vincenzo Di Cataldo, «From the European Patent to a Community Patent», 8 *Columbia Journal of European Law* (2002), pp. 19-35.

Em sede de legitimidade activa no contencioso de anulação, a nova redacção do artigo 230.° vem ainda reconher ao Parlamento Europeu o estatuto de requerente privilegiado, o que se afigura estar em consonância com a revalorização do seu papel institucional[72].

E, por último, a nova redacção do artigo 245.° estabelece, no parágrafo 2, que a alteração do estatuto do Tribunal de Justiça[73] passa a ser feita pelo Conselho, também a pedido da Comissão e após consulta ao Parlamento Europeu e ao Tribunal de Justiça[74]. Trata-se do fim do monopólio da iniciativa do Tribunal de Justiça nesta matéria e do reconhecimento à Comissão, também nesta área, do poder que a este propósito o Tratado em geral lhe atribui.

5. Se pretendermos agora surpreender a linha geral que emerge do conjunto das modificações introduzidas pelo Tratado de Nice no sistema jurisdicional comunitário, parece-nos que ela se reconduz, em grande medida e antes de mais, a uma ideia de continuidade com o sentido das reformas anteriores. Uma continuidade que no entanto é acompanhada desde logo pelo reforço da lógica dessas mesmas reformas.

Tal ocorre desde logo com a complexificação deste sistema, que desde o Acto Único Europeu[75] passara a conhecer novos actores[76] e que a partir de agora integra também as câmaras jurisdicionais. Com a progressiva transferência de competências do Tribunal de Justiça para estas novas instâncias, iniciada timidamente em 1989, progressivamente continuada ao longo do decénio subsequente em favor do Tribunal de Primeira Instância e ensaiada agora em benefício das ora criadas câmaras jurisdicionais. Com a busca de uma maior flexibilidade no funcionamento do Tribunal de Justiça, patente quer nas regras que reforçam o papel das suas secções quer na disposição que altera o modo de aprovação do Regulamento de Processo das duas instâncias jurisdicionais, sujeitando-a tão só ao voto da maioria qualificada[77] do Conselho. E com o alargamento do cír-

---

[72] A indicação desta instituição passa assim a figurar no parágrafo 2 deste artigo, sendo omitida no parágrafo 3.

[73] Que, nos termos do parágrafo 1 do mesmo artigo, é fixado em Protocolo separado.

[74] E não apenas, como até agora, a pedido do Tribunal de Justiça e após consulta ao Parlamento Europeu e à Comissão. A deliberação continua em todo o caso a ser feita por unanimidade e não pode abranger o Título I do Estatuto.

[75] Mais precisamente depois de 1989. Cfr. *supra,* nota 10.

[76] O Tribunal de Primeira Instância.

[77] E não mais da unanimidade.

culo dos requerentes privilegiados em matéria de recurso de anulação, passando-se a inserir nele o Parlamento Europeu[78].

Se esta primeira orientação parece traduzir a convicção de que o quadro actual é ainda adequado no fundamental a enfrentar os actuais desafios, não deixa de ser verdade que aqui e ali pequenas modificações parecem pretender adiantar um início de resposta a estes. Estamos a pensar nas regras relativas à composição das actuais instâncias jurisdicionais, que procuram simultaneamente acautelar um desmesurado crescimento do Tribunal de Justiça[79] e potenciar por outro lado o desenvolvimento do Tribunal de Primeira Instância[80]. E nos termos em que se antevê o reforço das competências deste órgão jurisdicional, ao admitir-se que para ele sejam transferidas competências de natureza prejudicial que até aqui constituem um reduto exclusivo da actuação do Tribunal de Justiça.

Na verdade, ao dar este passo e ao reconhecer que a competência do Tribunal de Primeira Instância se pode expandir sem qualquer limite prévio, o Tratado de Nice configura este órgão jurisdicional de modo algo diferente do anterior, entendimento que surge reforçado pela circunstância de ele passar a aparecer nitidamente também como um tribunal de apelação e de se introduzirem limites à contestação das suas decisões. Se a relação com o Tribunal de Justiça se mantém no fundamental na medida em que este último continua a poder reapreciar estas decisões, note-se que tal reapreciação é agora em certos casos sujeita a um processo de filtragem[81] que passa pela revalorização do papel do advogado-geral[82]. Pode assim

---

[78] Saliente-se que, com esta reforma, a legitimidade activa em sede de recurso de anulação passa a coincidir com o carácter fundamental da intervenção no *decision-making process* que é reconhecida às Instituições. Mas mantém-se, neste particular, a divergência com o regime do recurso por omissão, onde a condição de requerente privilegiado é atribuída automaticamente a todas as Instituições (e portanto também ao Tribunal de Contas).

[79] Limitando os seus membros a um juiz por cada Estado, o que parece resultar do reconhecimento de limites de ordem funcional à sua expansão e institucionalizando o funcionamento da grande secção.

[80] Que se revela possível dado ele funcionar preferencialmente em secções pelo que poderá assim corresponder ao aumento actual e futuro do contencioso.

[81] No caso das decisões que conhecem de questões prejudiciais e das que conhecem dos recursos interpostos contra as decisões das câmaras jurisdicionais.

[82] Anote-se que inicialmente se aventou que a função ora cometida ao primeiro advogado-geral fosse exercida pela Comissão. A solução adoptada afigura-se-nos claramente preferível, não só porque se ajusta em nosso entender ao perfil desta instituição (cfr. os trabalhos citados *supra*, na nota 51), mas porque aquela outra seria dificilmente compatível com o estatuto de parte que em muitos casos é o da Comissão perante o Tribunal de Primeira Instância. A linha divisória entre a «reapreciação» e o «recurso» poderia assim ser

antever-se uma mutação das linhas de base que até hoje presidiram ao equilíbrio do edifício jurisdicional comunitário, com a nítida valorização do papel reconhecido a alguns dos seus actores e o aparecimento de outros – as câmaras jurisdicionais[83], que poderão vir a ter competências em matérias específicas mas não inicialmente delimitadas.

Mas atente-se, no entanto, que, uma vez mais, os autores do Tratado se limitam a prever as linhas gerais desta evolução e a conter uma habilitação para que os órgãos que exercem o poder de decisão a concretizem, guardando-se de chamar desde já a si o desenho da nova construção. O receio em assumir sem mais o novo quadro[84] pode ficar a dever-se ao desejo de avançar com cautelas, mas pode resultar igualmente da intenção de deixar em aberto, para a dialéctica dos órgãos de iniciativa, consulta e decisão, a conformação do futuro sistema jurisdicional comunitário.

A crença de que esta consideração pesou na mente dos autores da reforma parece reforçar-se com a leitura do disposto no artigo 229.°-A onde se ensaia uma via de solução para o contencioso decorrente dos actos a aprovar com base no Tratado CE que criem títulos comunitários de propriedade industrial, habilitando o Conselho a dar os passos necessários à sua criação, para se acrescentar em seguida[85] que tal disposição não condiciona o quadro jurisdicional eventualmente[86] a criar.

Ao devolver a iniciativa aos órgãos de decisão[87] o Tratado de Nice revela aqui uma vez mais não ter ainda uma visão coerente e completa do futuro sistema jurisdicional comunitário, se bem que antecipe desde já algumas das linhas de força por que virá a passar o seu desenvolvimento. E confirma a dificuldade revelada até agora pelos Estados-Membros de perspectivar o sentido da evolução da vida judiciária na Comunidade e a tendência para actuar de forma reactiva face às transformações que se continuam a produzir.

---

difícil de estabelecer nos casos em que a Comissão não tivesse obtido ganho de causa diante daquele órgão jurisdicional.

[83] Saliente-se que estas são adstritas ao Tribunal de Primeira Instância (artigo 220.°, parágrafo 2), como acontecia inicialmente com esta jurisdição, cuja criação o Acto Único Europeu (artigo 11.°) previra em «associação» ao Tribunal de Justiça.

[84] Cujo esboço, a partir de agora, deixa de ser da exclusiva iniciativa do Tribunal de Justiça, cabendo igualmente uma tal responsabilidade à Comissão.

[85] Na Declaração n.° 17.

[86] Sublinhado nosso.

[87] Presentemente, parece desenhar-se um consenso no sentido de integrar no Tribunal de Primeira Instância o controlo jurisdicional da patente comunitária, o que implicaria a criação possível de câmaras jurisdicionais com competência neste domínio, que poderiam no entanto conhecer alguns elementos de descentralização.

A VIA FEDERAL*

Prof. Doutor PAULO DE PITTA E CUNHA

Na evolução do processo de integração europeia ganha força a ideia de se estabelecer uma Constituição da Europa ou da União Europeia. E, por vezes, surge a referência introdutória "*We the people of the European Union*", parafraseando a inscrição clássica da Constituição dos Estados Unidos da América. Este é o desejo de alguns, em particular dos federalistas radicais, que visam a formação de um Estado federal, pressupondo a existência de um poder constituinte assente na manifestação da vontade popular à escala de todo o espaço integrado. Mas a realidade é bem diferente. No plano da Europa, o que existe são povos distintos, *não há um povo europeu*.

Sondagens que têm sido feitas em torno do problema da lealdade ou da afeição dominante das populações são esclarecedoras a este respeito. Há pouco tempo, o Eurobarómetro fez um inquérito nos países da União Europeia sobre se as pessoas interrogadas se sentem primariamente ligadas ao país de que são cidadãos, ou basicamente ligadas à Europa. As respostas vão desde o Luxemburgo e a Itália, onde, ainda assim, só 21% e 14% dos interrogados, respectivamente, se dizem basicamente europeus, até países onde o basicamente europeu é uma franja mínima das opiniões expendidas, como é o caso do Reino Unido, com 6%, ou de Portugal, com 5% – o essencial dos interrogados sente-se aqui primariamente ligado ao seu país de origem, só marginalmente se afirmando como primordial a visão da pertença à Europa.

---

* Texto elaborado a partir da gravação de uma conferência proferida em 26 de Julho de 2002 no âmbito do curso sobre "A União Europeia e Portugal: a Actualidade e o Futuro", promovido pelo Instituto Europeu da Faculdade de Direito de Lisboa.

Parece poder concluir-se que a ideia de criação de um superestado europeu com características federais, que venha a ter, em si, uma expressão nacional, por efeito da afeição predominante da população em relação à ideia europeia, não depara com terreno propício. Quando muito, será uma visão futurista, não passível de concretização antes de muita água correr sob as pontes. Na verdade, não existe em parte alguma, como se vê pelas sondagens de opinião, uma afeição predominantemente europeia. E contrapõem-se países como o Luxemburgo e a Itália, com alguma dimensão de ligação a uma lealdade europeia, a países como o Reino Unido, a Suécia, a Dinamarca, onde é muito ténue a aproximação a esse tipo de lealdade. E não é por acaso que isto acontece.

Os Estados membros da União Europeia formam três grupos, quanto à atitude em relação a uma federação europeia. Há os países habitualmente propensos a aceitar seguir a fundo a trilha federal, antes de mais os já referidos Luxemburgo e Itália, mas também a Alemanha, a Bélgica e a Holanda. Há, no outro extremo, países abertamente indisponíveis à passagem ao estádio federal: o Reino Unido, a Suécia e a Dinamarca – precisamente os que não optaram, por agora, pela inserção na zona do euro. E há outros que se situam numa zona intermédia, entre os quais se conta Portugal, onde a questão não foi abertamente formulada ou se mantém em surdina, e se vive numa espécie de *wait and see*, enquanto se aguarda uma clarificação das preferências dominantes nos Estados membros quanto à questão dos fins últimos da integração.

O poder constituinte tem de residir no povo para ser um poder democrático. Tem de haver um *demos*, tem de haver um povo que se aglutine em torno de interesses, preconceitos, ideais, sentimentos, distinguindo-se dos restantes. A verdade é que, à escala da Europa, essa realidade não existe. E quanto mais ampla se tornar a União Europeia, menos existirá, porque a heterogeneidade não deixará de se acentuar. Com a aproximação dos países ora candidatos, a Europa ficará ainda mais ligada a todo um mosaico de idiossincrasias nacionais, e mais distante estará o *demos* europeu. Quando em Bruxelas, na Convenção que está reunida para analisar estes problemas e propor soluções, se pretende elaborar uma Constituição europeia em sentido formal, dir-se-ia que, no fundo, do que se trata é de fazer um projecto legislativo, confiando em que entretanto se materialize o povo europeu, para o poder legitimar.

Não se me afigura desejável uma solução de federalismo para a Europa, que muito possivelmente seria abafante da identidade dos Estados, em particular dos pequenos. Tem, todavia, de reconhecer-se que o federalismo nasceu com o seu "Ersatz", o supranacionalismo, plasmado na organização da Comunidade do Carvão e o Aço, e traduzindo de perto o pensamento dos pais fundadores. No Tratado de Paris (cuja vigência cessa precisamente em 2002), a expressão "supranacional", a qualificar as funções da Alta Autoridade, foi pela primeira vez objecto de referência explícita. Esse termo veio mais tarde a desaparecer, não se tendo ousado retomá-lo quando da fusão dos executivos comunitários. E, ao ser criada a CEE, não se inseriu no respectivo diploma, o Tratado de Roma, a referência a supranacional. Mas a verdade é que elementos supranacionais subsistiram na própria formação da CEE. É bem claro que o Carvão e o Aço estava muito mais próximo de uma visão supranacional (préfederal), até pela arquitectura institucional que o envolvia, do que depois a Comunidade Económica Europeia. A Comunidade do Carvão e o Aço apresentava-se como uma espécie de "federação de sector" – apenas dois produtos estavam envolvidos –, mas com implicações que se esperava, ou se previa, que fossem no sentido de se alargar o campo da integração, até se chegar ao objectivo final que era o Estado federal: os Estados Unidos da Europa, como afirmava Jean Monnet (embora depois parecesse cair em certa indefinição, ao admitir que os Estados Unidos da Europa poderiam corresponder a uma fórmula federal ou, alternativamente, a uma fórmula confederal).

A euforia supranacional foi tão intensa no princípio da década de 50 que se promoveu a formação de uma Comunidade Europeia de Defesa, onde haveria um Comissariado, uma espécie de Alta Autoridade agora voltada para a organização do exército europeu, com características vincadamente supranacionais. Com a Comunidade Política Europeia, que entretanto se projectou, avançava-se mais ainda no sentido federal. Porém, como a Comunidade Europeia de Defesa foi recusada em 1954 pelo Parlamento francês, caiu pela base o tratado já entretanto assinado, e deu-se o afundamento do supranacional.

Quando se relançou a ideia europeia com a CEE, procurou criar-se uma estrutura orgânica semelhante à da CECA. Aceitou-se certa transferência de poderes dos Estados para entidades independentes, mas a referência federal não foi explicitada, e os traços supranacionais atenuaram-se. A Comunidade Económica Europeia constituiu um reviver da ideia europeia em termos dominantemente intergovernamentais, à partida apenas com laivos supranacionais. A evolução que se verificou é que veio acentuar as marcas federais. A principiar no plano do direito, tendo-se activado uma espécie de "federalismo legislativo". Quando o Tribunal de Justiça se arrogou a definição de princípios básicos que passaram a reger a ordem comunitária, e afirmou a supremacia do ordenamento comunitário sobre os ordenamentos jurídicos nacionais, deu-se nítido avanço no sentido federal. Mesmo na altura em que, a nível político, permanecia ou até se intensificava o contexto de mera cooperação intergovernamental, já se esboçava a formação de um espaço federal de direito.

Isto foi o primeiro passo. Depois, outros se deram em reforço do elemento federal. Esses novos passos estão relacionados com a evolução da regulação jurídica da Comunidade Económica Europeia, traduzida em alterações dos Tratados básicos. E cada um dos novos Tratados continha marcas federais, umas vezes ostensivas, mesmo de grande ressonância, como foi o caso de Maastricht ao promover a criação da união monetária, a qual, dada a matéria sobre que incide, influi horizontalmente em toda a economia dos Estados membros (contrariamente ao que se passava com o carvão e o aço), outras vezes mais discretas, mas sem que por isso deixassem de representar avanços no sentido federalista, como sucedeu com o Tratado de Amesterdão e também com o Tratado de Nice. No de Amesterdão, o alargamento do número de casos de votação por maioria qualificada no Conselho, a extensão do processo de codecisão a novas situações, acentuando a participação do Parlamento Europeu (orgão de vocação supranacional) na elaboração legislativa comunitária constituíram traços federais.

Desde o princípio dos anos 90 o protagonismo da Comunidade Económica Europeia foi ofuscado pelo da União Europeia, realidade mais ampla, que abrange os novos pilares das cooperações políticas, o que veio acentuar o hibridismo que já se observava no regime da Comunidade. Agora, coexistem o pilar comunitário, com traços federais em acentuação, e os dois novos pilares da política externa e segurança comum e da justiça e assuntos internos (este último entretanto reduzido – e redenominado – por absorção de parte das suas matérias no regime comunitário), ambos de carácter intergovernamental – reflectindo uma visão somente confederalista ou intergovernamentalista. A Comunidade, e mais ainda a União Europeia que a envolve, constitui, na verdade, uma realidade híbrida, em que convivem traços federais e traços de cooperação intergovernamental. Está-se longe de se atingir o patamar da Federação. Alguns pensam que é para lá que se caminha, e militam com fervor nesse sentido. Outros contestam, com não menor veemência, a possibilidade de tal solução. Como já vimos, os próprios Estados divergem profundamente quanto a essa perspectiva. Tudo permanece, assim, em aberto. Desenrola-se uma espécie de jogo de contornos mal definidos, em que se desconhece para onde se caminha, e nem mesmo há acordo quanto ao objectivo final da construção.

Ao referirmos os traços federais, temos presente a distinção clássica entre a Confederação e a Federação. A Confederação é regida por um tratado em que os Estados intervêm sem criarem uma arquitectura institucional específica, nem sequer semelhante à existente na Comunidade Europeia. Por esse tratado, os Estados acordam em cooperar em relação a certas matérias ligadas à defesa, às relações externas, ou a outros temas, mas não é criado um aparelho institucional próprio, dotado de orgãos de gestão independentes. A última palavra cabe aos Estados participantes, sendo as decisões tomadas por unanimidade.

No caso da Federação, a situação é completamente diferente. Há transferência de poderes soberanos para órgãos centrais, compondo uma estrutura que tem parecenças aparentes com a que conhecemos na Comunidade Europeia. Nesta última, aquela transferência vai-se acentuando. Se se atingir o limiar da Federação, todos os poderes atinentes às matérias primordiais da soberania terão sido assumidos pelas novas entidades centrais, por abandono por parte dos Estados federados.

Na verdade, ao transporem-se os umbrais do Estado federal, os Estados federados passam a ser unidades componentes do todo, como o são as regiões, as comunidades autónomas, etc, constituindo o estrato imediatamente inferior ao estrato supremo da Federação. No caso dos Estados Unidos, concluiu-se nos fins do século XVIII que a estrutura confederal que regia as ex-colónias britânicas era destituída da necessária eficácia e coerência, e aprovou-se, na Convenção de Filadélfia, a formação de uma entidade federal. Nessa altura, um conjunto de eminentes propagadores da mensagem federal, como Madison e Hamilton, em artigos publicados na imprensa de Nova Iorque, sob a epígrafe "*The Federalist*", procuraram tranquilizar os Estados quanto ao que a Federação exigia, sublinhando que, nesta, a generalidade dos poderes continuaria nas mãos dos Estados componentes, transferindo-se para o Estado federal um número reduzido de poderes. O que não punham em relevo é que nesse restrito número de poderes se compreendiam todos os que tradicionalmente correspondem à noção de soberania: a moeda, a defesa, a política externa. A pedra de toque reside precisamente nas relações internacionais. Neste âmbito, foram os Estados Unidos que passaram a dialogar com os restantes países, tendo os Estados federados deixado de ser soberanos no plano internacional.

O processo de formação de uma federação tende a alastrar, sendo transferidos cada vez mais poderes, e firmando-se uma imagem de centralismo que à partida não terá sido visada. Os Estados Unidos são uma Federação, é certo, mas com um grau de centralização muito pronunciado. Este é o preço, para os Estados promotores, da formação da Federação.

Não quer isto dizer que, no caso europeu, na Federação a ser hipoteticamente criada venha a existir o teor de centralidade da Federação americana. É natural, atenta a heterogeneidade dos Estados europeus (nos planos da língua, da história, das tradições) que a Federação europeia, a ser eventualmente constituída um dia, venha a ter um nível maior de descentralização. Mas o que não pode escamotear-se é que não é possível a coexistência de duas soberanias. A soberania ou pertence, em última análise, ao Estado central, ou se mantém no plano dos Estados agregados. No último caso, não se terá criado uma fórmula federal verdadeira, mas algo distante da Federação.

Certos políticos, como Jacques Delors, antigo presidente da Comissão europeia, procuram agradar a gregos e troianos, tentando apresentar a construção europeia de modo a conciliar a ideia de Federação com a ressalva do poder dos Estados – falam então em "Federação dos Estados-Nações". Parece-me que com esta fórmula não se resolve o problema, porque quando se referem os Estados-Nações está-se implicitamente a admitir que os Estados mantêm a sua soberania, e quando se refere a Federação aceita-se que a soberania passa para os órgãos centrais da estrutura.

A integração europeia tem estado em permanente movimento: mantem-se a hibridez, mas é crescente o desequilíbrio em favor dos elementos federais, com concomitante declínio dos traços intergovernamentais.

Para uns, a Federação é preconizada como forma de se evitar no futuro guerras intraeuropeias. Parece-me que não tem muito sentido essa posição. A verdade é que a intensidade de integração que se atingiu ao longo de décadas, antes mesmo de se culminar com a moeda única, já era por si suficiente para poder considerar-se afastado o risco do desencadear de guerras intraeuropeias. Haverá guerras à margem, como o comprova o caso trágico da Jugoslávia, mas guerras entre os protagonistas da integração não são plausíveis, porque o teor do entrelaçamento nos planos da cooperação económica e política é já muito acentuado. O argumento de que a federação é necessária para evitar guerras intra-europeias não parece colher.

Para outros, a Europa está segmentada em numerosos países médios e pequenos: a criação de uma entidade federal central permitir-lhe-ia falar com uma só voz no plano das relações internacionais, e olhar de frente a única superpotência actual, os Estados Unidos. Mas a verdadeira questão é de saber se há presentemente na Europa condições para se avançar no sentido de se sobrepor uma lealdade europeia às lealdades nacionais. Ora, parece difícil admitir que assim aconteça. Nem é certo, aliás, que seja muito salutar visar a criação de nova superpotência. Apesar de tudo, a americana é uma superpotência relativamente benigna. E se viesse a haver forte rivalidade entre duas superpotências – a americana e a europeia –, isso poderia acarretar perturbações da estabilidade política no plano mundial. Há quem entenda que a Europa tem de federar-se para se contrapor à esmagadora influência política da hiperpotência. Creio que a criação de uma federação seria um preço demasiado alto, em termos de diluição das identidades nacionais, para se conseguir tão discutível resultado.

Está presentemente reunida a Convenção incumbida da análise do rumo da integração europeia e da apresentação de propostas com destino à Conferência Intergovernamental de 2004, visando-se a revisão dos Tratados, e talvez mesmo a adopção de um diploma de carácter constitucional. Ora, a constitucionalização, quando exigente e rigorosa, corre paredes meias com a federalização. Os dois desígnios andam em paralelo. Quanto mais perto se estiver de uma constituição para a Europa, substituindo o regime, de raíz internacional, dos Tratados em que a sua integração se tem fundado, mais próximo estará o limiar da Federação, desejada por uns, repudiada por outros.

O termo "federal" é um termo emocional, que por vezes se evita em razão da ambiguidade das acepções em que pode ser tomado. Enquanto para os alemães é desejável avançar-se no sentido do federalismo, porque realçam nele sobretudo as virtualidades descentralizadoras, já os britânicos olham o federalismo como uma expressão de centralização. São bem diferentes as visões do fenómeno federal.

A Convenção de Bruxelas procurará aprovar, até ao seu termo, em 2003, propostas concretas quanto ao futuro da integração. Notou a imprensa especializada, possivelmente com base no currículo conhecido das cento e cinco pessoas que compõem a Convenção, que há um esmagador predomínio de federalistas – pelo que os dados do jogo estariam viciados à partida. Comentou-se também que de entre as dezenas de parlamentares presentes na Convenção, nem dez seriam intergovernamentalistas ou, como hoje se diz, "soberanistas" – nem dez seriam favoráveis a uma visão confederal da integração europeia.

Entretanto, a ideia de constituição vai progredindo. Repare-se que os próprios Tratados europeus já são, no sentido material, constituições: equacionam os princípios fundamentais, o regime de funcionamento dos órgãos comunitários, etc. Tudo isso é matéria constitucional em sentido material. O que se pretende, todavia, quando se fala em caminhar para a "constitucionalização" dos Tratados, é operar um ressalto, uma mudança qualitativa substancial, passando da base internacionalista actual para uma base de direito interno, e culminando, eventualmente, pela aprovação pelo eleitorado europeu, no seu conjunto, do novo regime constitucional. Parece, no entanto, faltar legitimidade para uma consulta desse tipo, já que não existe, pelo menos por agora, um "povo europeu". Os próprios artigos dos Tratados referem os povos da Europa, não o povo europeu.

No caso dos Estados Unidos, era relativamente fácil passar para a Federação, porque os Estados haviam sido até há pouco uniformemente colónias britânicas, não tinham hábitos de autogoverno, não possuíam ideais e visões nacionais, falavam uma língua comum. Por tudo isso, não foi demasiado difícil proceder à mutação para o Estado federal. Ora, na Europa, aqueles factores não existem.

Todavia, dentro daquele seu afã de promover soluções federalistas (uma Federação legal europeia), o Tribunal de Justiça tem sublinhado a natureza constitucional dos Tratados. Começou com o Parecer 1/76, em que se falava de uma hipótese de modificação da *Constituição interna da Comunidade*. Depois, em 1983, no acórdão "Partido Ecologista os Verdes", os Tratados eram qualificados de *Carta constitucional básica* da Comunidade. Finalmente, no Parecer 1/91 sobre o Espaço Económico Europeu, declarou-se que o Tratado, embora concluído na base de acordos internacionais, não deixa de constituir a *Carta constitucional* de uma *Comunidade de direito*.

É no espaço da nação que as decisões democráticas mais naturalmente são adoptadas e observadas. As afinidades existentes com base na coesão nacional explicam que as minorias se disponham a acatar as posições das maiorias. Mas já seria difícil levar as minorias (inclusivamente os Estados colocados em minoria) a submeterem-se às decisões de um poder federal europeu.

Não me parece que se justifique uma proposta de se avançar para o estádio federal pleno. Claro está que é possível simplificar os Tratados, transpor para outra categoria de legislação comunitária, menos solene, as matérias relativas a políticas de integração, que não são elementos centrais de tipo constitucional, e até chamar "Constituição", em sentido não rigoroso, ao conjunto das matérias básicas resultantes da depuração dos Tratados. Mas a ideia de que há condições para se assumir, a nível europeu, uma formação constitucional em sentido próprio não parece resistir à realidade da ligação básica, por parte dos povos europeus, aos ideais e às visões próprias das nações respectivas.

Aliás, se federalismo é um termo ambíguo, o mesmo pode dizer-se da "constituição". A ideia de constituição europeia, que numa visão mais rigorosa suporá uma aproximação do estádio federal, pode assumir outros sentidos. Há algum tempo, o semanário britânico *The Economist* resolveu apresentar também o seu projecto de constituição para a Europa. Poderia pensar-se que estaríamos perante mais uma solução federalista, mas não era esse o caso. Nesta proposta, o Tribunal de Justiça perderia parte substancial das suas funções em proveito de uma Câmara das Nações, em que estariam representados os orgãos políticos nacionais. No projecto, até se propunha que a expressão "união cada vez mais estreita entre os povos" desaparecesse, porque a aproximação entre os povos europeus já teria assumido intensidade excessiva, devendo, pelo contrário, tornar-se mais frouxa.

Praticamente de todos os quadrantes germinam projectos de constituição europeia, nos sentidos mais variados, e não só na óptica de se caminhar para o federal. Por exemplo, o actual presidente da República francesa, avesso à solução federal, também defendeu que se venha a aprovar uma Constituição – mas não esclareceu com que alcance e conteúdo – e é sabido que a França é ciosa da sua independência no plano das decisões de política externa.

Com Nice, em particular, não terá desaparecido de todo a linha ascendente do supranacional, mas mostrou-se sensível a presença do elemento intergovernamental. A cimeira de Nice foi dominada pelo debate entre os governos dos Estados membros sobre os poderes de voto no Conselho. Curiosamente, até se comentou que a visão intergovermentalista do passado – a Europe des Nations de De Gaulle –, renasceu em Nice, com a desconfortável diferença de que foram os países grandes os que firmaram nítida preponderância – uma espécie de solução de *Europe des Grandes Nations*... Pela primeira vez, suscitou-se um debate entre os países médios e pequenos e os países grandes, em torno da sua influência no processo de integração. Ora, enquanto Portugal, a Bélgica e a Grécia passarão dos cinco votos que actualmente têm no Conselho para doze votos, os países grandes, como a Alemanha, a França e o Reino Unido, ascendem dos dez votos que possuem para vinte e nove. E o grande vencedor foi a Espanha, que mais do que triplicou o seu poder de voto, pois passou dos oito votos de que dispõe para vinte sete, aproximando-se do estatuto dos países grandes.

O intergovernamental assume, assim, um certo retorno, e por forma bem pouco tranquilizadora, porque parece estar por detrás dele a formação de um directório das grandes potências dentro da Europa. E certos países pequenos e médios, colocados perante esta visão, sentir-se-ão tentados a aceitar soluções de tipo federalista, procurando acolher-se à sombra do renovado poder da Comissão.

Presentemente, há uma divergência essencial no próprio âmbito da Convenção. Romano Prodi, presidente da Comissão, apresentou um projecto ambicioso para o futuro da União Europeia, no qual, praticamente, aquele órgão assume as características de um governo federal europeu. Em paralelo, as outras instituições europeias de vocação supranacional movimentar-se-iam no sentido da conquista de poderes federais. Mas esta solução, em que a política externa seria assumida a nível supranacional, não tem sido vista com bons olhos pelos grandes países. É que o cerne da passagem ao Estado federal é precisamente a transferência da área da política externa para os órgãos centrais da União. A soberania monetária lá foi cedida pelos Estados, mas tal não implicou a perda das características essenciais de país soberano. Mas, quando for a política externa o objecto da transposição para os órgãos centrais, aí, possivelmente, haverá extinção da soberania no plano nacional. Ora, consciente de que certos países grandes não aceitariam as soluções propostas por Prodi, outro comissário, o britânico Christopher Patten, veio criticar publicamente as ideias propaladas pelo seu presidente, revelando-se que nem sequer no âmbito da Comissão há unidade de vistas quanto a estes aspectos. Para Patten, o projecto de Prodi não teria viabilidade. É de tal forma ambicioso que assusta, havendo, até, o perigo de suscitar uma reacção em sentido contrário, de redução dos poderes à Comissão.

Por outro lado, países grandes vêm propor a criação do cargo de Presidente da Europa, sobretudo para assegurar a presença europeia nas relações internacionais. A figura, pelas suas características, parece assentar em políticos como Aznar ou Blair, porque o presidente teria de ser um ex-Primeiro Ministro, oriundo de um país grande...

Tudo isso é revelador do presente fervilhar de ideias e discussões. Há um embaraço grande por parte dos pequenos países. Uns são mesmo federalistas, e para eles é fácil de aceitar a ideia de Federação: é o caso do Luxemburgo, da Holanda e da Bélgica. Outros não são federalistas, mas alguns tenderão a pensar que, apesar de tudo, para evitar o predomínio dos grandes, seria melhor acolherem-se no âmbito de uma Federação. A questão está em saber se tal não seria escapar de Cila para cair em Caribdes...

É possível que a Comissão venha a fazer propostas excessivas, atenta a ambição que deixa transparecer. Elas não deixarão de ser filtradas nas negociações que decorrerão no âmbito da Conferência Intergovernamental de 2004, mas é provável que algumas das sugestões venham a ser acolhidas. Não haverá talvez alterações tão retumbantes como as de Maastricht, mas não é de surpreender que se materializem propostas dando substância a modificações importantes, designadamente em matéria de progressos no sentido da "constitucionalização".

Importa, aliás, reflectir sobre a aceleração que se tem imprimido ao projecto europeu. Avança-se demasiadamente depressa, apresentando-se soluções para que as opiniões nacionais não estão preparadas. Das raras consultas referendárias sobre os tratados europeus (regra geral, a respectiva rectificação tem-se processado sem problemas por via parlamentar), quase todas se têm traduzido ou pela rejeição, ou por uma aprovação apenas tangencial, como foi o caso da própria aprovação de Maastricht pela França. A Dinamarca rejeitou o Tratado de Maastricht, corrigindo depois a sua posição. E reiterou recentemente a sua recusa de entrada para o regime da moeda única. Finalmente, a Irlanda repudiou o Tratado de Nice, estando em preparação um novo referendo, com o qual se procura conseguir a inversão do primeiro resultado.

Está-se, na verdade, a ir longe demais, e as populações não se mostram preparadas para assumir certas mudanças decididas pelos governantes. Em particular, aquelas não deixariam de opor resistência a que se acordasse na transposição do ponto em que a soberania internacional dos Estados se extingue, passando os mesmos a constituir meras entidades federadas dentro de um contexto em que o poder federal se torna soberano.

Lisboa, Julho de 2002

REFORMA DAS FINANÇAS PÚBLICAS E ALARGAMENTO

Prof. Doutor ANTÓNIO DE SOUSA FRANCO

O tema sobre o qual hoje me debruço respeita aos aspectos juridico-financeiros do presente alargamento. Queria fazer desde logo uma restrição, embora não exclua que, no debate, se possam abordar questões relativas às consequências ou à articulação de Portugal, especificamente, em termos nacionais, como Estado da União, com o alargamento cujas negociações estão em curso. Adoptarei nesta exposição uma perspectiva exclusivamente europeia.

Em segundo lugar, como é óbvio, sendo esta matéria muito complexa, vou tentar traçar os aspectos fundamentais fazendo uma introdução, referindo a situação actual no domínio financeiro do processo do alargamento em curso, e apontando depois as previsíveis consequências e questões futuras no domínio orçamental, no domínio da coordenação fiscal e no domínio das políticas financeiras.

Introdução

A União Europeia tem obviamente uma tradição das negociações do alargamento e dos Tratados consequentes de adesão. Há para isso um procedimento próprio e há uma prática instituída. O alargamento em curso, em consequência, nomeadamente, da decisão formal do Conselho Europeu de Helsínquia de final de 1999, é o quinto alargamento. O primeiro foi o alargamento dos três países do Norte: Reino Unido, Irlanda e Dinamarca que marcou o começo do desmantelamento da EFTA. O segundo, o da Grécia. O terceiro, o de Portugal e da Espanha. O quarto, o alargamento complementar, com o que restava da EFTA, à excepção da Noruega e da

Suiça, e de algum modo, em termos de associação com a EFTA, também a Islândia, como associado não membro, traduziu-se com a celebração dos Tratados de adesão com a Suécia, a Finlândia e a Áustria. Portanto, este é o quinto alargamento.

É um quinto alargamento que surge não na perspectiva de absorção progressiva de países da EFTA ou de outros países que, uma vez preenchidas as condições políticas e económicas, se aproximavam da concepção europeia nos três Tratados, de Roma e de Paris, e da Europa dos seis, mas um alargamento que surge pela primeira vez e diferentemente dos outros anteriores alargamentos, que correspondiam ou à absorção de Estados democráticos, que se tornaram democráticos e próximos dos ideais dos seis, como é o caso da Grécia, ou à absorção da maior parte dos Estados que faziam parte da Associação de Comércio Livre por etapas, numa estratégia de "salami" que era inevitável, depois da entrada do Reino Unido. Este é um alargamento com uma outra dimensão. Fundamentalmente, por ser o alargamento posterior a aquilo que é habitualmente designado por transformação da Europa e do mundo em virtude do acto simbólico da queda do muro de Berlim, do fim do sistema comunista, do fim da divisão da Europa em dois espaços pela cortina de ferro, em 1989 e nos anos subsequentes. De algum modo, o alargamento que se vive em 1999 faz parte de um processo que se inicia em 1989-1990. Obedecendo ao mesmo ideal europeu, tem uma lógica fundamentalmente distinta da dos outros alargamentos. Há, pois, uma tradição – este é o quinto alargamento. Poderá dizer-se que há um processo de alargamento que terá tendência para se arrastar, ou seja vai ser um alargamento mais difuso do que os anteriores na medida em que os anteriores, embora negociados país por país, e por vezes objecto de Tratados conjuntos mas com negociações separadas, tinham âmbitos muito limitados. Eram alargamentos matematicamente discretos. Este é um processo de alargamento que tenderá a ser contínuo, isto é a arrastar-se e a ter várias etapas. Não sabemos quais, não sabemos quantas. Virá seguramente a alargar-se a outros países além daqueles que estão neste momento em fase de negociação. Sabem tudo isto, mas é bom sublinhá-lo para termos alguma ideia de que há uma certa incerteza, e alguma vacuidade nas consequências financeiras deste alargamento porque não sabemos bem com que outros países se virá a negociar no futuro num processo integrado nas mesmas condições, e não sabemos bem quais as consequências financeiras. Não sabemos em que momento –seguramente vários – é que virão a ser dadas por concluídas várias etapas das negociações em curso e das negociações que se iniciarão no futuro. Este alargamento é, pois, um alargamento não discreto ao contrário dos quatro primeiros. É um processo de alargamento contínuo em que a União Europeia se abre a países mediterrânicos como Chipre e Malta, aos chamados PECO, a países do Norte como os Estados Bálticos e a alguns países porventura que venham a ser no âmbito das negociações políticas entre a Rússia e a antiga Comunidade de Estados independentes, os Estados Unidos e a União Europeia, porque aí há três partes bem marcadas, "autorizadas" pela Rússia a negociar eventuais processos de alargamento. Por hipótese, a Bielorússia está longe disso tudo por razões diversas. Ou a Ucrânia por exemplo. Não é de excluir que venham a entrar num processo de alargamento com uma lógica parecida com o actual, eventualmente no actual, se se verificarem os pressupostos políticos de um acordo triplo – União Europeia, Rússia e os seus associados, Estados próximos da antiga União soviética, a antiga Comunidade de Estados independentes, e Estados Unidos. Este processo triplo envolve também o *remaking* da Aliança Atlântica com três grandes blocos, América do Norte, Europa continental e Rússia e os seus aliados. Há pois aqui o desenho geral do mundo e da teia de alianças que condiciona decisivamente este processo de alargamento e que também lhe dá uma natureza distinta.

Vou agora debruçar-me sobre os aspectos financeiros, começando pelas actuais negociações. Recordaria antes de mais, que o quadro das negociações foi em primeiro lugar definido pelo Conselho Europeu de Copenhaga de 1993. Isto demonstra como se trata de um processo que, na realidade, já vem do início da década de 1990, portanto, tem as raízes que já referi. Os critérios a que obedecem as negociações em curso estão aí formalizados. Fundamentalmente, podemos dizer que se trata de:
– critérios políticos: uma realização efectiva da democracia e dos direitos humanos; está agora a desenvolver as suas várias componentes;
– critérios económicos: existência da economia de mercado, e da capacidade mínima para o país integrar a União, e suportar a concorrência com países mais desenvolvidos;
– e critérios jurídicos: definição dos termos e preparação mínima consequente de adaptação das instituições, das regras e das práticas de cada Estado membro ao acervo comunitário e de aplicação progressiva, após a celebração do Tratado de adesão, desse acervo aos Estados que passam a ser novos Estados membros, com definição dos respectivos regimes transitórios.

Copenhaga desenvolveu este tríptico – político, económico e jurídico – que foi especificado, mais próximo da fase actual de negociação. O que demonstra que o processo de alargamento estava pensado desde o início dos anos 1990. Começou tarde também por razões que têm que ver, por um lado, com a adaptação interna dos vários Estados candidatos ao alargamento, por outro com essa negociação política global. Nunca nos podemos esquecer da União Europeia com os Estados Unidos por um lado, e com a Rússia por outro. A Europa de Leste era uma zona de influência tradicional da Rússia e negociações demasiado prematuras criariam problemas políticos ou tensões não desejáveis no espaço europeu. Por outro lado, não nos podemos esquecer das dificuldades que vários dos países tinham para criar condições que lhes permitissem, apesar do seu desejo de entrar para a União Europeia, e o grupo de Visegrad – Polónia, a então Checoslováquia e Hungria – afirmou esse desejo desde o início. Mas naturalmente, fazer entrar o grupo de Visegrad sem fazer entrar outros Estados era complicado. Também se entendeu, para além de algumas peripécias individuais, que Estados que não têm nada que ver com a queda da cortina de ferro e que estão integrados no actual alargamento, como é o caso de Chipre e de Malta, e têm os seus problemas específicos, deviam ser integrados neste processo de alargamento. Malta durante um momento tentou antecipar, mas como introduziu demasiado cedo o Imposto sobre o valor acrescentado, o governo que o fez perdeu as eleições por causa dessa manobra de antecipação e o governo seguinte cancelou o pedido de alargamento, o que levou Malta a entrar no grupo mais demorado, quando tinha todas as condições para uma entrada mais rápida. Chipre tem o problema, ainda por resolver, da divisão entra a zona sul, com a qual se prossegue as negociações, e a zona norte sob ocupação turca e conhecida apenas como governo de facto pela Turquia. A Turquia entrou obviamente por razões várias, que se prendem com a política e não a economia, com Chipre mais do que com a Turquia propriamente dita. Neste quadro, Copenhaga definiu o desígnio e os critérios que estão hoje a orientar as negociações (Conselho Europeu de Copenhaga 1993).

Segunda grande coordenada: o Conselho Europeu de Berlim, de 1998, definiu o segundo grande enquadramento que é o enquadramento financeiro, ao aprovar as perspectivas financeiras para 2001-2006 – aquelas que estão em vigor e que enquadram na meia dúzia de anos iniciais do século XXI os orçamentos comunitários. Mas, o Conselho Europeu de Berlim de 1998, ao enquadrar ou ao associar à definição destas perspectivas financeiras às condições financeiras do alargamento até 2006, que pressupunha, nomeadamente, a entrada de um número da ordem de grandeza de 10 novos Estados para a União entre 2004 e 2006, o correspondente esforço de pre-adesão e depois de adaptação do orçamento comunitário à nova situação instituída e a primeira definição não inteiramente nominal e com exclusão da Turquia[1] do primeiro grupo com o qual se encaravam as negociações do alargamento, e a luz de cuja entrada se definiu as perspectivas financeiras, incluíndo critérios financeiros do alargamento até 2006.

Terceira e quarta coordenada:
- o Tratado de Nice, que mal ou bem, tentou definiu o quadro "materialmente constitucional" da Comunidade depois do alargamento, com ponderações de votos para os Estados do alargamento que se previam e com outras consequências, minimalistas e, mesmo assim, difíceis de obter;
- o Conselho Europeu de Helsínquia de final de 1999, que tomou a decisão formal de iniciar as negociações com os tais dez Estados da primeira vaga e com a Turquia, uma vez removida por várias contrapartidas, umas por baixo da mesa, outras por cima da mesa, a oposição da Grécia e com a convicção de que, por um lado as negociações bilaterais greco-turcas, por outro a mediação comunitária na resolução do problema do norte de Chipre, condicionavam o êxito do primeiro alargamento.

São estes quatro pressupostos. Foram as quatro manobras de dar as cartas, sem as quais as negociações do alargamento, este processo contínuo que está em curso e que depois foi alargado a outros Estados, não podia ter sido iniciado. Correspondeu, Estado por Estado, à celebração de acordos de parceria e de associação preparatórios, com uma matriz comum, embora com modelos diferenciados, de acordo com a situação de cada Estado, de relações mais íntimas entre o espaço comunitário e os Estados em causa, nomeadamente em termos de abolição de barreiras aduaneiras e de restrições quantitativas, em termos de reuniões periódicas de responsáveis políticos preparando aquilo que viria a ser, depois de Helsínquia, a Conferência[2]. A associação implica liberdade de comércio e algum alinhamento aduaneiro, não necessariamente União aduaneira, a parceria

---

[1] Foi discutida em Berlim, mas vetada pela Grécia.

[2] Portanto um órgão conjunto dos chefes de Estado e de governo da União, Conselho Europeu, e dos chefes de Estado e de governo do alargamento e a existência de outras formas de cooperação eventual, quer em termos de ajuda financeira – que não se pode chamar pre-adesão, mas ajuda financeira da União no âmbito da parceria.

implica sobretudo consultas conjuntas de que a Conferência é o exemplo máximo. Reuniões conjuntas do Conselho dos ministros com os ministros dos países do alargamento são também frequentes – e ajudas que não são de pre-adesão mas que têm como base a parceria. Ajudas ao desenvolvimento. Acordos de parceria e de associação, para além desta forma de participação – liberdade de comércio e eventual começo de alinhamento aduaneiro. Parceria política, ajuda da União Europeia ao desenvolvimento em casos específicos de investimento dos países parceiros e associados. Recordo que não são apenas associados, mas em geral parceiros e associados, embora aqueles que estejam mais longe do alargamento sejam só associados e não parceiros. Os acordos de parceria e associação prevêem ainda um processo contínuo de cooperação entre os órgãos da União – Conselho, Comissão e Parlamento Europeu – e os governos e Parlamentos dos Estados parceiros e associados na adaptação das instituições, quer legislativas, quer económicas, aos conceitos de democracia, de economia de mercado e mesmo de eventual aproximação aos regimes comunitários, embora sem a ideia, que não está presente nos acordos de parceria e associação, de preparação para a recepção e aplicação do acervo comunitário. Essa não está presente, está apenas presente uma ideia de aproximação.

É neste quadro, um quadro que tem quatro "pilares" gerais comunitários[3] e que tem depois pilares bilaterais[4], que o processo de alargamento actualmente em curso decorre. Não vou debruçar-me muito em pormenor sobre a situação do decurso do processo de alargamento. Reportar-me-ei em todo o caso ao conteúdo de uma comunicação da Comissão que resume o essencial de muitos relatórios sobre os aspectos financeiros do alargamento de Fevereiro deste ano, na fase até 2006. O que é que de essencial existe? Para além das negociações, cujo balanço não vou fazer visto que, naturalmente, elas decorrem às vezes com outros países, mas normalmente país por país, e tem conteúdos diversos implicando a análise de 29 dossiers que têm de estar resolvidos para que o Tratado de adesão venha a ser concluído, sendo certo que, por exemplo, para o mais importante dos países da actual negociação do alargamento, a Polónia, destes 29, 27 estão muito longe de estar concluídos. Para os outros há vários dossiers fechados, mas os mais importantes estão ainda em negociação. Para além da negociação destes 29 dossiers, o que é que o processo de alargamento implica em termos financeiros?

---

[3] Copenhaga, Berlim, Nice e Helsínquia.
[4] Os acordos de parceria e de associação.

Basicamente, dois coisas. A primeira: a existência de um programa especial, PHARE, com vários sub-programas complementares, que têm expressão no orçamento da União Europeia e que enquadra em termos globais aquilo que é uma prática corrente em todos os outros anteriores processos de alargamento que são as ajudas de pre-adesão, mais ou menos consoante o grau de desenvolvimento dos países, mas até o Reino Unido teve ajudas de pre-adesão. É uma prática corrente que a União financie certos investimentos ou certas despesas de preparação da adesão. Essa prática foi reforçada pela importância das políticas de coesão desde o Acto Único e da adesão da Grécia, de Portugal e da Espanha, ainda mais desde as consequências diversas no domínio dos Tratados e da prática comunitária, nomeadamente do orçamento, da presidência da Comissão de Jacques Delors. O programa PHARE é, pois, o quadro essencial que se desenvolve em diversos sub-programas, que enquadra as ajudas de pre-adesão. A diferença em relação às anteriores experiências de ajudas de pre-adesão resulta daquilo que precisamente eu referi. O programa PHARE assume-se como condição de enquadramento plurianual até 2006 do conjunto das relações financeiras, nomeadamente orçamentais, entre a União Europeia e os países candidatos[5]. E é o enquadramento, quer do conjunto das relações financeiras, suportadas pelo orçamento comunitário e enquadradas no quadro comunitário de apoio, quer das acções no domínio de finanças públicas que se desenvolvem no plano unilateral e no plano bilateral para preparar o processo do alargamento. A lógica deste programa é, para além da inclusão das ajudas de pre-adesão avulsas, a seguinte: ele assume-se desde logo como instrumento da política de coesão, isto é, a ideia de que o objectivo da coesão é fundamental no âmbito comunitário é concretizada desde a fase de pre-adesão, sob condição de se ter iniciado o processo de alargamento. E o programa PHARE é um sucedâneo para os países em negociação do alargamento ao acesso aos fundos estruturais, não estou a mencionar o fundo de coesão, mas do acesso aos fundos estruturais que não tenham. É pois, um instrumento de política de coesão.

---

[5] Ser candidato implica efectivos processos de negociação do alargamento e não uma hipotética candidatura, como a Ucrânia ou a Arménia, esses que têm nalguns casos acordos de associação ou de parceria, ou de parceria e associação, são objecto de tratamento como Estados associados em geral e podem ter naturalmente transferências financeiras financiadas pelo orçamento comunitário, mas não incluídas no processo de alargamento. Portanto, o programa PHARE apenas abrange os países que estão com negociações abertas para o alargamento.

Em segundo lugar, as ajudas de pre-adesão implicam no domínio de despesa ambiental e no domínio de investimentos infraestruturais um acesso, aí directo, ao fundo de coesão e das facilidades financeiras das Comunidades Europeias, condicionado em todo o caso também pela aplicação do programa PHARE. Mas aí não há uma substituição dos regulamentos dos fundos estruturais, há um acesso directo por razões várias, algumas delas puramente técnicas, outras políticas. A comunicação da Comissão de Fevereiro 2002 refere-se desde já a qualquer coisa que é extremamente importante tendo em conta o estado de negociação, no início do actual ano 2002, e sendo certo que no final de 2002 ou no primeiro semestre de 2003 se deve proceder a uma reflexão que tenha em conta aquilo que estava previsto desde Berlim, e que é assumido no programa da presidência dinamarquesa. Ou seja, concluir tanto, quanto possível, as negociações para os alargamentos que possam ser concluídos durante a presidência dinamarquesa, até ao final deste ano. A comunicação da Comissão aponta quais serão as consequências sobre as Perspectivas Financeiras em vigor para 2000-2006, aprovadas pelo Conselho Europeu de Berlim. É a proposta que está neste momento sobre a mesa, quer para os chefes de Estado e de governo da União Europeia em conselho Europeu, quer para os ministros das finanças, nomeadamente do Conselho Ecofin. O Conselho Europeu de Berlim partiu da ideia de que as perspectivas financeiras 2001-
-2006 teriam dois momentos, duas fases:

– 2001-2003, a fase de pre-adesão;
– 2004-2006, uma fase em que já haveria uma comunidade com 10 Estados integrados e as respectivas consequências orçamentais.

Ora, diz a Comissão, que a partir de 2004, não há uma perspectiva razoável de que isto se cumpra, o que de algum modo é contraditório com a interpretação mediática, mas não com a interpretação literal do programa da presidência dinamarquesa. A interpretação mediática é que a presidência dinamarquesa vai concluir as negociações até ao final deste ano. A interpretação literal não é bem essa, mas é a de que se fará um esforço para se aproximar o mais possível da conclusão e incorporar o balanço global da situação no final do ano. A Comissão avança mais: diz que não é possível, em 2004, haver 10 países que já estejam Estados membros e, portanto, Berlim traçou perspectivas financeiras que são relativamente optimistas ou exageradas. Não vai haver mais 10 Estados membros em 2004. No entanto, isto dá margem de manobra para continuar o programa PHARE com maior folga financeira, fazer um maior esforço de pre-adesão, nomeadamente em relação aos países cujas negociações estejam mais adiantadas e cuja probabilidade de execução de celebração de Tratados de adesão entre 2004 e 2006 seja maior, admitindo que o número desses países seja 6 e 10. Embora Isto não queira dizer nada porque, por exemplo, se a Polónia estiver neste número, cerca de 40% do que foi considerado em Berlim estará em causa. Se a Polónia não estiver, os outros todos juntos representarão cerca de 60%, portanto, dizer 6 países, 10 países, não tem grande significado. Mas a Comissão com isto traça um quadro abstracto da situação, que deve ser lido concretamente como dizendo que as negociações com a Polónia e a adaptação institucional estão muito atrasadas. Mas, por outro lado, é politicamente muito complicado a entrada da República Checa, da Hungria, da Estónia, da Eslovénia, de Malta e de Chipre[6]. Concluir a negociação com este núcleo de pequenos e médios países, sem a Polónia seria muito complicado. Concluir com a Polónia, não é possível, ou seja a Comissão está a apontar para que as negociações sejam concluídas tarde e não cedo como se previa em Berlim. A presidência dinamarquesa, como lhe compete[7], diz vamos concluir cedo e vamos empenhar-nos nisso. É uma polifonia mas que apesar de tudo não é dissonante, é complementar. Por outro lado, a comunicação da Comissão diz: nestes termos, quais serão as consequências em termos de política de pre-adesão, para além de haver uma menor pressão sobre o orçamento da União? Isto é só a posição da Comissão, mas as consequências a nível orçamental, da eventual entrada de novos membros estão previstas no art. 35.º do acordo interinstitucional em vigor, que não se afastam muito disto, mas a todo o caso a interpretação do acordo interinstitucional há de caber aos três órgãos, Conselho de Ministros, Parlamento Europeu e Comissão, e não só à Comissão. A Comissão diz: é necessário por um lado aumentar o esforço do fundo de coesão, no âmbito quer do regulamento do fundo de coesão, e por assimilação europeia, uma pequeníssima parte de projectos de países de pre-adesão de acordo com aquilo que está inscrito no programa PHARE. Isto implica que o fundo de coesão passe entre 2004 e 2006 do actual valor, que ronda 18% dos fundos estruturais, para 30%. A Comissão diz mesmo um terço, o que significaria 33% – um terço do montante total dos fundos estruturais que

---

[6] Não tem problemas económicos, tem apenas o problema político do Norte de Chipre que não é fácil de solucionar neste momento com as dificuldades internas da política da Turquia que não são indiferentes a isso, muito pelo contrário.

[7] A Comissão faz um trabalho mais técnico, a presidência dinamarquesa faz um trabalho mais político.

é uma transformação muito significativa na estratégia de afectação dos recursos aos fundos estruturais, tanto mais que há um contingente global para fundos estruturais e fundo de coesão nas perspectivas de Berlim. De sublinhar que há aqui uma transformação muitíssimo significativa. Quem vai beneficiar? Não interessa. A Comissão diz isto. Portanto, alargamento do esforço do fundo de coesão, essencial em termos ambientais e de infrastruturas, combinado com as ajudas de pré-adesão, fundos estruturais e "iniciativas" europeias para que se possa conseguir um lugar de desenvolvimento equiparável dos Estados do alargamento.

Em segundo lugar, é necessário que esse alargamento – alargamento também do fundo de coesão – eleve para além do valor orçamental o valor real, a participação de cada um dos Estados no actual processo de alargamento[8], de cada um dos Estados, excepto a Turquia, até 2,5% do respectivo PIB, ficando mesmo assim distantes da média actual da participação dos quatro Estados de coesão (Irlanda, Grécia, Espanha e Portugal) que é em média da ordem de 4%. Em segundo lugar, uma revisão do programa PHARE no sentido de possíveis acções substitutivas, dando prioridade às reformas institucionais que de algum modo se se reportasse a países membros seriam financiadas pelo fundo social europeu – formação pessoal e acções tendentes a realizar uma melhor qualificação e organização dos mercados de trabalho e da situação de emprego – e que no programa PHARE tem um conteúdo mole. A conclusão da Comissão é que não é difícil fazer este esforço. Eu sublinho uma coisa, para concluir, é que a Comissão fala apenas de orçamento de despesa e perguntar-me-ão não irá a entrada de novos Estados membros vai representar também mais receitas? A resposta é claro que representa. Mas em todo o caso, a Comissão recorda no parágrafo dessa nota que, em todos os anteriores alargamentos, um dos elementos decisivos para o Reino Unido foi confirmado pelo sistema da contribuição fixa imposto pela Senhora Margaret Thatcher e continua em vigor, todos os Estados dos anteriores alargamentos tiveram períodos transitórios que nalguns casos foram até 8 anos, como no caso de Portugal e da Espanha e da Grécia, para chegarem a 100% no cumprimento das obrigações finaceiramente mais relevantes que são a transferência da receita IVA e a transferência do quinto recurso, ou do recurso PNB. As receitas mais importantes são recursos próprios mesmo que os Estados entrassem todos em 2004, em 2006, admitindo que não podem ser tratados os Estados do alargamento em termos mais desfavoráveis do que

---

[8] Está implícita a exclusão da Turquia, mas não está explícita.

os dos anteriores alargamentos. Este é um princípio mais ou menos proclamado pelo Conselho Europeu de Helsínquia, nomeadamente, quando abriram as negociações, pouco haverá de receita mas muito haverá de despesas para os Estados do alargamento. Por outro lado, esta ênfase no programa PHARE e especificamente no acesso directo ao fundo de coesão, é imposta pelo princípio da coesão em geral. Se considerarmos que hoje Portugal, por exemplo, tem um produto per capita em paridade de poder de compra da ordem de 75% da média comunitária, o da Grécia é quase da ordem de 73%, a média dos Estados candidatos, embora entre eles exista Malta, Chipre e até certo ponto a Eslovénia que estão numa posição semelhante à nossa... (mudança de face) e Portugal quando entrou estava abaixo de 60%. Portanto, isto significa que, com excepção de Malta, Chipre e da Eslovénia, os países do alargamento estão todos eles muito mais longe da média comunitária actual. Depois, haverá uma média comunitária corrigida, mas isto é de algum modo outra questão que não nos interessa agora. Estão muito mais longe da média comunitária do que mesmo Portugal e a Grécia no momento em que entraram, e infinitamente longe, quase a metade de Portugal e da Grécia no momento actual, o que significa que o problema da coesão se vai alargar enormemente.

É este o estado actual e são estas as perspectivas de revisão das perspectivas financeiras na segunda metade de 2004-2006. A Comissão é relativamente optimista, mas optimista dentro do pessimismo, isto é a Comissão é relativamente optimista porque adopta um juizo pessimista acerca do andamento das negociações do alargamento. Diz não ser possível a hipótese optimista de Berlim, e portanto, os recursos vão chegar até 2006. Depois, se verá. Haverá uma nova agenda 2007 que servirá de base a um novo Conselho Europeu. É este o estado actual da situação do processo de alargamento.

Olhemos agora para o futuro. Há três dimensões essenciais a considerar. A mais fácil é a da coordenação fiscal. Porque é que é fácil? Vários dos Estados candidatos já introduziram ou estão a introduzir o IVA. Esta costuma ser a exigência mais difícil. Recordo que a Grécia teve de pedir prorrogações successivas para a introdução do IVA, para além do próprio Tratado de adesão, as quais foram concedidas. Quanto ao resto, não existem dificuldades de maior no dossier coordenação fiscal por uma razão simples, é que a própria coordenação fiscal dentro da União Europeia é debilíssima, de maneira que onde não há matéria, não há divergências, nem dificuldades. O problema não é tão simples como isto, mas podemos de algum modo resumí-lo nestes termos. O grande problema do alargamento na coordenação fiscal é a coordenação. Na coordenação fiscal, a harmonização do IVA é a única dificuldade. Não é capital, para alguns países poderá ser importante, mas não será um obstáculo ao alargamento. O caso da Grécia funciona como precedente, ao abrigo do princípio da inexistência de condições mais desfavoráveis definido no Conselho de Helsínquia. O que isso significa? Porque há várias interpretações possíveis. Há aqui uma matéria para negociação larga e não muito fácil.

No domínio orçamental, já as coisas são mais complexas. De imediato, até 2006, não é de prever – concordo com a comunicação da Comissão – que haja grandes dificuldades pelas razões que referi. Talvez por mais razões, mas são as da realidade. Nas futuras perspectivas financeiras, 2007-2012, as dificuldades orçamentais são evidentes. Por um lado, em termos de PAC, basta a aplicação das actuais regras à Polónia para fazer disparar em flecha, mesmo com todas as modulações transitórias que possamos conceber, a relativamente controlada verba da PAC, que nos últimos 25 anos desceu de quase 80% para cerca de 50% da despesa comunitária. Com o alargamento, as actuais regras vão fazer disparar a PAC. Basta a Polónia, mas a Hungria também tem problemas. Os outros terão problemas menores, têm outros tipos de agricultura, que não são tão graves como estes dois. Mas a Polónia é certamente em termos negociais da PAC, qualquer coisa que está acima da Espanha, embora não chegue à dimensão da França.

Em segundo lugar, pela referência que fiz a actual capitação e paridade de poderes de compra dos Estados do actual alargamento, mesmo excluíndo a Turquia – não é previsível que tenha negociações num prazo próximo. A capitação de rendimento de 39% da actual média comunitária significa necessidades acrescidas de coesão. Necessidades acrescidas que vão representar concorrência com os actuais quatro países da coesão, o já recente e sempre anunciado *phasing out*, redução progressiva da coesão para os actuais quatro pode ser insuficiente para compensar um *phasing in* muito mais intenso do que o acesso aos fundos estruturais e ao fundo de coesão já assegurado pelo programa PHARE, e pela utilização directa do fundo de coesão. Por estas duas vias, certamente, o orçamento comunitário terá de dar um salto. Não aproximando-se da dimensão óptima para os federalistas, que medem a dimensão federalista do orçamento pelo seu montante de recursos do produto comunitário que gere, mas, seguramente acima do nível fixado nas perspectivas de Berlim de 1,27% do produto bruto comunitário. Portanto, certamente aumento do orçamento comunitário. Por outro lado, com o princípio da proibição de * que vai ser invocado certamente nesta matéria, as receitas mais importantes como os recursos próprios oriundas dos países do novo alargamento, entrarão de uma maneira muito fasiada. 5, 6, 8, porventura até mais anos para se alcançar o nível de 100% de transferência das principais receitas dos recursos próprios, nomeadamente da transferência IVA. O que vai pôr um problema, ou de equilíbrio do orçamento comunitário, e deixará os ortodoxos de cabelos em pé, ou de aumento das contribuições com nova distribuição das contribuições. É presumível que vão os Estados negociar os líquidos, como Portugal e a Espanha venham a ver a sua situação modificada a não ser que se coloquem numa posição negocial semelhante à da Grécia, antes da entrada da Espanha e de Portugal, quer em termos de compensações pelos prejuízos que resultam não apenas para as respectivas económias da concorrência acrescida de novas economias com salários mais baixos, com qualificações mais elevadas, no caso português, eventualmente com outros factores de *dumping* implícito nas situações intermédias de desenvolvimento em que se encontram. Mas também por dizer que, independentemente de uma redução de recursos que já foi aceite em Berlim, Portugal e Espanha alcançaram nas perspectivas de Berlim o nível máximo de transferência de que poderiam beneficiar. E é previsível que haja um *phasing out* desfavorável aos actuais quatro países de transição e a outras regiões beneficiárias de fundos estruturais em outros países. Ou por esforço nacional, como é o caso da Alemanha, ou por esforço comunitário. Isto quer dizer que a estrutura do orçamento comunitário será seguramente modificada pelo aumento da despesa e pelo aparecimento de problemas de equilíbrio e por uma nova distribuição dos recursos próprios ou por uma alteração da estrutura dos recursos próprios. Há um problema global do orçamento comunitário, com esta negociação do alargamento. Problema cuja gestão é muito difícil, se por hipótese viesse haver uma entrada da Turquia e que, mesmo sem entrada da Turquia, só pelo facto da entrada da Polónia em termos de coesão e da PAC, se configura de gestão também muito difícil. Há, pois, uma transformação estrutural na dimensão, no equilíbrio, na estrutura dos recursos e na participação das contribuições por Estados quanto ao orçamento comunitário. Não sabemos como. É muito cedo para saber agora o que virá a ser decidido em 2007, mas é certo que estas transformações se verificarão.

Em termos de política financeira, hoje, já não se coloca questões que não sejam meramente técnicas no que se refere às precondições políticas e às precondições jurídicas definidas pelo Conselho de Copenhaga para a conlusão do processo de alargamento. As precondições económicas passam pela liberalização e pela privatização das economias. Num presumível primeiro grupo do alargamento, o grau de liberalização e de privatização, é implicitamente considerado o suficiente pela generalidade dos observadores como pelos órgãos comunitários. Já não será assim no segundo grupo do alargamento. Quanto à capacidade de resistência dessas economias à concorrência acrescida comunitária, essa é uma matéria que pressupõe o esforço de coesão e que, portanto, vai pesar sobre o orçamento. Mas, para além disto, uma outra questão se coloca: qual a posição jurídica e política dos Estados do alargamento perante o novo regime do Euro e a União Económica e Monetária que é a pedra de toque actual de participação económica na Comunidade? O que está definido como critério, quer em Berlim, quer em Helsínquia, é que os Estados durante a fase de pre-adesão apenas estão obrigados a não seguirem políticas monetárias e cambiais que sejam contraditórias com a futura União Económica e Monetária. Há exemplos, mas são apenas exemplos de políticas desse tipo. Por exemplo, o alinhamento com alguma devisa internacional diferente do euro, e vários dos Estados que tinham alinhado com o dólar por opção nacional tiveram de desfazer esse alinhamento e alinhar com o euro a sua taxa de câmbio, mas também podem não alinhar com moeda alguma seguindo uma política cambial. Houve políticas cambiais consideradas perversas, nomeadamente desvalorizações sistemáticas deslizantes ou competitivas. A partir do momento em que um Estado seja Estado membro, em que haja portanto um acordo de adesão, as coisas mudam: a política cambial é de interesse comum. A não ser que o acordo de adesão que tem a mesma força dos Tratados fundamentais para cada Estado permita, como permitiu à Dinamarca e ao Reino Unido, um deferimento ou um opting out relativamente ao euro e a União económica e monetária, a não ser que isso seja permitido – mas parece relativamente claro a partir das conclusões do Conselho Europeu de Helsínquia que a maioria dos Estados é desfavorável a isso – o Estado de entrada ou o conjunto de Estados terá de ter muita força para impor um *opting out* como o do Reino Unido e da Dinamarca. Os Estados que são obrigados a entrar no sistema monetário comum que tem como âncora central o euro embora lhes permita ter moedas próprias, o MTC 2. Portanto, a partir da entrada em vigor, as moedas passam a fazer parte do sistema do euro, mesmo ficando moedas nacionais. Não podem estar fora. Fora está só a libra, uma vez que a Suécia já é por opção própria. A entrada para o euro, no entanto, tanto quanto está politicamente definida, não é considerada obrigatória. É claro que isto coloca um problema que é um problema também de interpretação do Tratado da União Europeia, na redacção que foi dada em Maastricht. É o de saber se os países que não têm *opting out*, uma vez verificadas as condições de entrada para a União económica e monetária são obrigados a entrar ou não. Segundo uma doutrina, sim – pessoalmente como intérprete do Tratado, inclui-me nesse sentido-, segundo outra doutrina não. Mas foi pelo facto da primeira ser dominante que a Suécia para ficar de fora, não entrou no sistema monetário europeu para não preencher os requisitos de entrada no euro, portanto, poder escolher ficar dentro ou fora. Criou uma situação de não existência de um requisito para, não tendo cláusula de *opting out*, optar por ficar de fora sem cláusula por inexistência dos requisitos de aplicação para a obrigatoriedade de entrada da união económica e monetária.

Finalmente, sublinho que isto não significa que estes países possam ser dispensados, parece difícil imaginar que venham a sê-lo, do cumprimento das obrigações financeiras gerais dos Estados, nomeadamente do processo de convergência ao abrigo do artigo 104.° e, portanto, do respeito dos critérios de défice excessivo. Serão ou não obrigados a entrar no euro? São obrigados a respeitar o artigo 104.° em termos de défices excessivos, o que significa que por esta via terão de preencher os critérios mínimos de défices excessivos para os países não membros e, depois, se colocará o problema de saber se podem escolher entrar ou se são obrigados a entrar.

Em suma: são sempre obrigados à disciplina orçamental do actual artigo 104.° do Tratado; e, se preencherem todos os critérios de adesão, salvo no improvável caso de haver cláusula de "opting out" no Tratado de adesão, não obrigados a entrar na UEM e, portanto, no Euro.

Em conclusão, há problemas dos alargamentos passados, que são produtores de efeitos sobre este alargamento. Mas os problemas "deste" alargamento, são profundamente diferentes: desde logo, porque há a União Europeia, no plano político, e a UEM no plano económico. Depois, porque – sendo cada Estado um caso diferente – há no presente lote de candidatos ao alargamento países semelhantes aos que antes entraram (como Chipre, Malta ou a Eslovénia), mas outros que são profundamente diferentes * (sem falar agora da Turquia), ou por terem "transições" para a economia de mercado aberta (e, *, * para a democracia plena) ainda atrasadas, ou por os desníveis actuais ou estáticos de níveis de desenvolvimento serem superiores, mesmo, ao da Grécia e de Portugal, ou países mais atrasados no momento da entrada. Mas a coesão é um forte princípio comunitário; e a entrada revela que, ao menos nos primeiros anos, o "impulso para cima" é forte. E, de todo o modo, esta aventura europeia não seria o que é se não apostasse no binómio alargamento-aprofundamento – desde que haja efectivo empenhamento na construção prioritária da Europa, acima de outras solidariedades anteriores ou externas – e não for um exercício permanente de solidariedade e risco calculado, com maioria política.

CONSTITUIÇÃO E INTEGRAÇÃO

JORGE MIRANDA[*]

Constituição e integração, eis um tema vasto e difícil, em que se cruzam, conjugam e, às vezes, colidem múltiplas linhas de força.

Tendo em conta o objecto deste curso de Verão, naturalmente concentrar-se-á o enfoque na integração comunitária europeia (dizemos integração *comunitária*, porque há outra – a que se vem fazendo por obra do Conselho da Europa há mais de cinquenta anos, hoje abrangendo quase toda a área geográfica europeia e uma parte da asiática e que tem por instrumentos principais a Convenção Europeia o Tribunal Europeu dos Direitos do Homem).

Todavia, não poderá deixar de se referir – pelo menos, a título comparativo – que fenómenos não sem parecença, em vários aspectos, com os que se observam no âmbito das Comunidades e da União Europeia se entremostram no actual estádio da comunidade internacional, mormente no seio das Nações Unidas. Se a integração comunitária representa muito mais de que as tendências institucionalizadas ligadas às organizações internacionais, nem por isso está mais longe delas de que está das realidades jurídico-políticas estatais.

I

1. Como se sabe, Constituição, no sentido rigoroso do termo, é Constituição do Estado e cada Estado possui uma Constituição como seu esta-

---

[*] Conferência no Curso de Verão de Direito Comunitário e Direito da Integração, realizada em 23 de Julho de 2001. Texto revisto, a que se acrescentaram notas de pé de página.

tuto jurídico – quer dizer, enquanto ordenação fundamental da comunidade e do poder político. E daí um conteúdo irredutível, plasmado em direitos e deveres, fins, funções e competências em moldes sistemáticos e totalizantes.

A história mostra o desenvolvimento das formas de ser concretizada – desde as "Leis fundamentais" do Antigo Regime à Constituição dos Estados Unidos e ao art. 16.º da Declaração dos Direitos do Homem e do Cidadão, desde as Cartas oitocentistas aparentemente só orgânicas à Constituições repletas de normas programáticas da actualidade, desde o governo representativo burguês à democracia representativa de pendor social.

Sabe-se também que Constituição pressupõe poder constituinte e que poder constituinte pressupõe um titular – que, hoje, em face da concepção de legitimidade dominante, é o povo, a própria comunidade substrato de Estado. É cada povo, em cada momento, que faz as opções básicas da sua vida colectiva – políticas, económicas e sociais – através do exercício do poder constituinte. E para qualquer novo Estado dos muitos surgidos a seguir a 1945 ter uma Constituição representa um dos símbolos mais caros da sua independência.

Finalmente, sabe-se que, pela função ordenadora que exerce e pela origem no poder constituinte, a Constituição aparece dotada de supremacia sobre todas as leis e sobre os demais actos produzidos pelo Estado ou vigentes no Estado; que uma norma que a contrarie é inválida ou ineficaz; e que para garantia da constitucionalidade existem mecanismos crescentemente aperfeiçoados, sejam de fiscalização difusa, sejam de fiscalização concentrada em Tribunais Constitucionais ou órgãos homólogos.

2. mesmo se, em sentido próprio, a Constituição se revela incindivel de Estado, não pode negar-se ser possível tomar o termo numa acepção lata e menos rigorosa, de maneira a corresponder às formas organizativas de qualquer entidade colectiva – uma associação privada ou uma associação pública, uma sociedade comercial, uma região autónoma, uma organização internacional.

Sim, os estatutos estão para uma associação, ou o pacto social para uma sociedade, ou um estatuto político-administrativo para uma região autónoma, ou o tratado constitutivo para uma organização internacional ou entidade afim, como a Constituição em sentido estrito para o Estado. Porque são esses diplomas que definem, estruturam, *constituem* tais formações jurídicas e porque é de harmonia com os seus princípios e as suas regras que se desenrola a actividade dos órgãos que eles próprios criam.

Poderá ainda falar-se numa extensão dos fenómenos constitucionais no âmbito do Direito internacional por outro motivo: por causa do *jus cogens* (consignado expressamente na Convenção de Viena do Direito dos Tratados) como acervo de princípios que se impõem aos Estados, sob pena de nulidade de qualquer norma que o infrinja. Dentre tais princípios, contam-se o da autodeterminação, o da solução pacífica de conflitos, o do respeito da dignidade da pessoa humana, o da boa fé, o da responsabilidade por acto ilícito.

E há uma significativa diferença entre o *jus cogens* e os tratados constitutivos de organizações internacionais. O *jus cogens,* assente ou não no direito natural (conforme se entenda), vale por si. Aqueles tratados, mesmo se ostentam especificidades de relevo, dependem sempre dos Estados partes na sua celebração e na sua modificação; e não gozam da originalidade característica das Constituições estatais.

II

3. Dito isto, podemos avançar, entretanto mais directamente no nosso tema, indagando o que seja um Direito Constitucional da integração – de integração comunitária europeia.

A resposta é a seguinte: Direito Constitucional da integração europeia pode respeitar a uma parcela do Direito Constitucional de cada Estado membros das Comunidades e da União Europeia ou pode respeitar a uma parcela do Direito comunitário (do Direito Comunitário institucional).

4. Em primeiro lugar, o Direito Constitucional Europeu é o Direito Constitucional interno respeitante à integração europeia.

Nele se compreende as normas constitucionais que, em qualquer Estado membro das Comunidades e da União Europeia, definem o modo como ele aí participa e sofre o seu impacto – designadamente, as normas, explícitas ou implícitas, que autorizam a integração nas Comunidades e na União, que coordenam a ordem jurídica interna com a ordem jurídica comunitária, que concedem direitos a cidadãos dos demais Estados comunitários, que prevêem transformações na organização económica e social, que afectam as competências ou determinam competências novas dos órgãos do poder político.

Senão a própria pertença às Comunidades, pelo menos os sucessivos passos no sentido da União, para maior integração, têm pressuposto sempre revisão constitucional ou mutação tácita da Constituição. E tudo está então em saber até onde se pode ir com respeito dos seus limites materiais[1]; até onde é que pode ir a "delegação", a "transferência" ou o "exercício em comum de poderes de soberania" sem se mudar de Constituição ou de Estado.

Por certo, a erosão da soberania clássica não decorre só deste processo. Vem, desde há muito, da institucionalização crescente da sociedade internacional e, em especial, das Nações Unidas, de múltiplas organizações regionais e de tratados como a Convenção Europeia dos Direitos do Homem e (espera-se, para breve) o do Tribunal Penal Internacional. Mas não menos seguro é que nenhum outro exemplo se conhece até agora de implicações constitucionais tão directas e intensas provenientes de actos de Direito internacional como as ligadas à integração comunitária europeia[2].

5. Considerando os quinze Estados membros das Comunidades, a observação das suas Constituições, nos respectivos textos actuais, permite descortinar dois diferentes modos de tratamento da integração europeia.

Há Constituições em que esse tratamento radica em cláusulas gerais de autorização de restrições ou de delegações ou transferências de poderes de soberania: as da Bélgica (art. 34.°), do Luxemburgo (art. 49.°-bis), da

---

[1] Cfr. Jorge Miranda, *Manual de Direito Constitucional*, II, 4ª ed., Coimbra, 2000, págs. 131 e segs. E 176 e segs.

[2] Cfr., de vários quadrantes, ALBRECHT WEBER, *The Supranationality Problem*, in *Rights, Institutions and Impact of International Law according to the German Basic Law*, obra colectiva, Baden-Baden, 1987, págs. 225 e segs.; MASSIMO LUCIANI, *La Constituzione Italiana e gli ostacoli all'integrazione europea*, in *Politica del Diritto*, 1992, págs. 557 e segs.; SANTIAGO MUÑOZ MACHADO, *La Unión Europea y las mutaciones del Estado*, Madrid, 1993; *Les Constitutions nationales à l'épreuve de l'Europe*, obra colectiva, Paris, 1993; PABLO PÉREZ TREMPS, *Constitución Española y Comunidad Europea*, Madrid, 1993; THIBAUT DE BÉRANGER, *Constitutions nationales et construction communautaire*, Paris, 1995; o número de Outubro-Dezembro de 1995 da *Revista de Estudios Politicos*; MARTA CARTABIA, *Principi inviolabili e integrazione europea*, Milão, 1995; FEDERICO SORRENTINO, *Profili costituzionali dell'integrazione comunitaria*, Turim, 1996; ANTONIO LÓPEZ CASTILLO, *Constitución y integración*, Madrid, 1996; *Les Etats membres de l'Union Européenne*, obra colectiva, Paris, 1997; JOËL RIDEAU, *L'Europe dans les Constitutions des Etats membres de l'Union Européenne*, in *Perspectivas Constitucionais*, obra colectiva, II, Coimbra, 1997, págs. 17 e segs.; FRANCISCO LUCAS PIRES, *"Competência das Competências": Competente, mas sem Competência?*, in *Revista de Legislação e de Jurisprudência*, 3885, Abril de 1998, págs. 354 e segs., e *O factor comunitário no desenvolvimento constitucional português*, in *Os 20 anos da Constituição de 1976*, obra colectiva, Coimbra, 2000, págs. 215 e segs.

Itália (art. 11.º), da Dinamarca (art. 20.º), da Grécia (art. 28.º), da Espanha (art. 93.º), da Holanda (art. 92.º) e da Finlândia (art. 33.º-A).
E há Constituições com cláusulas específicas: as da Áustria (arts. 23.º-A a 23.º-F), da Irlanda (art. 29.º), da Alemanha (art. 23.º), da França (arts. 81.º-1 a 81.º-4), de Portugal (art. 7.º, n.º6) e da Suécia (art. 5.º do capítulo das relações com outros Estados). Porém, na Irlanda, em Portugal e na Suécia essas cláusulas específicas inserem-se num contexto global das relações internacionais, ao passo que na Áustria, na Alemanha e na França surgem autonomizadas.
Na Grã-Bretanha, com as suas características únicas, foi feita uma lei, materialmente constitucional, aquando da adesão às Comunidades.

6. Noutra acepção, Direito Constitucional Europeu vem a ser a parte do Direito comunitário que conforma, em moldes aproximáveis a constitucionais, as Comunidades e a União Europeia; equivale ao Direito comunitário *primário* ou *originário*, contraposto ao Direito comunitário *derivado*[3].
É o que fazem os seus tratados institutivos ao prescreverem princípios e objectivos, ao traçarem as relações entre a União e os Estados membros, ao estabelecerem um sistema de órgãos, ao definirem atribuições e competências e ao consagrarem mecanismos de garantia.
No entanto, essa similitude não é exclusiva destes tratados; ela encontra-se em todos os tratados constitutivos de organizações internacionais, enquanto – independentemente da sua maior ou menor complexidade – neles reside o fundamento de validade dos actos dos seus órgãos e deles advêm limitações à liberdade de decisão jurídico-internacional dos Estados membros[4]. Sem deixarem de se situar *de pleno* no Direito internacional, tais tratados desempenham uma função constitucional ou paraconstitucional, porque estruturante e condicionante de outros actos, procedimentos e normas.
De resto, os constitucionalistas, ao estudarem a temática da Constituição, encaram-na também cada vez mais na perspectiva das relações in-

---

[3] Cfr. JOËL RIDEAU, *Droit Institutionnel de l'Union et des Communautés Européennes*, 3ª ed., Paris, 1999, págs. 101 e segs.; RUI DE MOURA RAMOS, *Das Comunidades À União Europeia*, 2ª ed., Coimbra, 1999, págs. 69 e segs.; JOÃO MOTA DE CAMPOS, *Manual de Direito Comunitário*, Lisboa, 2000, págs. 275 e segs.

[4] Cfr. RICARDO MONACO, *Le caractère constitutionnel des actes institutifs d'organisations internationales*, in Mélanges offerts à Charles Rousseau, obra colectiva, Paris, 1974, págs. 153 e segs; ou NGYUEN QUOC DINH, PATRICK DAILLER e ALAIN PELLET, *Droit International Public*, 6ª ed., Paris, 1997, págs. 573 e segs.

ternacionais, dos grandes espaços económicos e políticos e da globalização. Com a criação das Nações Unidas, à escala mundial, e o posterior aparecimento de formas variadas de organizações internacionais e da União Europeia, deixou de ser possível considerar o estudo da Constituição independentemente de diferentes formas de inserção internacional dos Estados[5].

7. Um sector doutrinário importante tem definido a existência de uma Constituição europeia ou a afirmação de um poder constituinte europeu em face do Tratado de Maastricht (e, eventualmente, dos de Amesterdão e Nice); ou que, a não ser assim, se estaria, consoante as ópticas, num momento de *pré-Constituição* ou de Constituição *transnacional*[6].

---

[5] Cfr., por todos, GOMES CANOTILHO, *Direito Constitucional e Teoria da Constituição*, 4ª ed., Coimbra, 2001, págs. 1317 e segs.

[6] Sobre o problema da Constituição europeia, v. entre tantos, MARIO ALBERTINI, *l'unificazione europea e il potere costituiente*, in *Il Politico*, 1986, págs. 199 e segs.; FRANCISCO LUCAS PIRES, *A caminho de uma Constituição política europeia?*, in *Análise Social*, n.° 118-119, 1992, págs. 725 e segs., *União Europeia: um poder próprio ou delegado?*, Coimbra, 1994, e *Introdução ao Direito Constitucional Europeu*, Coimbra, 1997; PIETRO GIUSEPPE GRASSO, *Diritto Costituzionale e Diritto CEE*, in *Scritti in onore di Pietro Virga*, I, obra colectiva, Milão, 1994, págs. 951 e segs.; ALEC STONE, *What is a supranational Constitution? An Essay in International Relations Theory*, in *The Review of Politics*, verão de 1994, págs. 441 e segs.; MANUEL MEDINA, *Hacia una Constitución Europeia*, Valhadolide, 1994; *Vers un droit constitutionnel européen. Quel droit constitutionnel européen?*, actas de colóquio, in *Revue Universelle des Droits de l'Homme*, 1995, págs. 357 e segs; MARIA LUISA FERNANDEZ ESTEBAN, *La Corte di Giustizia quale elemento essenziale nella definizione di Costituzione Europea*, in *Rivista Italiana di Diritti Pubblico Comunitario*, 1996, págs. 221 e segs.; DIETER GRIMM, *Una Costituzione per l'Europa?*, in *Il futuro della Costituzione*, obra colectiva, Turim, 1996, págs. 339 e segs.; GIAN ENRICO RUSCONI, *Quale "democrazie costituzionele"? La Corte Federale nella politica tedesca e il problema della Costituzione Europea*, in *Rivista Italiana di Scienza Giuridiche*, Agosto de 1997, págs. 273 e segs.; CARLA AMADO GOMES, *A natureza constitucional do Tratado da União Europeia*, Lisboa, 1997; LORENZA VIOLINI, *Prime considerazioni sul concreto di "Costituzione Europea" alla luce dei contenuti delle vigenti Carte Costitzionali*, in *Rivista Italiani di Diritto Pubblico Comunitario*, 1998, págs. 1225 e segs.; JEAN-CLAUDE PIRIS, *L'Union Européenne a-t-elle une Constitution? Lui en faut-il une?*, in *Revue Trimestrielle de Droit Européen*, 1999, págs. 599 e segs.; NEIL MAC CORMICK, *Democracy and Subidiarity*, in *Diritto Pubblico*, 1999, págs. 49 e segs., JÜRGEN HABERMAS, *Après l'Etat-nation*, trad., Paris, 1999, maxime págs. 104 e segs.; MIGUEL POIARES MADURO, *A crise existencial do constitucionalismo europeu*, in *Colectânea de estudos em homenagem a Francisco Lucas Pires*, obra colectiva, Lisboa, 1999, págs. 201 e segs., e *O superavit democrático europeu*, in *Análise Social*, n.° 158-159, Primavera-Verão de 2001, págs. 119 e segs.; ANA MARIA GUERRA MARTINS, *A natureza jurídica da revisão do Tratado da União Europeia*, Lisboa, 2000.

Na nossa maneira de ver, embora se possa falar em Direito Constitucional Europeu na segunda acepção (ou seja, no sentido lato em que se fala em Direito Constitucional das Nações Unidas, do Mercosul, da Liga Árabe, da Organização Internacional do Trabalho, etc.), a Constituição europeia não participa da natureza de Constituição no sentido nascido no século XVIII, na Europa e na América. Nem tão pouco se manifestou até hoje um poder constituinte europeu que possa considerar-se da mesma natureza do poder constituinte exercido no interior de cada Estado.

Não existe um povo europeu que seja titular desse poder constituinte, há, sim, um conjunto de povos europeus e é a eles que corresponde o Parlamento Europeu. Nem há cidadãos europeus[7]; há cidadãos de diferentes Estados europeus – aos quais são atribuídos certos direitos económicos e políticos comuns e nisto consiste, justamente, aquilo a que se chama cidadania europeia (sempre dependente ou consequente da cidadania própria de cada Estado comunitário)[8].

8. Longe de serem actos fundadores de uma entidade política *a se*, autovalidantes, todos os tratados de integração europeia, desde os dos anos 50 até ao Acto Único Europeu e aos Tratados de Maastricht, de Amesterdão e de Nice tiveram de percorrer, a nível interno dos vários países, procedimentos de aprovação e ratificação perfeitamente idênticos àqueles a que estão sujeitos quaisquer outros tratados internacionais. E, por isso, não é muito relevante a intervenção prevista dos órgãos comunitários nas suas modificações[9].

Por outro lado, a necessidade de prévia alteração de algumas Constituições dos Estados membros é sinal de que esses tratados não equivalem a uma Constituição, porque, de outro modo, ela não teria sido necessária[10]. Se equivalessem a uma Constituição, aprovados e entrados em vigor, impor-se-iam por si próprios e as suas normas prevaleceriam sobre as normas constitucionais, as quais seriam declaradas "inconstitucionais" ou "ilegais" por contradição com normas de grau superior; e nada disso se verificou.

---

[7] Apesar da infeliz rubrica do art. 15.º da Constituição portuguesa após 1992.

[8] Cfr. JORGE MIRANDA, *Manual...*, III, 4ª ed., Coimbra, 1998, págs. 158 e segs., e autores citados.

[9] Neste sentido, MARIA LUÍSA DUARTE, *A teoria dos poderes implícitos e a delimitação de competências entre a União Europeia e os Estados-Membros*, Lisboa, 1997, págs. 213 e segs. e 357 e segs. Diversamente, ANA MARIA MARTINS, *op. cit.*, págs. 627 e segs.

[10] É exactamente o mesmo que se passa agora com o tratado constitutivo do Tribunal Penal Internacional.

Porventura, só se atingiria um estádio constitucional, só haveria exercício de um poder constituinte a nível europeu se, celebrado um novo tratado, não tivesse de haver unanimidade para a sua aprovação e a sua ratificação, podendo ele entrar em vigor, inclusive, em Estados que não o tivessem aprovado ou ratificado (foi o que aconteceu nos Estados Unidos, onde bastou a ratificação por parte de nove dos treze primeiros Estados fundadores para que a Constituição federal entrasse em vigor).

Mas, curiosamente, a Carta das Nações Unidas prevê formas de modificação do respectivo texto bem mais "constitucionais" do que os processos de alteração previstos nos tratados europeus. Pois, sejam aprovadas em conferência Geral dos membros da Organização, sejam aprovadas pela Assembleia Geral, as alterações à Carta desde que ratificadas por dois terços dos Estados e pelos cinco Estados membros permanentes do Conselho de Segurança, obrigam todos os Estados, mesmo os que tenham votado contra (cfr. arts. 108.° e 109.°). E ninguém diz que a Carta seja uma Constituição de tipo estatal.

9. Por extensão da temática dos limites materiais da revisão constitucional a nível interno, alguma doutrina tem vindo a falar em limites materiais de revisão dos tratados europeus – entre os quais, o primado do Direito Comunitário, a proibição de retrocesso relativa aos avanços para a integração, o princípio da subsidiariedade ou o respeito pelos direitos fundamentais[11].

Ainda assim, não é por se admitir a existência de limites materiais à revisão dos tratados europeus que esses tratados se convertem em verdadeiras e próprias Constituições, já que, também em relação a tratados institutivos de organizações internacionais, pode sempre falar-se em limites materiais de revisão como exigência da identidade e da continuidade desses tratados. E, em geral, tanto as reservas a tratados como as modificações de tratados multilaterais entre duas ou mais das suas partes só são admissíveis quando compatíveis com o seu objecto e o seu fim [arts. 17.°, alínea c) e 41.°, n.° 1, alínea b), II, da Convenção de Viena de 1969].

Recorde-se que a Convenção de Montego Bay, de Direito do Mar, de 1982, a propósito da Autoridade para os Fundos Marinhos, prescreve que

---

[11] Cfr. JOSE LUIS DA CRUZ VILAÇA e NUNO PIÇARRA, *Y-at-il des limites matérielles à la révision des traités instituant les Communautés Européennes*, in *Cahiers de Droit Européen*, 1993, págs. 3 e segs.; MARIA LUÍSA DUARTE, *op. cit.*, págs. 369 e segs.; ANA MARIA GUERRA MARTINS, *op. cit.*, págs. 504 e segs.

qualquer revisão deve respeitar alguns princípios como o da consideração de alto mar como património comum da humanidade ou da respectiva utilização para fins pacíficos. Tal como, frente à Carta das Nações Unidas, pode falar-se em limites materiais: o princípio da igualdade jurídica dos Estados, o princípio da solução pacífica dos conflitos, o princípio da prevalência do Conselho de Segurança em relação à Assembleia Geral nas questões respeitantes à manutenção da paz e da segurança internacionais, ou a obrigatoriedade das decisões do Tribunal Internacional de Justiça.

10. Poderia vislumbrar-se na recentemente aprovada Carta dos Direitos Fundamentais da União Europeia um elemento de Direito Constitucional, por declarações de direitos serem conaturais a qualquer Constituição.

Sem dúvida, a Carta, ao retomar questões já encaradas ou resolvidas pelos ordenamentos jurídicos nacionais, tem claramente uma intenção constitucional ou federalista, visando mais do que adstringir os órgãos comunitários e os Estados ao aplicarem Direito Comunitário[12]. Contudo, não foi aprovada com carácter vinculativo e, mesmo que o tivesse sido, não deixaria de ser mais um tratado (um tratado autónomo ou um tratado a integrar em novo tratado institucional).

III

11. Portugal esteve afastado das sedes fundamentais da construção europeia até 1974 por causa do regime político autoritário (por causa da natureza deste regime e por causa da sua preferência por uma integração ultramarina). Pertencia, é certo, à O.C.D.E. e à Associação Europeia de Comércio Livre e obteve um acordo comercial com a C.E.E., mas não podia participar nem no Conselho da Europa, nem nas Comunidades Europeias.

Após a revolução de 25 de Abril, embora se tenha esboçado, de imediato, uma aproximação tanto a uma como às outras instituições, as dificuldades sociais e económicas surgidas e a luta pelo poder também logo desencadeada desviaram a atenção dos cidadãos e dos sucessivos Gover-

---

[12] Cfr. a nossa crítica *Sobre a Carta dos Direitos Fundamentais da União Europeia*, in *Revista da Faculdade de Direito da Universidade de Lisboa*, 2000, págs. 17 e segs.

nos provisórios para problemas bem diversos[13]. E na Assembleia Constituinte nenhum debate se travou sobre se Portugal deveria entrar ou não nas Comunidades[14].

Todavia, precisamente essas dificuldades e o risco muito forte em 1975 de instauração de um novo sistema ditatorial (fosse militar ou leninista) terão reforçado ainda mais o sentimento por parte das correntes de opinião identificadas com as democracias pluralistas de tipo ocidental da necessidade de presença *de pleno* nos processos políticos e económicos europeus. A entrada nas Comunidades justificar-se-ia não só por razões económicas e sociais mas, sobretudo, por razões políticas: ela seria uma garantia acrescida contra qualquer retorno antidemocrático.

A aprovação da Constituição em 2 de Abril de 1976 pôs fim às incertezas acerca do destino do País e permitiu que alguns meses depois (em Fevereiro de 1977) se pedisse a adesão ao Conselho da Europa e às Comunidades. Em 1978, Portugal ingressaria no primeiro (ao mesmo tempo que ratificava a Convenção Europeia dos Direitos do Homem e que aceitava a jurisdição da Comissão e do Tribunal Europeu dos Direitos do Homem). Em 1986, tornar-se-ia membro das Comunidades.

12. Apesar de a Constituição ter institucionalizado a democracia representativa e pluralista, uma intensíssima e, por vezes, dramática polémica atravessaria todo o seu primeiro período da sua vigência, com largos reflexos no domínio da integração comunitária.

Não faltou mesmo, na altura, quem se pronunciasse pela incompatibilidade entre a Constituição e a adesão às Comunidades Europeias, embora, não raro, com base em pré-juízos ora sobre a Constituição, ora sobre a adesão. Havia quem invocasse as Comunidades como mais um argumento contra a Constituição e quem, pelo contrário, em nome desta, se insurgisse contra as Comunidades.

De comum tinham essas teses opostas uma leitura da Constituição como Constituição socialista ou a caminho do socialismo e uma leitura dos

---

[13] Aliás, em rigor estavam vedadas grandes opções ou "reformas" de fundo que, na pureza do Programa do Movimento das Forças Armadas, teriam de ser deixadas para a fase de institucionalização do novo regime (embora se saiba que não sucedeu assim com outras grandes "reformas").

[14] Apenas numa proposta, aliás rejeitada, sobre comércio externo, o problema aflorava, por se falar em "obrigações internacionais assumidas no quadro da integração económica europeia e dos movimentos de liberalização do comércio internacional". V. Diário, n.º. 80, reunião de 12 de Novembro de 1975, págs. 2682 e 2687.

tratados europeus e da prática comunitária como consagrando uma economia liberal e capitalista. E tinham ainda o enfatizar da ideia de independência nacional (constante do preâmbulo e dos arts. 7.°, 9.° e 81.°, entre outros) como contrária às restrições de soberania impostas pela adesão.

E aduzia-se também, dum desses sectores do espectro político, a subsistência do Conselho da Revolução, órgão de soberania de composição militar, como um desvio inultrapassável frente às exigências de democracia plena da pertença às Comunidades.

13. Estes argumentos não eram, a nosso ver, procedentes e não viriam a ter eco nas negociações entretanto em curso.

Antes de mais, a Constituição não era, de modo algum, uma Constuição socialista e, muito menos, marxista. Era – e é – uma Constituição compromissória, conforme demonstrámos na altura[15], com princípios e preceitos de várias matrizes ideológicas (como tantas outras do nosso tempo) correspondentes às forças políticas presentes na Assembleia Constituinte e na sociedade portuguesa, mas em que o sufrágio universal era – e é – o elemento fundamental de legitimidade dos governantes e de conformação das leis.

Embora falando em "transição para o socialismo" e em princípio de apropriação colectiva dos principais meios de produção, declarando irreversíveis as nacionalizações efectuadas entre 1974 e 1976 e realçando os direitos dos trabalhadores, a Constituição nem por isso deixava de garantir a propriedade privada como direito fundamental, de privilegiar o cooperativismo e uma socialização distinta da estatização, de só considerar imperativo o plano para o sector público estadual e de apontar para um princípio de concorrência entre as empresas. Muito mais do que a recondução a um modelo já experimentado, o que avultava, sim, era um intuito de originalidade, não sem ingredientes de utopia ligados à ambiência europeia dos anos 60 e 70[16].

---

[15] V. *A Constituição de 1976 – Formação, estrutura, princípios fundamentais*, Lisboa, 1978.

[16] V. A nossa análise *A interpretação da Constituição económica*, in *Estudos em homenagem ao Prof. Doutor Afonso Rodrigues Queiró*, obra colectiva, Coimbra, I, 1984, págs. 281 e segs. Diferentemente, JOÃO MOTA DE CAMPOS, *A ordem constitucional portuguesa e o Direito Comunitário*, Braga, 1980; MARIA ISABEL JALLES, *Implicações jurídico-constitucionais da adesão de Portugal às Comunidades Europeias*, Lisboa, 1980. Cfr. ainda o debate registado em *Portugal e o Alargamento das Comunidades Europeias*, Lisboa, 1981, com intervenções de PAULO DE PITTA E CUNHA, nossa e de MANUEL DE LUCENA, págs. 47 e segs., 79 e segs. e 109 e segs.

De todo o modo, uma coisa era indiscutível: essa organização económica vinha depois do sistema de direitos fundamentais e a ele subordinado – como logo havia decidido a Assembleia Constituinte ao fazer a sistematização do texto constitucional – e neste sistema avultavam os direitos, liberdades e garantias. Qualquer semelhança com as Constituições então vigentes da União Soviética, dos países da Europa centro-oriental ou de Cuba era bem elucidativa.

Ao mesmo tempo que decorria o debate político e jurídico, era a Comissão Constitucional (o órgão específico de apreciação da constitucionalidade antecedente do Tribunal Constitucional) chamada a emitir parecer sobre várias leis estruturantes da vida económica e, através deles – como os referentes à delimitação de sectores de propriedade dos meios de produção e às bases da reforma agrária[17] – pronunciava-se no sentido de um modelo de economia mista ou pluralista, e não no sentido de um modelo de economia socialista.

Além disso, no próprio Tratado de Roma (art. 222.º) dispunha-se que as Comunidades não interfeririam no regime de propriedade consagrado dentro dos Estados membros, e em alguns destes havia também um vasto sector público, não muito diferente do sector público à época existente em Portugal. E a prova de que a existência de nacionalizações não era incompatível com a integração comunitária viria a estar na circunstância de, em 1981, depois da subida ao poder de François Mitterand em França, ter ocorrido uma larga soma de nacionalizações, sem que tivesse sido posta em causa a permanência da França enquanto membro de pleno direito das Comunidades.

Acrescente-se que não era verdade que o Mercado Comum Europeu assentasse numa estrita concepção liberal; bem pelo contrário, a política agrícola e a política regional plasmavam inspirações impensáveis numa mera economia liberal, do mesmo modo que todo um conjunto de outras intervenções, apoios, orientações e políticas públicas assumidas pelas Comunidades não fariam sentido em tal contexto. Havia uma economia de mercado condicionada, regulada e orientada a partir dos órgãos comunitários.

Quanto ao argumento tirado da independência nacional, tão pouco era plausível, porque ela tinha de ser encarada não na linha de autarcia, de uma soberania ilimitada ou de um qualquer isolamento político-económico de Portugal, mas sim como capacidade de autodeterminação para de-

---

[17] Pareceres n.ºs. 15 e 24/77, de 17 de Junho e 14 de Setembro, in *Pareceres*, II, págs. 67 e segs, e III, págs. 85 e segs., respectivamente.

fesa dos interesses do País nas relações internacionais. E a independência nacional melhor seria defendida através da participação na tomada de decisões que afectassem Portugal do que através de uma não-participação (até porque, sendo Portugal uma economia pequena e aberta, as decisões comunitárias o afectariam sempre de uma maneira ou de outra).

No tocante ao Conselho da Revolução, por último, não podia ignorar-se ser ele um órgão transitório, que, por certo, seria extinto (como veio a sê-lo ainda antes da adesão) com a primeira revisão constitucional; e que, de todo o modo, os seus poderes eram muito limitados e estavam em vias de progressivo apagamento, à medida que as instituições democráticas se iam sedimentando.

14. se a querela "constitucional" (como alguém lhe chamou) não terminaria em 1982, a grande e profunda revisão concluída nesse ano contribuiria, poderosamente, para a atenuar e para desvanecer os alegados motivos de contradição entre a nossa Lei Fundamental e as Comunidades[18].

Por nós, sempre tínhamos afirmado ser necessário discernir no texto constitucional a forma e o conteúdo, dizendo que ainda quando traduzida em alguns artigos – dez ou doze – com formulações ideológico-proclamatórias – aquela nunca poderia sobrepor-se ao conteúdo. E a revisão de 1982 eliminou quase todas essas formulações, ao mesmo tempo que clarificava várias outras, que transferia o direito de iniciativa económica privada e cooperativa da parte II para a parte I do texto (art. 61.º) e que, expressamente, mencionava o princípio da coexistência dos sectores – público, privado e cooperativo – dos meios de produções (novo art. 80.º).

A par destas mudanças, seria dado um sinal iniludível de que Portugal se encaminhava para a integração. Foi o aditamento de um n.º. 3 ao art. 8.º, respeitante ao Direito derivado das organizações internacionais. Ainda que não circunscrito no seu âmbito ao Direito comunitário, ele foi pensado e querido com vista à próxima vigência das suas normas na ordem interna portuguesa.

15. A segunda revisão constitucional, realizada em 1989 (portanto, já depois de consumada a entrada de Portugal nas Comunidades iria muito mais longe na abertura à integração[19].

---

[18] V. *Manual...*, I, 6ª ed., Coimbra, 1996, págs. 374 e segs.
[19] V. *Manual...*, I, cit., págs. 382 e segs.

Em primeiro lugar, ela retirou o advérbio "expressamente" do art. 8.º, n.º 3, com o fito (ao que parece) de não pôr obstáculo à tendência para a aplicabilidade directa das directivas, e não apenas dos regulamentos comunitários.

Em segundo lugar, enxertou no art. 7.º um novo número, o 5, empenhando Portugal "no reforço da identidade europeia a favor da paz, do progresso económico e da justiça nas relações entre os povos" (mas preceito que abarca tanto as Comunidades como o Conselho da Europa, a União da Europa Ocidental ou a Organização de Segurança e Cooperação na Europa).

Em terceiro lugar, constitucionalizou-se o Parlamento Europeu e, com isso, a própria inclusão de Portugal nas Comunidades. Esse órgão ficou mencionado no art. 136.º, alínea *h*), e no art. 139.º, n.º 3, alínea *c*) [hoje 133.º, alínea *b*), e 136.º, n.º 3, alínea *c*)]. Terá sido a primeira vez que um órgão próprio de uma entidade internacional adquiriu relevância no interior de uma Constituição estadual (mas ela terá sido determinada mais por razões de Direito eleitoral português – aplicar à eleição do Parlamento Europeu os princípios e as regras gerais de Direito eleitoral – do que por razões comunitárias)[20].

Também se acrescentou ao art. 15.º um n.º 4, dizendo: "A lei pode atribuir a estrangeiros residentes no território nacional, em condições de reciprocidade, capacidade eleitoral para a eleição dos titulares de órgãos de autarquias locais". E também este não se cinge à integração europeia; pode beneficiar os cidadãos de quaisquer países (por exemplo, cidadãos de países de língua portuguesa que não estejam abrangidos pelos estatutos de igualdade previstos no n.º 3).

Do mesmo passo, a segunda revisão constitucional versou, muito extensamente, sobre as matérias económicas, eliminando a regra de irreversibilidade das nacionalizações decretadas entre 1974 e 1976 (art. 83.º) e substituindo, na cláusula de limites materiais, o princípio da apropriação colectiva dos principais meios de produção pelo da coexistência de sectores público, privado e cooperativo e o princípio da planificação democrática da economia pelo da existência de planos no âmbito de uma economia mista [art. 288.º, alíneas *f*) e *g*)].

---

[20] Cfr. acórdãos n.ºs 320/89, 404/89 e 256/90 do Tribunal Constitucional, de 30 de Maio, 20 de Março e 26 de Julho, in *Diário da República* 2ª série, n.º 212, de 14 de Setembro de 1989, 1ª série, n.º 78, de 14 de Abril de 1989, e 2ª série, n.º 184, de 10 de Agosto de 1990, respectivamente.

16. A assinatura em 7 de Fevereiro de 1992, em Maastricht, de um tratado institutivo de uma "União Europeia" conduziria a uma terceira revisão da Constituição de 1976, tendo em conta a desconformidade de algumas das suas cláusulas com normas constitucionais[21].

Viria a ser uma revisão paralela à operada noutros países comunitários (com relevo para a França e para a Alemanha) e, diferentemente das anteriores, só afectando muito poucos artigos (conquanto não pouco importantes)[22].

17. Na Dinamarca (por duas vezes), na França e na Irlanda a gravidade das alterações constitucionais tornadas necessárias para ser possível a ratificação do Tratado de Maastricht e a própria importância deste levaram a que se realizassem referendos. Em Portugal, também uma corrente de opinião propugnou por uma via análoga, sem êxito.

O referendo político vinculativo de âmbito nacional havia sido introduzido em 1989, se bem que com alcance muito restritivo, por não serem as leis ou os tratados a ser, directamente, sujeitos ao voto popular, mas sim questões a eles respeitantes, e por dele estarem excluídas questões respeitantes a tratados constitutivos de organizações internacionais (entre os quais, na interpretação razoável dos arts. 118.º e 164.º de então, se incluíam os tratados de integração, apesar de as Comunidades terem ultrapassado o estádio de meras organizações internacionais).

---

[21] V. *Manual...*, I, cit., págs. 389 e segs.

[22] As implicações constitucionais de Maastricht em Direito comparado dos países comunitários foram objecto de estudos e colóquios e, a nível jurisprudencial, de decisões do Conselho Constitucional francês e, sobretudo, de um acórdão do Tribunal Constitucional Federal alemão (traduzido por Margarida Brito Correia e publicado em *Direito e Justiça*, 1994, págs. 263 e segs.). Cfr., além dos números especiais da *Revue française de droit constitutionnel* de 1992, FRANÇOIS LUCHAIRE, *L'Union Européenne et la Constitution*, in *Revue de droit public*, 1992, págs. 956 e segs., CONSTANCE GREWE e HELENE RUIZ FABRI, *Le Conseil Constitutionnel et l'intégration européenne*, in *Revue universelle des droits de l'homme*, 1992, págs. 277 e segs.; FRANCISCO RUBIO LLORENTE, *La Constitución Española y el Tratado de Maastricht*, in *Revista Española de Derecho Constitucional*, Set/Dez., 1992, págs. 253 e segs.; TORNSTEN STEIN, *La sentencia del Tribunal Constitucional aleman sobre el Tratado de Maastricht*, in *Revista de Instituciones Europeas*, 1994, págs. 745 e segs.; ANTONIO LOPEZ CASTILLO, *De integración y soberania. El tratado sobre la Unión Europea ante la Ley Fundamental Alemana*, in *Revista Española de Derecho Constitucional*, Jan/Abr., 1994, págs. 207 e segs.; CONSTANCE GREWE e ALBRECHT WEBER, *Le traité sur l'Union Européenne devant les juridictions constitutionnelles*, in *Annuaire International de Droit Constitutionnel*, 1995, págs. 11 e segs.

Para haver referendo a propósito de Maastricht, teria, pois, de se operar uma prévia alteração constitucional.

E também nós defendemos publicamente a realização de um referendo com uma finalidade principal: para provocar uma difusão e uma intensificação do debate acerca do Tratado e, em geral, acerca da integração europeia de Portugal. Através deste debate se patenteariam as grandes questões e as opções possíveis do País; se reforçaria e dinamizaria a vida democrática; e, ao fim e ao resto, se poderia conseguir um maior sentido de participação e até de legitimação da integração.

Uma vez que sempre teria de haver revisão por causa de Maastricht, bem poderia a Assembleia da República, primeiro, rever o art. 118.° e, seguidamente, assumir de novo poderes de revisão já com a virtualidade de referendo. Conquanto fosse um caminho algo complexo, não seria insusceptível de ser abreviado, se nele as forças políticas estivessem realmente empenhadas[23].

18. Passando agora a aludir ao conteúdo da Lei Constitucional n.° 1//V, o primeiro e mais importante ponto concerne ao art. 7.°, a que se aditou um n.° 6 deste teor: "Portugal pode, em condições de reciprocidade, com respeito pelo princípio da subsidiariedade e tendo em vista a realização do princípio da coesão económica e social, convencionar o exercício em comum dos poderes necessários à construção da União Europeia".

Constitucionalizou-se aqui [tal como na nova alínea *f*) do art. 166.° (hoje 163.°) e na nova alínea *i*) do art. 200.° (hoje 197.°)] o processo de união, ao passo que no art. 15.°, n.° 5 seria a própria União, como instituição dele emergente e, ao mesmo tempo, dele propulsionadora, que obtém assento constitucional.

A norma situa-se no âmbito das relações internacionais do Estado, não se tendo autonomizado (como em França ou na Alemanha) um pre-

---

[23] Nem havia contradição entre a nossa posição e a que tínhamos sustentado em 1980 contra o referendo (definido por certa área política) para rever a Constituição.

Em 1980, o referendo devia realizar-se, segundo os seus defensores, à margem do processo constitucionalmente estabelecido de revisão (que era só o processo parlamentar), para vencer os bloqueamentos formais e materiais que, diziam, encerrava; estava associado a uma tendência de luta contra a Constituição de 1976; e aparecia num clima de instabilidade política (de rescaldo da agitação revolucionária de 1974/1976, mas com sinal oposto) que fazia temer pelo Estado de Direito democrático. Cfr. *Manual...*, I, cit., págs. 373 e 374.

Ao invés, em 1992 só poderia ocorrer referendo se a Constituição antes fosse revista pela Assembleia; já não se punha em questão a Constituição; e a democracia representativa, a despeito de tudo, já se encontrava institucionalizada e consolidada.

ceito sobre a União Europeia. Nem substitui o n.° 5, o qual subsiste[24].

E isto significa que Portugal não só continua a tomar a política europeia como um aspecto da sua política externa como ainda não a confina às Comunidades e à União Europeia.

A fórmula "convencionar" implica que apenas por tratado, e não por qualquer decisão de órgãos comunitários, é que se pode estabelecer o "exercício em comum" de poderes. E esta referência a "exercício" parece apontar para uma ideia de delegação, e não de transferência ou de renúncia.

Além disso, sob a forma de cláusulas gerais com conceitos indeterminados, prescrevem-se três elementos:

a) O requisito de reciprocidade relativamente ao "exercício em comum dos poderes" – quer dizer, de igualdade em face dos demais Estados envolvidos no processo[25];

b) A exigência de respeito pelo princípio da subsidiariedade como limite material a esse exercício em comum (paralelamente ao que foi afirmado em Maastricht)[26];

c) O objectivo programático da coesão económica e social.

Um conflito bem provável de interpretações pode, entretanto, conjecturar-se a respeito desse princípio de subsidiariedade entre o nosso Tribunal Constitucional – guardião das normas constitucionais portuguesas, entre as quais, portanto, o art. 7.°, n.° 6 – e o Tribunal de Justiça das Comunidades – guardião do Direito comunitário e constantemente voltado para uma visão "federalista" ou até "centralizadora". Como será ele resolvido? – eis a pergunta que em Portugal e nos demais países se tem enunciado com alguma inquietação[27].

---

[24] Com o acrescento de uma referência à democracia.

[25] Não se trata, naturalmente, de reciprocidade na acepção clássica do Direito internacional das relações bilaterais.

[26] Cfr. MARGARIDA SALEMA D'OLIVEIRA MARTINS, *O princípio da subsidiariedade na Constituição de 1976: os trabalhos preparatórios da terceira revisão constitucional*, in *Perspectivas Constitucionais*, II, obra colectiva, Lisboa, 1997, págs. 851 e segs.

[27] Cfr. RAINER HOFMANN, *Il principio di sussidiarietà. L'attuale significato nel Diritti Costituzionale Tedesco ed il possibile ruolo nell'ordinamento dell'Unione Europea*, in *Rivista Italiana di Diritto Pubblico Comunitario*, 1993, págs. 23 e segs.; FAUSTO DE QUADROS, *O princípio da subsidiariedade no Direito Comunitário após o Tratado da União Europeia*, Coimbra, 1995; *Sussidiarità e ordinamenti costituzionali*, obra colectiva, Pádua, 1999.

19. Ao art. 15.º aditou-se um n.º 5 dizendo: "A lei pode ainda atribuir, em condições de reciprocidade, aos cidadãos de Estados membros da União Europeia residentes em Portugal o direito de elegerem e serem eleitos Deputados ao Parlamento Europeu".

Por um lado, é prudente remeter para a lei e exigir reciprocidade. Por outro lado, afigura-se excessivo admitir capacidade eleitoral passiva, admitir que cidadãos não portugueses representem o povo português no Parlamento Europeu, até porque o Tratado da União Europeia autoriza, como já se disse, derrogações neste domínio. Cotejando com o n.º 4 (em que se explicita "capacidade eleitoral activa e passiva"), avulta a diferença de âmbito há pouco acenada; distinguem-se, e bem, as eleições para as autarquias locais e as eleições para o Parlamento Europeu, eleições com índole e regras diferentes.

Cotejando, porém, com o n.º 3 – o qual, recorde-se, concede aos cidadãos dos países de língua portuguesa, também mediante reciprocidade e convenção internacional, direitos políticos poderia levantar-se alguma dificuldade de compatibilização.

Prima facie dir-se-ia que o n.º 4 exclui o n.º 3. Já não numa interpretação sistemática: o princípio fundamental das relações *especiais*[28] com os países de língua portuguesa não se compadeceria com tal limitação de direitos dos seus cidadãos; quando muito, poderá ser-lhes negada capacidade passiva, mas nunca capacidade eleitoral activa[29].

20. O art. 105.º passou a ter a seguinte redacção: "O Banco de Portugal, como banco central nacional, colabora na definição e execução das políticas monetárias e financeira e emite moeda, nos termos da lei", manteve-se a garantia institucional do Banco de Portugal na sua qualidade de banco central e salvaguardou-se o seu poder de emitir moeda, embora não mais em regime de necessária exclusividade. E havia de ser a lei (mais uma vez) – a lei portuguesa, e não um tratado ou um acto comunitário – a conformar no futuro esse regime, mesmo tendo em conta o desiderato de moeda única europeia.

21. Duas novas alíneas do art. 166.º e do art. 200.º (hoje arts. 163.º e 194.º) – respectivamente as alíneas *f)* e *i)* – passaram a versar sobre o re-

---

[28] Ou relações *privilegiadas*, como se diria após a revisão de 1997.

[29] De resto, os brasileiros com estatuto de igualdade de direitos políticos têm votado nas eleições para o Parlamento Europeu até agora realizadas.

lacionamento da Assembleia da República e do Governo no concernente à política comunitária.

Compete à Assembleia da República "relativamente a outros órgãos" "acompanhar e apreciar, nos termos da lei, a participação de Portugal no processo de construção da União Europeia" [art. 166.º, alínea *f*)]. Compete ao Governo "no exercício de funções políticas", "apresentar, em tempo útil, à Assembleia da República, para os efeitos do disposto na alínea *f*) do art. 166.º, informação referente ao processo de construção da União Europeia".

Como se observa, os dois preceitos encontram-se interligados e têm de ser lidos em conjunto: o poder de apreciação da Assembleia – manifestamente colocado fora do seu lugar próprio[30] – prende-se com o poder--dever de informação do Governo. Não se estipula uma intervenção parlamentar *a priori* – como chegou a ser alvitrado – nem sequer *a posterior* sobre os actos ou sobre certos tipos de actos normativos comunitários; menciona-se tão só, genericamente, a participação de Portugal no "processo de construção da União Europeia".

22. Logo em 1994, seria desencadeado na Assembleia da República um novo procedimento de revisão constitucional, em que apareceriam algumas propostas respeitantes à integração europeia[31]. Mas esta revisão não chegaria a consumar-se.

Diferentemente, o processo iniciado em 1996 iria ser levado a bom termo em 1997[32]. E são as seguintes as alterações constitucionais feitas em 1997 no domínio comunitário:

a) O preceito sobre o Banco de Portugal (artigo 105.º, agora 102.º), se bem que mantendo a sua qualificação como banco central, ficou quase

---

[30] Segundo os projectos de revisão n.ºs 3 e 5/VI, este novo poder da Assembleia deveria ficar no art. 164.º (de "competência política e legislativa"); segundo o projecto n.º 1/VI, no art. 165.º (de "competência de fiscalização"). Acabaria por se quedar no art. 166.º (de "competência relativa a outros órgãos"...).

[31] A mais interessante dessas propostas era a constante do projecto de revisão n.º 7/VI, em que se preconizava a criação de um "Colégio de Deputados ao Parlamento Europeu" que funcionaria junto da Assembleia da República como "órgão político de consulta e de contribuição própria para efeitos de acompanhamento e apreciação da participação de Portugal no processo de construção europeia, nos termos das competências da Assembleia da República (art. 173.º-A da Constituição proposto).

[32] V. *Manual...*, I, cit., págs. 392 e segs. Aliás, tanto este processo como de 1994 foram de bem duvidosa constitucionalidade à face das regras temporais de revisão.

esvaziado de conteúdo, por, doravante se dizer apenas que exerce as suas funções nos termos da lei e das normas internacionais a que o Estado Português se vincule. De sublinhar, entretanto, esta referência a normas internacionais.

b) Ao preceito geral sobre actos normativos (art. 115.º, agora 112.º), aditou-se um número (o 9.º), segundo o qual a transposição de directivas comunitárias para a ordem jurídica interna assumiria a forma de lei.

Foi algo de surpreendente a mais de um título: 1.º) porque se criam dificuldades (praticamente inultrapassáveis) em face de muitas directivas de carácter meramente técnico ou regulamentário que com ele mal se compadecem[33]; 2.º) porque, sendo uma reserva de lei de órgãos de soberania – ou lei ou decreto-lei – se impede assim a intervenção das regiões autónomas relativamente a matérias de interesses específicos e, tendo em conta o aumento constante de directivas sobre as mais variadas áreas, se reduz mesmo drasticamente o seu poder legislativo.

c) Em compensação, explicitam-se três poderes de participação que as regiões autónomas de facto já possuíam: o de se pronunciar, por iniciativa ou sob consulta dos órgãos de soberania, em matérias do seu interesse específico, na definição das posições do Estado Português no âmbito do processo de construção europeia [art. 227.º, n.º 1, alínea v), 2ª parte]; o de participar nas delegações envolvidas em processos de decisão comunitária quando estejam em causa matérias do seu interesse específico [art. 227.º, n.º 1, alínea x), 2ª parte]; e o de participar no processo de construção europeia mediante representação nas respectivas instituições regionais [art. 227.º, n.º 1, alínea x), 1ª parte].

d) A Assembleia da República, por seu turno, receberia o poder de participação prévia nos procedimentos normativos que cinco anos antes lhe fora recusado: o poder de se pronunciar, nos termos da lei, sobre as matérias pendentes de decisão em órgãos no âmbito da União Europeia que incidam na esfera da sua competência legislativa reservada [nova alínea n), do art. 161.º].

É diferente e mais rico do que o mero acompanhamento previsto no art. 163.º [anterior 166.º, alínea f)], que subsiste. Todavia, não tanto quanto sugerimos quer em 1992[34] quer em 1997 (e que era a atribuição de força vinculativa à pronúncia).

---

[33] Crfr. BLANCO DE MORAIS, *A forma jurídica de transposição das directivas comunitárias*, in *Legislação*, 1998, págs. 41 e segs.

[34] V. depoimento na comissão evenual de revisão constitucional, in *Diário da Assembleia da República*, VI legislatura, 2ª sessão legislativa, 2ª série, n.º 8-RC, pág. 135.

e) À Assembleia foi ainda atribuída, em reserva absoluta, a definição do regime de designação dos membros dos órgãos da União Europeia[35], com excepção dos membros da Comissão [nova alínea p) do art. 164.°, que assim constitucionaliza também outro órgão comunitário].

Trata-se também de um avanço – de um avanço não tanto por implicar um aumento dos poderes parlamentares quando por pressupor a necessidade de um tratamento legislativo de assunto até então deixado a soluções casuísticas ou ad hoc do Governo, com discrepância de elementares exigências de um Estado de Direito. Só não se compreende por que se manteve de fora a designação do membro português da Comissão (que, ainda quando continuasse a assentar numa escolha política do Governo, bem poderia, no mínimo, exigir uma audição parlamentar).

23. Indirectamente, a revisão de 1997 incidiria outrossim sobre questões comunitárias, ao alargar significativamente o âmbito do referendo e, dessa maneira, ao alterar aquilo que em 1992 não se tinha querido alterar.

É que, apesar da espantosa deficiência técnica dos novos n.ºs 4 e 5 do art. 115.° (ex-118.°), a partir da revisão passou a ser possível realizar referendos políticos vinculativos nacionais sobre quaisquer questões de relevante interesse nacional objecto da convenção internacional, excepto quando relativos à paz e à rectificação de fronteiras. Logo, passou a ser possível haver referendo sobre tratados constitutivos ou modificativos de organizações internacionais e de outras entidades como as Comunidades e a União Europeia.

E, como, de acordo com o novo n.° 12 do mesmo art. 115.°, nos referendos são chamados a participar cidadãos residentes no estrangeiro, regularmente recenseados ao abrigo do n.° 2 do art. 121.° (quer dizer, que tenham "laços de efectiva ligação à comunidade nacional"), isso inculca que em referendos sobre questões comunitárias devem (ou devem poder) participar cidadãos portugueses residentes em territórios dos países comunitários à semelhança do que sucede com a eleição do Parlamento Europeu.

24. Na sequência da revisão de 1997, a Assembleia da República aprovou uma proposta de referendo respeitante ao Tratado de Amesterdão (entretanto assinado) e, com observância do art. 115.°, n.° 8, o Presidente

---

[35] Deveria falar-se em Comunidades, e não em União Europeia, por esta não ser – ou não ser ainda – uma entidade *a se*, mas sim o conjunto de Comunidades e das políticas externa e de segurança comum e de justiça e assuntos internos.

da República submeteu-a à apreciação do Tribunal Constitucional acompanhando o pedido de um elenco de dúvidas de constitucionalidade e de legalidade.

O Tribunal viria a lavrar o acórdão n.º 531/98, de 29 de Julho, tirado por 8 votos contra 5[36], em que se pronunciou pela inconstitucionalidade da pergunta, por comportar mais de um sentido e lhe faltar clareza e objectividade[37].

25. A pergunta era: "Concorda com a continuação da participação de Portugal na construção da União Europeia no quadro do Tratado de Amesterdão?". E, realmente, estava mal concebida, por juntar a questão da União Europeia, em geral e a do Tratado de Amesterdão em particular.

Quem sabe com algum peso na consciência por terem impedido um referendo em 1992, os dois principais partidos dir-se-ia desejarem, mais do que uma decisão sobre este Tratado, uma espécie de legitimação popular retroactiva do Tratado de Maastricht. Ora, não existindo referendos de efeitos retroactivos, a primeira parte da pergunta ("a continuação") era descabida ou inútil e a segunda ficava sem pressuposto.

Devolvida a proposta ao Parlamento, este não se valeria da sua prerrogativa de reformulação e a ideia de um referendo europeu seria rapidamente esquecida. Os factos estavam consumados e nem sequer se encarou a hipótese de um referendo acerca da entrada (porventura, irreversível) na moeda uníca.

---

[36] *Diário da República*, 1ª série-A, n.º 174, de 30 de Julho de 1998.

[37] Como aí se escreve (n.º 15), os cidadãos eleitores menos informados poderiam ser levados a supor que uma resposta negativa teria como efeito necessário a cessação dessa "continuação", com o consequente abandono da União Europeia por Portugal (o que implicaria uma alteração constitucional, coisa vedada a referendo). Não assinalando que o que se pretendia era dar um novo passo no âmbito da construção europeia e, antes, sugerindo a ideia de eleitores que pretendessem que Portugal continuasse a participar na construção da União Europeia a dar o seu voto afirmativo no referendo, desvalorizando aquilo que era essencial – as alterações a introduzir com a aprovação do Tratado de Amesterdão.

Pelo contrário, os juízes minoritários sustentaram que poderia formular-se a pergunta remetendo para o sentido geral de uma convenção, sem que isso prejudicasse a clareza da pergunta. Não se deveria confundir a clareza da pergunta, considerada em si, com a falta de esclarecimento sobre a convenção (PAULO MOTA PINTO). Nem a pergunta sugeriria qualquer dos sentidos possíveis das respostas. Aqueles que eram aludidos nos autos situar-se-iam num plano argumentativo que não seria aquele em que se movimenta o cidadão comum, e seria a resposta dele que se pretenderia e não a solução prévia de problemas de interpretação colocados por peritos de Direito Contitucional (VITOR NUNES DE ALMEIDA).

Cfr. a anotação de MARIA LUÍSA DUARTE: in *Direito e Justiça*, 1998, 2, págs. 59 e segs.

Já depois de proferida esta conferência, foi concluída a revisão constitucional provocada pelo Tribunal Penal Internacional, cujo estatuto (à semelhança do que sucedeu com o Tratado da União Europeia) só poderia ser ratificado depois de uma adequação da Constituição. E esta revisão acabou por incidir também em matérias de integração através de um aditamento ao art. 7.°, n.° 6 e de uma alteração ao art. 33.°.

Naquele preceito, acrescentou-se, como objectivo também do exercício em comum de poderes de soberania, a realização de um "espaço de liberdade, segurança e justiça".

No art. 33.°, n.° 5, em conexão com isso – se bem que precipitadamente e sem as devidas cautelas – passou a admitir-se a dispensa das garantias relativas à expulsão e à extradição, salvo no domínio da pena de morte: "O disposto nos números anteriores não prejudica a aplicação das normas de cooperação judiciária penal estabelecidas no âmbito da União Europeia".

IV

26. As relações entre a ordem jurídica portuguesa e a ordem jurídica comunitária merecem uma menção particular, pela sua extraordinária importância.

O direito comunitário é alvo de recepção automática, relembre-se, pelo art. 8.° da Constituição, o originário no n.° 2 e o derivado no n.° 3. Ora, se nenhuma dúvida subsiste acerca da prevalência das normas de Direito comunitário (como as de Direito ordinário português, já mais complexo se apresenta o problema das suas relações com o Direito constitucional.

27. O Tribunal de Justiça das Comunidades, numa ousada construção pretoriana, tem vindo, ao longo dos anos, a definir o primado do seu Direito sobre o Direito interno dos Estados membros, incluindo o Direito constitucional, através de asserções como estas:

– "O recurso às regras ou noções jurídicas do Direito nacional para julgar da validade dos actos emanados das instituições da Comunidade teria por efeito atentar contra a unidade e a eficácia do Direito comunitário";

– "A proeminênica do Direito comunitário é confirmada pelo art. 189.° (do Tratado de Roma), nos termos do qual os regulamentos têm valor obrigatório e são directamente aplicáveis em qualquer Estado membro";

– "A esse Direito não poderiam, em virtude da sua natureza, ser opostas em juízo regras do Direito nacional, fossem elas quais fossem, sob pena de se perder o seu carácter comunitário e de ser posta em causa a base jurídica da própria Comunidade";
– "As disposições dos tratados e os actos das instituições directamente aplicáveis têm por efeito impedir a formação de novos actos legislativos nacionais incompatíveis"[38].

Naturalmente, os Tribunais Constitucionais e os Supremos Tribunais dos Estados membros têm vindo a reagir em atitudes variáveis ao longo dos anos – acompanhadas de interessantes elaborações teóricas – e tendendo a admitir alguma aproximação, mas reservando-se a garantia dos valores fundamentais das respectivas ordens jurídicas e o poder de não aplicar normas comunitárias não fundadas nos tratados constitutivos[39].

---

[38] V. A referência aos acórdãos mais importantes em JOÃO MOTA DE CAMPOS, *Direito Comunitário*, 4ª ed., Lisboa, 1994, págs. 321 e segs.; em MARIA LUÍSA DUARTE, *O Tratado da União Europeia e a garantia da Constituição*, in *Estudos em memória do Prof. Doutor João de Castro Mendes*, Lisboa, 1993, págs. 670 e segs.; ou em G.F. MANCINI, *Democracy and Constitutionalism in the European Union*, Oxónia, 2000, págs. 4 e segs.

[39] Cfr. JEAN-PAUL JACQUE, *Constitution et organisations internationales: le problème de la supranationalité*, in *Droit Constitutionnel et Droits de l'Homme*, obra colectiva, Paris – Aix-en-Provence, 1987, págs. 321 e segs.; ARACELI MANGAS MARTIN, *La Constitución y la ley ante el Derecho Comunitario*, in *Revista de Instituciones Europeas*, 1911, 2, págs. 587 e segs.; *La Corte Costituzionale tra Diritto interno e Diritto Comunitario*, obra colectiva, Milão, 1991; FRANÇOIS HERVOUET, *Politique jurisprudentielle de la cour de Justice et des Juridictions nationales*, in *Revue de droit public*, 1992, págs. 1257 e segs.; FREDERICO SORRENTINO, *Ai limiti dell'integrazione europea: primato delle fnti o delle istituzioni comunitarie?*, in *Politica del Diritto*, Junho de 1994, págs. 189 e segs.; FILIPPO DONATI, *Diritto Comunitario e sindacato di costituzionalità*, Milão, 1995; CHRISTIAN WALTER, *Le contrôle de constitutionnalité des actes de droit communautaire dérivé par la Cour Constitutionnelle fédérale allemande*, in *Revue de Droit Public*, 1997, págs. 1285 e segs.; THOMAS MEINDL, *Le contrôle de constitutionalité des actes de droit dérivé en France*, ibidem, págs. 1665 e segs.; CESÁREO GUTÍERRES ESPADA, *De nuevo sobre las relaciones entre la Constitución y el Derecho Comunitario*, in *Anuario de Derecho Constitucional y Parlamentario*, Múrcia, 1998, págs. 215 e segs.; S. PRECHAL, *Community Law in national courts: The lessons from Van Schijndel*, in *Common Market Law Review*, 1998, págs. 681 e segs.; IDA NICOTRA GUERRERA, *Norme comunitarie come parametro di costituzionalità tra monismo e dualismo*, in *Diritto Pubblico*, 1999, págs. 231 e segs.; G.F. MANCINI, *op. cit.*, págs. 248 e segs.; GEORGES S. KASTROUGALOS, *Le problème des rapports entre le Droit communautaire et Constitutions nationales à la lumière du "dualisme institutionnel" de l'Union Européenne*, in *Revue de Droit Public*, 2000, págs. 1235 e segs.; CONSTANCE CREWE e HELENE RUIZ FABRI, *La situation respective du droit international et du droit communautaire dans le droit constitutionnel des*

28. No nosso país, se o Tribunal Constitucional não teve até agora de se pronunciar[40], nem por isso a doutrina tem deixado de reflectir sobre a relação entre Direito comunitário e Constituição. Prevalece a tese da supremacia desta, com mais ao menos contenção[41], mas há também quem defenda o valor supranacional daquele Direito.

Segundo os Autores que propugnam pela supremacia do Direito comunitário, para que este Direito vigore na ordem interna dos Estados membros e prime sobre todo o Direito estadual não é necessário que a Constituição o diga: quando um Estado adere às Comunidades aceita implicitamente a sua ordem jurídica com todas as suas características essenciais – com todos os seus atributos próprios – e o primado é o primeiro deles[42].

Etats, in *Droit International et Droit Communautaire: perspetives actuelles*, obra colectiva, Paris, 2000, págs. 251 e segs.

[40] No acórdão n.° 184/89, de 1 de Fevereiro (in *Diário da República*, 1ª série, n.° 57, de 9 de Março de 1989), o Tribunal moveu-se em zonas de fronteira, embora o que estivesse em causa fosse um regulamento interno português (o regulamento de aplicação ao território nacional do Fundo Europeu de Desenvolvimento Regional anexo à Resolução do Conselho de Ministros n.° 44/86, de 5 de Junho).

[41] CASEIRO ALVES, *Sobre o possível "efeito directo" das directivas comunitárias*, in *Revista de Direito e Economia*, n.° 9, 1983, págs. 214, nota; MOITINHO DE ALMEIDA, *Direito comunitário – A ordem jurídica comunitária – As liberdades fundamentais na CEE*, Lisboa, 1985, pág. 101; AZEVEDO SOARES, *Lições de Direito Internacional Público*, 4ª ed., Coimbra, 1988, págs. 101 e segs.; JOÃO CAUPERS, *Introdução ao Direito comunitário*, Lisboa, 1988, págs. 171-172; CARLOS BOTELHO MONIZ e PAULO MOURA PINHEIRO, *As relações da ordem jurídica portuguesa com a ordem jurídica comunitária*, in *Legislação* n.° 4-5, Dezembro de 1992, 15, pág. 140; JOÃO MOTA DE CAMPOS, *Direito Comunitário*, II, cit., págs. 392 e 393 e *Manual...*, cit., págs. 386 e segs.; GOMES CANOTILHO e VITAL MOREIRA, págs. 90-91 e 984; MARIA LUÍSA DUARTE, *op. cit.*, loc.cit., págs. 698 e segs.; Cardoso da Costa, *O Tribunal Constitucional português e o Tribunal de Justiça das Comunidades Europeias*, in *AB UNO AD OMNES – Estudos em homenagem à Coimbra Editora*, Coimbra, 1998, págs. 1373 segs.; MANUEL PROENÇA DE CARVALHO, *A Constituição portuguesa e as normas comunitárias: polémica e "mentes piedosas"*, in *Estudos em homenagem ao Banco de Portugal*, obra colectiva, Lisboa, 1999, págs. 251 e segs.; GOMES CANOTILHO, *Direito Constitucional...*, cit., págs. 800 e segs.; Blanco de Morais, *Justiça Constitucional*, I, Coimbra, 2002, págs. 505 e segs.

De certo modo, no sentido da paridade das normas constitucionais e das normas comunitárias, não podendo estas afectar direitos fundamentais dos cidadãos, JOÃO BAPTISTA MACHADO, *Introdução ao Direito e ao Discurso Legitimador*, Coimbra, 1983, pág. 76.

[42] ANDRÉ GONÇALVES PEREIRA e FAUSTO DE QUADROS, *Manual de Direito Internacional Público*, 3.° Ed., Coimbra, 1993, pág. 130; EDUARDO CORREIA BAPTISTA, *Direito Internacional Público*, Lisboa, 1998, cit., pág. 448. Cfr. também já ANTÓNIO NADAIS, ANTÓNIO VITORINO e VITALINO CANAS, *Constituição da República Portuguesa – Textos e comentários à Lei n.° 1/82*, Lisboa, pág. 292; e NUNO PIÇARRA, *O Tribunal de Justiça das*

O disposto no art. 8.º, n.º 3, acrescentam André Gonçalves Pereira e Fausto de Quadros, deve prevalecer sobre os arts. 207.º e 277.º, n.º 1 da Constituição, já que está colocado na parte da Constituição dedicada aos "Princípios Fundamentais"[43].

Em linha mais radical, Eduardo Correia Baptista considera incontornáveis o regime do Direito Comunitário e os factos decorrentes do seu "implacável sistema de garantias". É algo penoso ter de o reconhecer, mas a existir uma norma nula internamente (ou ineficaz por revogação), esta norma será a constitucional por contrariar a norma comunitária e não o inverso ... e as normas nulas não vinculam os tribunais[44].

29. Não negamos a conveniência e até a "exigência estrutural" de uma interpretação e uma aplicação uniformes do Direito comunitário no interior de todos os países pertencentes às Comunidades Europeias. Julgamos, no entanto, que o Tribunal de Justiça tem ido longe demais no seu zelo integracionista[45] e que a doutrina da supremacia absoluta do Direito comunitário só se justificaria numa fase de Estado federal[46].

A construção produzida pelo Tribunal (mau-grado o seu apuramento técnico) não decorre do sentido básico, de grande originalidade do Tratado de Roma. Proveniente de juizes sem legitimidade democrática, não espelha a vontade comum dos Parlamentos dos Estados membros. Conduz a resultados inadmissíveis tanto no contexto daquele tratado como dos Tratados de Maastricht, Amesterdão e Nice[47].

Como tem sido muitas vezes sublinhado, há aí uma contradição inultrapassável com os alicerces políticos das Comunidades. Estes apelam aos princípios democráticos e ao respeito dos direitos fundamentais dos cidadãos. Pois bem: não é num Estado democrático a Constituição a máxima expressão da vontade popular, manifestada por Assembleia Constituinte

---

Comunidades Europeias como juiz legal e o processo do art. 177.º do Tratado CEE, Lisboa, 1991, págs. 71 e segs. e 84 e segs, maxime 89.

[43] *Op. cit.*, pág. 136. Não obstante, estes Autores reconhecem que, como o Direito comunitário ainda não é um Direito federal, a sanção para a violação do primado se situa no plano da eficácia, e não no da validade da norma estadual (pág. 142).

[44] *Op. cit.*, pág. 451.

[45] Assim, PAULO DE PITTA E CUNHA, *A lógica integracionista e a supremacia do ordenamento comunitário*, in *Revista da Ordem dos Advogados*, 1984, págs. 260-261.

[46] Cfr. *Manual* ..., III, cit., págs. 290 e segs.

[47] Cfr., em termos problemáticos, diferentemente, RUI DE MOURA RAMOS, *Reenvio prejudicial e relacionamento entre ordens jurídicas na construção comunitária*, in *Legislação*, n.º 415, Abril-Dezembro de 1995, págs. 112 e segs.

ou por referendo? Como conceber então que a ela se sobreponha uma normação proveniente de órgãos sem base democrática imediata (o Conselho e a Comissão)? Como conceber que às democráticas Constituições dos países europeus se sobreponha uma normação burocrática e tecnocrática como a que desses órgãos dimana[48]?

Aliás, no concernente aos direitos fundamentais bem pode dizer-se que é o próprio Tratado da União Europeia que acolhe, senão a supremacia, pelo menos, a recepção formal das normas constitucionais – ao proclamar que a União respeita os direitos fundamentais ... *tal como resultam das tradições constitucionais comuns aos Estados membros*[49], enquanto princípios gerais do Direito comunitário (art. 6.°, n.° 2).

Sem olvidar o postulado da unidade do Direito comunitário, tem, pois, de se procurar soluções de equilíbrio com as Constituições nacionais, soluções de harmonização e concordância prática. E, de resto, mesmo Autores voltados para a afirmação de uma Constituição europeia, reconhecem a necessidade de um pluralismo[50] ou dialogismo jurídico[51] e devendo a ordem jurídica europeia ser pensada como integrando, simultaneamente, as pretensões de validade das ordens jurídicas nacionais e comunitária[52].

Não é preciso destruir a função da Constituição para aceitar um princípio de cooperação entre ordens jurídicas[53]. À visão monista de supremacia-subordinação pode contrapor-se a ideia de uma repartição material de competências: à "competência das competências" dos Estados são subtraídas, por vontade destes, competências fundamentalmente em matérias

---

[48] Cfr. a referência ao princípio democrático no acórdão do Tribunal Constitucional alemão (na tradução de MARGARIDO BRITO CORREIA, cit., loc. cit., pág. 290).

[49] Cfr., de certo modo, LOUREIRO BASTOS, *A União Europeia – Fins, Objectivos e Estrutura Básica*, Lisboa, 1993, págs. 50 e 51; ou FRANCISCO LUCAS PIRES, *O factor comunitário no desenvolvimento constitucional português*, in *Os 20 anos da Constituição de 1976*, obra colectiva, Coimbra, 2000, pág. 225.

[50] MIGUEL POIARES MADURO, *O superavit democrático europeu*, cit., loc. cit., págs. 144 e segs., maxime págs. 145, 148 e 149.

[51] FRANCISCO LUCAS PIRES, *op. cit., loc. cit.*, pág. 228. E sublinha que a supremacia das normas comunitárias dir-se-ia, ela própria, subsidiária, limitada às esferas de competência que lhes são atribuídas (pág. 224). *In dubio pro* Constituição nacional.

[52] MIGUEL POIARES MADURO, *op. cit., loc. cit.*, pág. 150. Cfr. GEORGES S. KATROUGALOS, *op. cit., loc. cit.*, pág. 1248, falando numa pirâmide de normas a nível europeu, que não obedece a uma geometria euclidiana, mas sim a uma geometria variável.

[53] CRUZ VILAÇA, *Droit Constitutionnel et Droit Communautaire – le cas portugais*, in *Rivista di Diritto Europeo*, 1991, pág. 303.

económicas *lato sensu*[54]. A relação entre o Direito comunitário e os direitos nacionais constrói-se com base nos princípios da atribuição de competências e da colaboração ou complementaridade funcional de ordenamentos autónomos e distintos[55].

Poderá, por conseguinte, justificar-se alguma contenção – como temos sugerido[56] – no funcionamento dos mecanismos de fiscalização instituídos pelos arts.204.º e 280.º e segs., embora nunca a pretexto de uma pretensa prioridade do art. 8.º, n.º 3. Esta não incorpora um princípio fundamental da Constituição; princípio fundamental é, sim, o princípio da constitucionalidade, declarado no art. 3.º, n.ºs 2 e 3.

O princípio da repartição material de competências, concretizado nas cláusulas implícitas ou explícitas de limitação da soberania, é suficiente para justificar a não fiscalização da constitucionalidade das normas comunitárias, salvo naqueles casos em que se trate de garantir o núcleo essencial da Constituição, insusceptível, por natureza, de integrar o âmbito da delegação de competências pacticiamente definido. Não se trata de conferir à norma comunitária um valor supranacional, insuperavelmente contraditório com a própria ideia de Constituição[57].

30. Do primado das normas constitucionais relativamente às normas convencionais e derivadas de organizações internacionais decorre a inconstitucionalidade destas quando desconformes. Mas importa precisar o que isto significa.

A Constituição rege os comportamentos dos órgãos do poder que e movam no âmbito do Direito interno e, por conseguinte, todos os seus actos, quanto a todos os seus pressupostos, elementos, requisitos, têm de ser conformes com ela. Aí se incluem actos de Direito interno que correspondem a fases do processo de vinculação internacional do Estado (como

---

[54] NUNO PIÇARRA, *op. cit.*, págs. 81 e 82; MIGUEL POIARES MADURO, *O superavit...*, cit., loc. cit., pág. 148.

[55] MARIA LUÍSA DUARTE, *op. cit.*, *loc. cit.*, págs. 689-690. Fala em "coabitação necessária" (págs. 685 e segs.).

[56] *Manual...*, II, 3ª ed., Coimbra, 1991, cit., pág. 424, e VI, cit., págs. 168 e segs. Cfr. também ANTÓNIO VITORINO, *op. cit.*, págs. 56 e segs.; CASEIRO ALVES, *op. cit.*, *loc. cit.*, págs. 214-215, nota; CARDOSO DA COSTA, *O Tribunal Constitucional...*, cit., *loc. cit.*, págs. 1376 e 1377; RUI MEDEIROS, *A Carta dos Direitos Fundamentais da União Europeia, a Convenção Europeia dos Direitos do Homem e o Estado Português*, in *Nos 25 anos da Constituição da República Portuguesa de 1976*, obra colectiva, Lisboa, 2001, págs. 282 e segs.

[57] MARIA LUÍSA DUARTE, *op. cit.*, *loc.cit.*, pág. 704.

a aprovação de tratados ou a emissão de reservas), os quais podem, pois, ser inconstitucionais ou não.

Pelo contrário, os actos que decorram na órbita do Direito internacional não são enquanto tais, susceptíveis de inconstitucionalidade. Susceptíveis de inconstitucionalidade são, sim, os conteúdos desses comportamentos enquanto deles se desprendam, quer tomados em si mesmos (inconstitucionalidade material), quer tomados em conexão com os actos de Direito interno atinentes à vinculação do Estado e, assim, de certa maneira ainda à sua produção (inconstitucionalidade orgânica e inconstitucionalidade formal).

Daí, por outro lado, que um eventual juízo de inconstitucionalidade de normas jurídico-internacionais se limite à ordem interna do Estado cujos órgãos de fiscalização o emitem, e não para além dele – o que, sendo inteiramente lógico, levanta delicados problemas[58-59].

31. Quanto a normas dimanadas de órgãos próprios de organizações internacionais e de entidades afins de que Portugal seja parte, não se põe nenhum problema de constitucionalidade dos actos de produção – pois que nenhum órgão da República Portuguesa interfere aí; e, por isso mesmo, tão pouco há lugar a fiscalização preventiva. Qualquer problema, a suscitar-se, será somente de conformidade material dessas normas com a Constituição.

Contudo, no tocante ao Direito comunitário, pode sugerir-se, na esteira do que há pouco salientámos, uma via média: exercício de fiscalização para defesa dos valores básicos da Constituição (*maxime* os direitos fundamentais do art. 19.°, n.° 6)[60] e dos próprios princípios e regras conformadoras da construção comunitária (art. 7.° n.° 6) e adopção para o resto de algo de semelhante ao disposto no art. 277, n.° 2, com a consequente mera irregularidade aqui de eventual contradição[61].

---

[58] Cfr. LUÍS SERRADAS DUARTE, *A aplicação interna das convenções internacionais face ao controlo do Tribunal Constitucional*, Lisboa, 1997.

[59] Sobre a questão em Direito comparado, v. Autores citados em *Manual...*, VI, Coimbra, 2001, pág. 165, nota.

[60] V. Já *Manual...*, II, 3ª ed., cit., pág. 424; e *Direito Internacional Público* – I, 1ª versão, pág. 255. Cfr. MARIA LUÍSA DUARTE, *op. cit.*, *loc.cit.*, págs. 704-705, que, além dos direitos fundamentais, considera a separação de poderes, o princípio de legalidade e o princípio de independência nacional; e CARDOSO DA COSTA, *O Tribunal...*, cit., *loc. cit.*, pág. 1378, nota.

[61] Incluindo a falta de pronúncia da Assembleia da República quanto aos actos normativos comunitários que respeitem à sua competência legislativa reservada (art. 161.°, alínea n).

Nem se invoque, para excluir totalmente a fiscalização, a omissão do Direito comunitário no preceito respeitante ao recurso obrigatório para o Ministério Público de decisões dos tribunais de desaplicação de normas constantes dos actos de maior relevância (art. 280.º, n.º 3)[62], porque ele não apaga a regra geral da recorribilidade de decisões que recusem a aplicação de qualquer norma com fundamento em inconstitucionalidade [art. 280.º, n.º 1, alínea *a*)] e porque a não obrigatoriedade de recurso bem pode entender-se, justamente, na perspectiva de relativa autolimitação que sugerimos.

Muito menos aceitável, embora aliciante, seria convolar a questão de inconstitucionalidade suscitada em qualquer tribunal em questão prejudicial de validade jurídico-comunitária, funcionando então o Tribunal de Justiça das Comunidades como *juiz legal* para o efeito do art. 177.º do Tratado de Roma (art. 234.º do Tratado de Amesterdão)[63]. Além de não ter, neste momento, nenhum apoio de preceito positivo, poderia traduzir-se, em última análise, numa absorção do Direito constitucional pelo Direito comunitário.

32. Problemática bem diferente vem a ser a da fiscalização da constitucionalidade de leis internas de transposição de directivas comunitárias.

Evidentemente, nada pode impedir essa fiscalização nos termos gerais.

---

[62] EDUARDO CORREIA BAPTISTA, *Direito...*, cit., pág. 450. Todavia, contraditoriamente, apesar de a omissão também abranger normas derivadas de organizações internacionais *proprio sensu*, o Autor admite o recurso de decisões judiciais que as não apliquem (pág. 457).

[63] NUNO PIÇARRA, *op. cit.*, pág. 77 e segs., maxime 90 e 94 e segs e também, quanto à violação de direitos, liberdades e garantias; EDUARDO CORREIA BAPTISTA, *Direito...*, cit., pág. 454.

PORTUGAL NA UNIÃO ECONÓMICA E MONETÁRIA

Prof. Doutor JOÃO FERREIRA DO AMARAL

Introdução

Gostaria, em primeiro lugar, de agradecer ao Instituto Europeu, na pessoa do Prof. Doutor Paulo de Pitta e Cunha, o honroso convite que me foi dirigido para vos falar de Portugal na União Económica e Monetária (UEM) e tentarei expor a minha posição, aliás bastante crítica, quer sobre o modo de existência da União (em particular, a União Monetária), quer sobre a nossa participação. Tentarei, no final, dar a minha visão sobre o nosso futuro, ou falta dele, na UEM. A exposição será dividida em três grandes tópicos.

Em primeiro lugar, veremos, rapidamente, qual o significado económico da UEM e o também o que ela não significa (esta consideração pode ser útil e esclarecedora, sabendo que, do meu ponto de vista, há algumas ideias erradas sobre o assunto). Em segundo lugar, darei a minha visão do que foi a evolução da economia portuguesa desde o momento em que se iniciou o processo denominado de convergência nominal, ou seja, quando se começou a aproximação à moeda única, por volta de 1991. Por fim, a terceira parte abordará o nosso futuro económico no âmbito da UEM.

1. O significado da União Económica e Monetária

Começaria por abordar o que significa UEM, em termos económicos. Se estamos a falar de uma UEM quer dizer que há algo relativo à economia e algo relativo à moeda.

Em relação à moeda, é fácil: é a criação de uma moeda única, embora não para todos os países da UE, uma vez que abarca apenas, por agora, doze países. Em qualquer caso, é uma referência importante em termos de espaço comunitário porque mesmo os países que estão fora são, de alguma forma, condicionados pela moeda única.

No que respeita à União Económica, as opiniões dividem-se quanto ao seu significado. É uma expressão muito pouco definida mas julgo que, simplificadamente, se pode considerar que estamos numa União Económica na Europa, no sentido em que existe um mercado interno, cuja realização terminou há cerca de dez anos, que se caracteriza pelas quatro liberdades de circulação (de pessoas, mercadorias, serviços e capitais) e pela liberdade de estabelecimento e, ainda por algumas políticas comuns (o que lhe dá maior consistência).

Vamos agora ver o que *não* significa UEM. É muitas vezes referido que, hoje, existe apenas uma economia única europeia. Julgo que não se pode inferir isso da existência de uma União Económica na Europa. Do meu ponto de vista, continuam a persistir, e vão continuar a persistir durante muito tempo, as economias nacionais. Claro que há as cinco liberdades mas ainda é útil, e, repito, considero que será útil ainda durante muito tempo, olharmos para as economias nacionais porque elas têm uma existência, a meu ver, significativa.

Por várias razões. Por um lado, há fenómenos histórico-culturais que ao longo de muitos anos foram sedimentando determinados comportamentos económicos que são diferenciados entre as diversas regiões comunitárias. Pode haver, por exemplo, o mercado interno comunitário, mas o mercado de trabalho em Portugal funciona muito diferentemente do mercado de trabalho em Inglaterra ou na Áustria. São, no fundo, fenómenos enraizados em causas profundas que não serão, de forma nenhuma, varridas de um momento para o outro.

Existe um segundo factor que eu considero mais importante ou, pelo menos, mais facilmente mensurável: o peso dos orçamentos nacionais. De facto, nos países europeus, as despesas públicas, que podem representar 40% 50% ou 60% do PIB consoante os países, são despendidas pelos respectivos Estados tendo em conta os seus próprios interesses nacionais e não os europeus. Por isso, quando um Estado europeu gasta 40% do seu PIB nas suas despesas públicas está a fazê-lo para alcançar objectivos nacionais. Este factor cria logo uma grande diferenciação entre as economias nacionais e dá significado à continuidade da sua existência. Como não creio que este peso dos orçamentos nacionais vá ser transferido para as instituições comunitárias, as finanças públicas continuarão a ser muito relevantes internamente e a contribuir para persistência das economias nacionais. Do meu ponto de vista, é, portanto, errada a visão que justifica a moeda única como uma necessidade inelutável de uma economia única.

Com efeito, foi muitas vezes afirmado que a moeda única, na Europa, foi uma consequência lógica da realização de um mercado interno comunitário, já que este cria uma economia europeia única e consequentemente a moeda única será o coroar do processo. Ora, como do meu ponto de vista continua a fazer sentido a existência de economias nacionais, este argumento cai pela base. A visão contrária, muitas vezes repetida, tem, no entanto, consequências importantes a nível da política económica.

O que sucedeu, é que, para os países da zona Euro, os instrumentos de política macro-económica desapareceram praticamente do âmbito de acção dos respectivos Estados nacionais. Isto é, os Estados europeus tinham tradicionalmente, pelo menos desde meados do século XX, um conjunto de instrumentos de actuação macro-económica sobre as respectivas economias e esses foram perdidos em grande parte com a realização da moeda única. Perdeu-se a política cambial, naturalmente, uma vez que deixaram de existir moedas nacionais e também a política monetária (muito associada à política cambial, pelo menos quando há liberdade de circulação de capitais, o que sucedeu com a realização do mercado interno comunitário). A política orçamental não se perdeu mas foi muito reduzida no seu âmbito macro-económico, quer do ponto de vista das receitas (face a alguma, embora incipiente, harmonização fiscal), quer no que respeita as limitações que existem e foram acordadas sobre os défices do sector público, o chamado Pacto de Estabilidade e Crescimento. Na realidade, pode-se dizer que um Estado como Portugal, do ponto de vista macro--económico, pode, apenas, actuar de forma muito restrita através da política orçamental e da política de rendimentos. Esta última é uma política que ainda está atribuída aos Estados, ou cujos instrumentos ainda estão nas mãos dos Estados, embora, do ponto de vista macro-económico, tenha um alcance reduzido Com efeito, a política de rendimentos tem a ver com a criação de condições para que os salários cresçam de uma forma adequada ao estado da economia e a verdade é que os salários crescem mais devido à situação no mercado de trabalho do que propriamente às actuações que as autoridades tomem em relação à limitação ou não, à concertação ou não dos salários. Se o mercado de trabalho está de maneira a que a taxa de desemprego seja baixa, os salários tendem a subir rapidamente mesmo que se tente limitá-los e, inversamente, se o mercado de trabalho tem uma alta taxa de desemprego, os salários tendem a crescer pouco, às vezes mesmo diminuem, havendo inclusivamente quem se sujeite, quando a situação é grave, a receber abaixo do salário mínimo ou, até, a não receber durante algum tempo, como já pudemos testemunhar em Portugal.

Em resumo, a UEM tem mais este significado: a ausência prática de instrumentos de política macro-económica eficazes para os Estados nacionais regularem as respectivas economias, o que só é problemático para quem, como eu, considere que persistem as economias nacionais. Para os que defendem a existência de uma economia europeia única não é evidentemente necessária a existência de instrumentos de política macro-económica a nível nacional, basta que existam a nível europeu para regular a economia única. Mas, mesmo supondo que esta era a verdadeira situação, não posso concordar com o estado de coisas actual, pois considero que, na zona Euro, os instrumentos de regulação macro-económica são insuficientes. Na realidade, o que existe é uma autoridade monetária, o Banco Central Europeu, que tem a responsabilidade da política monetária para toda a zona Euro mas, fora disso, não há mais instrumentos de política macro--económica. A própria política cambial, segundo o Tratado de Maastricht, é estranhamente da competência do Conselho e, em termos orçamentais, como referi, os orçamentos nacionais são aqueles que têm relevância. O orçamento europeu é tão diminuto que não tem relevância macro--económica. Portanto e em resumo, do ponto de vista da política macro--económica (eu insisto muito nisto porque vai ter uma importância grande em relação à nossa participação na UEM) criou-se uma situação que é inadequada, a meu ver, porque se retirou instrumentos de política económica aos Estados, sendo certo que persistem as economias nacionais. Mesmo que se tenha outro entendimento, a situação continuaria a não ser satisfatória porque as autoridades comunitárias não teriam ao seu dispor instrumentos de política macro-económica para regular convenientemente o espaço europeu.

2. O passado da nossa participação na UEM

Vejamos, agora, a nossa participação na UEM (por participação entende-se todo o período que vem desde o início da política de aproximação à moeda única até à actualidade). Podemos localizar a origem desta participação em 1991, ainda antes da aprovação do Tratado de Maastricht (cimeira de final de 1991), lembrando que se deram logo passos muito importantes no ano seguinte, em 1992, nomeadamente com a nossa adesão ao então mecanismo de taxas de câmbio do Sistema Monetário Europeu

(SME) e com o delinear da política monetária no sentido da estabilidade do Escudo e do cumprimento dos critérios que eram necessários para a aproximação à moeda única. Portanto, a visão da nossa inclusão na moeda única integra a fase de aproximação porque, do meu ponto de vista, esta fase é fundamental pois colocou-nos numa trajectória sem futuro. Isto é, não é tanto a participação a partir de 1999 que nos coloca em situação difícil na actualidade, mas sim, logo no início, a aproximação, com a chamada política de convergência nominal para a moeda única. Vamos começar por alguns números, poucos mas significativos, relativos à nossa participação desde 1991 na política de convergência nominal e depois propriamente na moeda única.

Primeiro aspecto que convém salientar é que tivemos um crescimento económico muito baixo. Desde 1991 até 2002, considerando as previsões do Banco de Portugal para este ano, o crescimento económico português pautou-se por uma taxa de crescimento de 2,4% ano, o que é muito baixo em termos históricos. Mesmo nos tempos conturbados da revolução de 1974 e com todos os problemas de descolonização que seguiram e os choques petrolíferos (1973 e 1979), nunca a economia portuguesa cresceu tão pouco numa década. Por exemplo, de 1974 a 1990, em que sofremos todos esses problemas gravíssimos (sociais, políticos e mesmo económicos), o nosso crescimento económico foi superior a 3%. Resumindo, a primeira constatação óbvia é que o crescimento económico desacelerou fortemente nestes últimos onze/doze anos. E não se pode dizer já que é uma questão de ciclo económico porque onze anos ultrapassam claramente aquilo que se pode considerar um ciclo económico. Há, portanto, aqui aspectos estruturais a considerar.

Em segundo lugar, este crescimento económico foi baixo não só em termos de taxa, individualmente considerada, como comparativamente com a média comunitária. Os Quinze tiveram um crescimento médio de 2% ao ano, o que também representa um crescimento baixo em termos europeus. Nas décadas anteriores, a Europa cresceu muito mais. Pessoalmente, mas é um assunto que eu não faço questão de discutir porque é lateral, estou convencido que a responsabilidade deste crescimento baixo a nível europeu é devido, igualmente, à aproximação à moeda única. Mas independentemente disso, o que é indiscutível é que a chamada convergência real entre o crescimento económico português e o crescimento económico comunitário foi muito pequena (0,4% ao ano), e com uma agravante, é que se não temos tido fundos comunitários no montante que tivemos a partir de 1989 (que foram depois quase duplicados em 1994), o nosso crescimento económico teria sido inferior à média comunitária. Esta constatação é, a meu ver, preocupante, justamente por não se tratar de um período de três ou quatro anos mas de um período já longo, superior a uma década.

A terceira constatação, a meu ver também gravíssima: o endividamento em relação ao exterior. De facto, o que tem sucedido desde 1996, é que temos acumulado grandes défices na balança corrente em relação ao exterior. A balança corrente, muito simplificadamente, é uma conta em que do lado das entradas vêm as entradas de dinheiro relativas às exportações de bens e serviços e as remessas dos emigrantes, e do lado das saídas, as importações de bens e serviços. Se juntarmos a esta balança corrente a balança de capital, juntamos nas entradas os fundos estruturais. Se juntarmos a balança corrente e de capital, o saldo dá-nos uma ideia, se for positivo, daquilo que nós podemos financiar ao exterior; se for negativo, daquilo que nós tivemos de obter em dinheiro do exterior para nos financiarmos (dinheiro que nos custa juros a pagar ao contrário dos fundos estruturais).

Ora, nestes últimos anos, desde 1996, a balança corrente mais a de capital, por responsabilidade da balança corrente, têm vindo a acumular défices muito elevados. De tal forma que o endividamento em relação ao exterior cresceu acima de 40% do PIB. Não sabemos exactamente qual era o endividamento em relação ao exterior em 1996 (seria da ordem dos 20%) mas provavelmente no final deste ano será de cerca de dois terços do PIB. Isto é uma situação muito grave porque, como veremos daqui a pouco, é uma tendência que vai continuar, ou seja, não é para o ano que vamos ter uma balança corrente equilibrada e que vamos reduzir o endividamento externo. Pelo contrário, vamos, de certeza, continuar a acumular o défice e, adiante-se, em termos internacionais, o nosso ritmo de endividamento externo tem sido dos maiores do mundo, senão mesmo o maior.

Muitos defendem que tal não tem importância: estando em moeda única, o endividamento em relação ao exterior põe-se nos mesmos termos que se punha, por exemplo, em Portugal, a situação da balança em relação ao exterior do distrito de Bragança. Mesmo antes do euro o distrito de Bragança e o resto do país tinham a mesma moeda. Mas como havia trocas do distrito com o resto de Portugal, havia entradas e saídas de dinheiro, pelo que existia, embora não se contabilizasse, uma balança do distrito de Bragança com o exterior e nunca houve insolvência de Bragança face ao resto do país porque a moeda era a mesma. Ou seja, podia haver défices, mas não houve insolvência desta região em relação ao resto do país. Na moeda única, defendem os que têm esta visão, a questão coloca-se da mesma forma.

Assim, se Portugal participa na zona Euro, tendo a mesma moeda que outros 11 países e dado que o nosso endividamento é fundamentalmente em relação a estes, pode haver saldo positivo ou negativo que não haverá insolvência do país que nos obrigue, a certa altura, a cessar pagamentos ao contrário do que sucedia antes de termos a moeda única e mesmo antes do Escudo ser considerado uma moeda convertível livremente (o que só sucedeu gradualmente a partir do final dos anos 80). Portugal, nesses tempos já recuados de não convertibilidade, não pagava as suas despesas em relação ao exterior com Escudos porque ninguém os aceitava em pagamento. Isso obrigava as autoridades a arranjar divisas, ou seja moedas universalmente aceites para fazer os pagamentos do País ao exterior. Em certas situações (tivemos uma aflitiva em 1983/84), Portugal não dispunha de divisas e quase não tinha crédito para as pedir emprestadas para pagar as suas importações. Se a situação se agravasse (felizmente não se agravou porque em 1983/84 tomaram-se medidas drásticas de recomposição da balança de pagamentos) teríamos atingido um ponto de ruptura cambial em que o país pura e simplesmente não poderia fazer mais importações por não haver divisas.

Uma ruptura cambial é sempre uma situação gravíssima, principalmente numa economia pequena e aberta como é o nosso caso. Ora, hoje, com a moeda única, não corremos esse risco. De facto, não há o risco de amanhã o Governo português anunciar que já não temos divisas para pagar as nossas importações porque a moeda interna é a mesma que a moeda externa ou, pelo menos, porque é universalmente aceite, mesmo para pagamentos fora da Europa. Têm, pois razão os que consideram que o défice da balança corrente não é um problema?

Infelizmente, não. Pelo contrário. Porquê? Porque nos estamos a endividar a um ritmo tal que é insustentável, sobretudo a partir do momento em que os bancos internacionais, que emprestam dinheiro aos nossos bancos, que, por sua vez, emprestam dinheiro aos agentes económicos nacionais, considerem que os nossos bancos já estão demasiadamente endividados em relação a eles, deixando de lhes emprestar dinheiro ou, pelo menos, começando a emprestar com condições muito apertadas. A partir daí não há ruptura cambial mas há, certamente, uma depressão económica: o crédito interno começa a diminuir, a actividade económica desacelera rapidamente, surge o desemprego e depois os efeitos multiplicadores negativos, ou seja, quebra da despesa que gera quebra de produção, que gera quebra de rendimentos, que gera quebra de despesa, etc. A depressão económica é, desta feita, a única forma de ajuste a uma situação de grande endividamento externo quando não existem outros instrumentos macro-económicos para actuar.

Se tivéssemos mantido uma balança de pagamentos equilibrada, o nosso crescimento económico teria sido ainda mais baixo do que aquele que eu há pouco referi. Já mencionei que sem os fundos estruturais ele teria sido mais baixo do que a média europeia. Se não nos temos endividado em relação ao exterior, ele teria sido ainda mais baixo, talvez por ordem do 1% ao ano, ou talvez menos, o que significa que nos endividámos em relação ao exterior, não porque tivéssemos crescido muito, mas para manter um crescimento económico apesar de tudo ainda superior à média comunitária.

Um quarto aspecto que convém salientar, também ele muito grave e que está na base deste mau resultado em termos externos: a enorme perda de competitividade da nossa economia em relação ao exterior, durante estes onze anos.

Os cálculos que julgo razoáveis apontam para uma perda de 20% da nossa competitividade externa desde 1991. Já se tem adiantado 30% mas, do meu ponto de vista, está um pouco exagerado.

20% de perda de competitividade numa economia é brutal, sendo algo que sucede actualmente na economia argentina e noutras economias que atravessam crises semelhantes. Muitas vezes se tem defendido que esta perda resulta do aumento excessivo dos salários. Julgo que não é verdade, embora os salários possam ter crescido um pouco acima da produtividade. O aumento salarial real foi de cerca de 2,5% ao ano e a produtividade cresceu 2,3% ao ano. A grande responsabilidade, em minha opinião, esteve na valorização real do Escudo (enquanto houve Escudo), no processo de aproximação à moeda única. O que é que isto significa?

Quando entrámos para o SME, em 1992, tivemos de estabilizar o Escudo, embora estivéssemos na chamada banda larga do SME, que permitia uma flutuação do Escudo de 6% para cima e para baixo em relação à sua paridade de entrada. Atendendo à história da grande desvalorização do Escudo nas décadas de 70 e 80, é evidente que teria sido prioridade compreensível e natural das autoridades portuguesas uma operação de estabilização para permitir a sua manutenção no SME e para mais tarde (porque na altura era uma condição para a adesão à moeda única) entrarmos na banda estreita do SME, que só permitia uma flutuação de 2,25% para cima e para baixo. Contudo, o SME entrou em crise e, em 1993, as regras foram completamente alteradas, sendo o critério de estabilidade cambial abandonado. Todavia, na realidade, no início da política de convergência, as autoridades portuguesas estabilizaram o Escudo a todo o custo e isso levou a que, durante anos, na medida em que a nossa inflação interna era muito superior à dos nossos parceiros comunitários, (em 1991 a inflação interna portuguesa ainda estava acima dos 10% quando havia países já com 2 e 3% de inflação) tivéssemos perdido competitividade. Os custos internos das empresas portuguesas aumentaram rapidamente por causa da inflação ser superior à dos seus parceiros e tal não podia ser compensado por uma diminuição do preço dos nossos bens no exterior através da desvalorização cambial visto o Escudo estar estabilizado para permitir a adesão à moeda única. Este fenómeno, que denominamos valorização real do Escudo, representa quase os 20% que eu referi no que respeita a perda de competitividade da economia portuguesa.

Com a nossa inflação posta ao nível comunitário, como aconteceu a partir de 1996/97 (hoje estamos um pouco acima, mas não muito), este problema deixou de existir por termos a mesma moeda, mesmo se a nossa inflação é um pouco superior à comunitária. Simplesmente o mal já estava feito: a política de convergência para a moeda única colocou-nos numa trajectória insustentável de perda de competitividade.

Essa perda deu-se na primeira metade da década de 90 mas desde então que a recuperação é difícil. A trajectória em que estamos ainda é a que resulta da perda de competitividade que foi verificada no início da década de 90. Pode-nos talvez causar alguma impressão que uma circunstância tão pontual possa pôr um país numa trajectória destas mas, em Portugal, temos um antecedente semelhante e histórico, o Tratado de Methuen no início do século XVIII. Este Tratado colocou Portugal num regime comercial com a Inglaterra que destrui a nossa indústria cujos primórdios tinham sido lançados a muito custo pela política mercantilista. A nossa indústria, sobretudo têxtil, fora da possibilidade de competir com a Inglaterra sucumbiu e só com o Marquês de Pombal se tentou inverter a situação. Portanto, durante praticamente meio século, o país atrasou o seu desenvolvimento por causa de um facto único, um tratado acordado no reinado de D. Pedro II. Não é de espantar que possa acontecer o mesmo em sistemas complexos. O facto de se dar um empurrão num certo sentido pode levar a uma mudança de trajectória que, neste caso, a meu ver, não é sustentável.

Finalmente, o quinto facto que eu queria apontar: estes doze anos caracterizaram-se por um rompimento no equilíbrio entre os bens transaccionáveis e os bens não transaccionáveis com o exterior. Por bens ou serviços transaccionáveis com o exterior entendemos os que são susceptíveis de importação e de exportação. Podem ser vendidos ao exterior mas não necessariamente no exterior: alguns são prestados em Portugal, é o caso do turismo enquanto serviço transaccionável e prestado dentro do nosso território, ou seja, não tem a ver propriamente com o local em que o bem é consumido ou o serviço prestado mas com o se poder vender ou não ao exterior. Quanto aos bens não transaccionáveis, o caso típico é a construção civil.

Ora, uma das regras que se devem respeitar no crescimento económico é que, a longo prazo, o país cresce aquilo que pode crescer a produção de bens transaccionáveis. Se o país produzir apenas para si não tem futuro. Costumo dar um exemplo: suponham um casal em que os dois trabalham para fora e vivem com o rendimento conjunto que resulta da soma dos dois ordenados. Suponham ainda que, um dia, um dos membros do casal diz que a casa precisa de pintura, a alimentação de ser melhorada, os filhos de serem cuidados e que, por isso, vai trabalhar para casa e deixar o emprego. Provavelmente, ele ou ela trabalha o mesmo ou até mais do que antes, simplesmente trabalha para casa e deixou de receber ordenado. Provavelmente também, o casal, a certa altura, deixará de conseguir viver só com um ordenado. O trabalho é o mesmo em termos de esforço, mas, antes, era trabalho para o exterior e recebia-se uma remuneração correspondente, podendo com ela comprar no exterior o que era necessário. Depois, o trabalho mantém-se, a qualidade de vida, durante algum tempo aumenta mas a situação não é sustentável porque se deixa de ter o dinheiro necessário para fazer as compras que o casal necessita. Ora, para um país é essencialmente o mesmo: se um país não produz bens transaccionáveis, pode entrar em ruptura porque deixa de ter o dinheiro necessário para comprar aquilo que precisa de importar. O défice que eu há pouco referi da balança com o exterior não é nem mais nem menos do que outra face destas mesmas circunstâncias.

O que é que sucede em termos do crescimento durante o período de produção de bens transaccionáveis e de bens não transaccionáveis? Já antes referi que nós, na globalidade da produção, crescemos um pouco acima da média comunitária. Ora, se olharmos só para a produção de bens transaccionáveis, neste período crescemos menos do que a média comunitária. Ou seja, divergimos da Europa em termos de bens transaccionáveis, pois o que cresceu, neste período, foram o imobiliário, a construção civil, entre outros que, como estes, são bens e serviços não transaccionáveis.

Portanto, quando se defende que houve uma convergência, embora pequena, em relação à UE isso é verdade. Contudo, se formos um pouco mais ao pormenor, verificamos que essa convergência é uma falsa convergência porque foi assegurada, essencialmente, pela produção de bens não transaccionáveis, o que a prazo é insustentável. Assim, uma das prioridades do futuro deve ser repor o equilíbrio entre os bens transaccionáveis e os não transaccionáveis. Esta é, portanto, a outra face da perda de competitividade e do défice acumulado da balança corrente e de capital com o exterior.

Por outro lado, também nos ajuda a explicar por que razão os grandes grupos económicos, neste período, viraram grande parte das suas actividades para a produção de bens não transaccionáveis (grande distribuição, imobiliário).Fizeram-no por uma razão óbvia: era a actividade que dava mais dinheiro. O mal não está nos empresários, o mal está que, do ponto de vista macro-económico, começou a compensar desenvolver actividades que não são de concorrência com o exterior em vez de exportar ou substituir eficientemente as importações realizadas. Este é que é o grande desequilíbrio macro-económico visto afectar as decisões dos agentes económicos (eles agem racionalmente face aos estímulos que têm do ponto de vista macro-económico). Portanto, quando se costuma dizer que Portugal não se adaptou bem (e isso hoje é já uma evidência) à UEM porque não realizou as políticas estruturais e que os empresários não actuaram como podiam face aos aspectos micro-económicos, do meu ponto de vista, é um erro. Os empresários actuaram exactamente da forma que seria de esperar porque os estímulos macro-económicos foram contrários ao que deveriam ser: incentivaram a produção de bens não transaccionáveis, fizeram perder competitividade e, em última análise fizeram perder e desequilibrar o crescimento económico.

3. O futuro de Portugal na União Económica e Monetária

Vista esta rápida apreciação do que foi a evolução nos últimos anos com a aproximação e a entrada na União Monetária, abordo, agora, rapidamente também, a terceira parte sobre o futuro de Portugal na UEM. A questão está em saber se nos vamos ou não manter na União Monetária. Toda a gente tem tendência para dizer que a UEM é irreversível, mas eu tenho uma atitude muito céptica em relação à irreversibilidade. Os cemitérios da História estão cheios de situações irreversíveis e, portanto, não me admirará nada se a UEM voltar atrás. Há razões para isso e digo-o sem qualquer exagero ou vontade de levantar polémica: a União Monetária é o pior sistema monetário internacional alguma vez posto em prática.

Ao longo da História tem havido vários sistemas monetários internacionais mais ou menos pré-concebidos ou resultantes espontaneamente da própria actividade económica. Houve o padrão ouro, o padrão divisas-ouro, o sistema de Bretton Woods a partir de 1944, o SME a partir de 1979. Todos tiveram pontos fortes e fracos. No meu ponto de vista, a União Monetária é o mais fraco de todos. Senão vejamos.

O que é que se pode exigir das regras de um sistema monetário internacional? Três coisas: uma, que permita o crescimento da economia mundial e das economias nacionais que compõem a economia mundial; em segundo lugar que garanta alguma estabilidade cambial, pois não é saudável que as moedas flutuem muito de um momento para o outro, porque tal prejudica a actividade económica; terceiro, deve permitir às economias nacionais que o compõem ter políticas de estabilização para combater os choques macro-económicos que, ao longo do tempo, vão sofrendo.

Ao longo da História os sistemas têm-se sucedido. O padrão ouro, por exemplo, tinha alguns problemas graves: era demasiado rígido; não permitia grandes possibilidades de estabilização às economias quando afectadas por choques externos; pois, normalmente, a única forma de estabilização possível da economia era através da recessão da actividade económica; era um sistema que tinha dificuldades em garantir o crescimento mundial exactamente por estar muito ligado ao ouro, dependendo da descoberta de novas jazidas para garantir os meios de pagamento necessários para o crescimento económico. Contudo, o padrão ouro era um sistema que garantia uma plena estabilidade cambial.

O sistema actual da zona euro é, do meu ponto de vista, o pior de todos porque é de uma rigidez sem precedentes, sobretudo para as economias nacionais, por não permitir qualquer estabilização. O próprio padrão ouro permitia, embora de forma mitigada, a existência de políticas monetárias próprias. A zona Euro nem sequer isso permite, sendo um quadro de uma enorme rigidez, uma verdadeira camisa de forças para as economias nacionais. Como eu acredito que as economias nacionais se deverão manter durante muito tempo, do meu ponto de vista, não é, portanto, líquido que a União Monetária, pelo menos com as regras actuais, tenha uma vida muito longa, principalmente se aderirem mais dez ou doze países com níveis de desenvolvimento muito diferentes como os actuais candidatos.

Em qualquer caso, não vou desenhar um cenário alternativo, apesar de ser um tema interessante. Julgo que havia outras possibilidades como ter-se reforçado a cooperação monetária na Europa (sem passar por uma união monetária com uma moeda única), criando uma espécie de padrão Euro que poderia ter funcionado. Refira-se que esta opção não vingou porque a moeda única não foi estabelecida por razões de racionalidade económica mas para fazer avançar a integração política no sentido de criação de um super-Estado europeu (vontade poucas vezes confessada mas indiscutivelmente presente no projecto federalista europeu).

Vou, antes, supor que a UEM se vai manter nos termos actuais e avaliar as chances do nosso país. Sou, nesses aspecto, de um enorme pessimismo porque o país entrou numa trajectória insustentável e não dispõe de instrumentos para rapidamente encarreirar numa trajectória sustentável. Em termos externos, o país não dispõe de instrumentos macro-económicos (que são aqueles que permitem uma solução com mais rapidez). É claro que os aumentos de competitividade que resultam das políticas estruturais são importantes: é preciso aumentar a produtividade, resolver as questões laborais e dos recursos humanos, melhorar o funcionamento da administração pública, da justiça e da educação. Tudo isto é muito importante e, evidentemente, a prazo fundamental. Mas isso não vai permitir colocar o país, a médio prazo (reparem que já nem refiro a curto prazo), numa trajectória sustentável porque essas medidas demoram demasiado tempo para fazer efeito. Não estou a minimizar a importância das políticas estruturais mas não se poder ter a pretensão de, só com elas, colocar o país, a médio prazo, no bom caminho. É como confundir o acelerador e o volante no automóvel: as políticas estruturais podem servir para acelerar a recuperação mas não para fazer curvas à direita ou à esquerda ou para evitar obstáculos. Assim sendo, é provável que o país vá atravessar um período de baixo crescimento económico durante alguns anos porque, de facto, a perda de competitividade vai significar uma perda de crescimento económico, sobretudo agora que o endividamento externo começa a atingir limites insustentáveis.

Por outro lado, os factores que podemos prever a partir do alargamento da UE a leste são negativos para a economia portuguesa. Factores esses que têm a ver com o destino do investimento estrangeiro, em que, mesmo esperando que não leve à saída de empresas estrangeiras de Portugal para os países de leste, podemos esperar uma muito maior concorrência quanto aos novos investimentos. Factores que têm a ver, também, com a concorrência comercial e, fundamentalmente, com a concorrência nos fundos estruturais. Vamos ter, então, uma quebra grande dos fundos estruturais a partir de 2007, o que é inevitável. Os fundos não irão desaparecer, mas deixarão de ter o papel macro-económico que tiveram no passado. Recorde-se, a propósito o que dissemos acima, que se não temos tido fundos estruturais o nosso crescimento teria sido inferior à média europeia e teríamos, portanto, divergido nestes últimos onze anos dos outros Estados Membros. A partir de 2007 deixaremos de ter essa almofada e ao juntarmos mais esse elemento aos outros factores, espera-nos uma situação muito complicada de gerir.

Em resumo e para concluir, em relação ao futuro, não posso ser optimista face às circunstâncias em que nos colocámos. Todavia, como sempre nestes assuntos, pode haver milagres. Se amanhã se descobrir petróleo em Torres Vedras, tudo muda. Pode ser que por um qualquer outro motivo igualmente improvável haja um ganho imediato de competitividade Eu não estou a ver como é que isso é possível mas há sempre essa esperança. Contudo, racionalmente e face ao cenário mais provável, vamos ter, certamente, de contar, durante um longo período, com anos de baixo crescimento económico enquanto não derem resultado (se se conseguirem implementar) as medidas estruturais.

AS RELAÇÕES ENTRE A EUROPA
E OS ESTADOS UNIDOS

Doutor Rui Chancerelle de Machete

I. Introdução. O Novo Mundo nascido após o desaparecimento da União Soviética

Agradeço o convite que me foi feito para falar neste seminário sobre as relações entre a União Europeia e os Estados Unidos da América. Num tema tão vasto e com tantos assuntos de palpitante actualidade, poderei apenas escolher três ou quatro pontos que me parecem particularmente importantes. Num livro publicado em 1987 e que se tornou rapidamente um grande êxito editorial intitulado Rise and Fall of Great Powers, o historiador americano Paul Kennedy considerava que os EUA tinham atingido o auge do seu poder e que a partir desse ponto só poderiam regredir, diminuir de importância, porque os condicionalismos do mundo tal como ele os via nessa época não permitiam que as coisas corressem diferentemente. Quinze anos volvidos, verifica-se que o ensaísta se enganou redondamente. O império americano, o poder americano está mais próspero e poderoso do que nunca, e parece muito mais realista uma análise que também foi feita já há alguns anos, em 1997, por Brezezinski, que foi National Security Advisor do Presidente dos Estados Unidos, no seu livro The Grand Chessbord. Nessa obra, Brezezinski estuda precisamente a primazia americana e quais os imperativos geo-estratégicos a serem usados de modo a que o império possa perdurar. Os EUA, dizia, são porventura, o primeiro império da história que poderá manter-se por muito mais tempo que todos aqueles outros que, ao fim de algumas dezenas ou centenas de anos como o império romano, acabaram por soçobrar. A análise do antigo Conselheiro de Segurança é muito interessante porque considera que, ao contrário do que se verificou noutros casos, a supremacia americana, o facto de hoje ser a única super-potência, não resulta apenas de razões baseadas no poder militar ou no poder económico, mas também e de uma maneira muito acentuada, em fundamentos de carácter tecnológico e cultural. Sublinha particularmente esse aspecto cultural, que, para além da literatura ou da ciência reveste formas novas, pois como refere, é interessante verificar, quando contactamos com os jovens nas diversas cidades europeias, a música de que gostam, tocam e dançam é música de origem predominantemente americana, a comida que apreciam, a indumentária que vestem é profundamente influenciada pelos hábitos americanos, como é o caso dos jeans, etc.. Há toda uma absorção de valores e comportamentos americanos que, de uma maneira relativamente difusa, acabam por permear a sociedade europeia. O mesmo acontece, *mutatis mutandis,* na Ásia, na América do Sul e até em África. Tais factos denotam uma superioridade, palavras de Brezezinski, da civilização americana, a qual explica que esse predomínio seja relativamente bem aceite e, sobretudo, que não assente exclusivamente nos aspectos tradicionais do poder militar e do poder económico. As coisas, como teremos ocasião de ver são um pouco mais complexas, mas na realidade há a clara ideia, por parte dos Americanos, de que a sua supremacia é benigna. É, aliás, uma expressão utilizada por alguns políticos americanos que explicam que os valores americanos são os valores que devem ser exportados, são os valores pelos quais o mundo se deve reger; têm mesmo alguma dificuldade em perceber as reticências que os outros não americanos, que outros povos, ou outros políticos incluindo os próprios europeus se oponham às suas concepções. Esta hegemonia da América, que começou a acentuar-se no final da segunda guerra mundial com a implosão do império soviético, adquiriu actualmente características muito mais marcantes e mais duradouras, sendo hoje comum falar-se num mundo unipolar, em que a bipolarização a contraposição EUA União Soviética desapareceu e em que a única super-potência são os EUA.

Também nesse mundo novo, post guerra fria, o problema da segurança europeia deixou de existir nos termos tradicionais do receio de uma agressão soviética, substituído por um sentimento de incerteza perante ameaças difusas e nem sempre claramente identificáveis.

Ao falar das relações entre os Estados Unidos e a Europa, o primeiro problema digamos conceptual que surge é que não são realidades exactamente comparáveis, porque têm uma natureza diversa. Os EUA são um Estado, hoje são mesmo um Estado Nação, constituem um estado gigantesco, de dimensões continentais, mas com as características políticas de um Estado nação. A Europa não é um Estado e também não é uma nação e, portanto, há que saber o que é que se vai comparar. O mesmo Brezezinski, que há pouco referi, dizia no mencionado livro: a Europa como entidade política não existe. Trata-se de uma afirmação excessiva, mas a verdade é que a Europa na diversidade dos seus Estados e interesses, não pode contrapor-se aos E.U.A como uma entidade homóloga, há diferenças substanciais mesmo quando se reconduz a Europa à União Europeia.

A segunda questão que importa ter em consideração é o novo paradigma de relações internacionais em que a única super-potência são os Estados Unidos, agora despertando para a realidade de uma dimensão imperial em cuja política externa a segurança da Europa já não constitui a principal prioridade. Em rigor, a segurança da Europa, na perspectiva americana, deixou de existir como problema.

II. As atitudes principais dos Estados Unidos e da Europa nas Relações Transatlânticas

No que diz respeito aos E.U.A, é possível distinguir três posições básicas no seu relacionamento face à Europa, pensada sob a forma de União Europeia. Uma primeira, que é muito característica de alguns políticos republicanos, mas que também há políticos democratas que, na prática assumem, considera que no fundo existe uma posição de supremacia global que é a única consentânea com uma análise realista dos poderes em confronto e que passou a ser claramente evidenciada, sobretudo depois do desaparecimento da União Soviética. É a tal hegemonia benigna que ainda há pouco vos referi e que tende a relegar o direito internacional para um plano secundário, considerando-o um sistema normativo não vinculativo, pelo menos para os EUA.

Há uma segunda perspectiva, que privilegia mais os Estados membros do que a União Europeia, que é uma perspectiva de igualdade formal, inspirada na ideia da igualdade de sujeitos de Direito internacional e que resulta da transferência para a análise das relações internacionais do conceito de soberania e personalidade jurídica dos Estados e que tende a esquecer, pelo menos num primeiro momento, as diferenças do poderio económico, e militar existente.

Há uma terceira posição, mais realista do que a segunda, que assenta na concepção que EUA e Europa devem estruturar-se como uma partnership of equals, uma associação entre iguais. É uma afirmação voluntarista e normativa que funciona como hipótese de trabalho e como modelo a atingir. Os Americanos quando querem ser simpáticos para com os Europeus muitas vezes utilizam este terceiro modelo. Difere da clara afirmação de poder e de superioridade da primeira posição, porque, sempre que tal é possível, e não ponha em causa os interesses nacionais americanos, procura regressar à ideia de parteneriado entre iguais.

Do lado da União Europeia, poderíamos dizer que existem também duas hipóteses principais, uma primeira assente na ideia, também puramente voluntarista, de que a União Europeia é concebida face aos Estados Unidos nos domínios económico e político, como uma unidade funcional. A política económica europeia e a política externa comum, corporizada no Senhor PESC, representam de algum modo essa ideia. Os Estados nacionais reconduzem-se a um papel subalterno em que existe um agente principal abrangente que se sobrepõe às realidades nacionais e que fala em nome delas.

A segunda hipótese é a de que a União Europeia constitui apenas um quadro de referência. Há, quando muito aqui e além um desdobramento em relação aos Estados nacionais mas estes, sobretudo, os grandes Estados, é que são os agentes importantes e que como Estados membros são plenamente autónomos. Na prática a capacidade de negociação internacional dos Estados membros, designadamente, face aos Estados Unidos e aos restantes Estados terceiros não sofre grandes amputações, pela circunstância de serem membros da União europeia.

Tanto numa hipótese como noutra, os europeus tendem a pensar-se como iguais aos americanos, adoptando, agora na perspectiva deste lado de cá do Atlântico, a segunda ou a terceira das posições que há pouco mencionámos.

Perante esta desigualdade de perspectivas, que varia muitas vezes de um e outro lado do Atlântico segundo os sectores e as conveniências, há que reconhecer, numa analise realista, que os E.U.A são uma super-potência que têm interesse, por razões de diversa ordem, em manterem relações de cooperação com a Europa. Consoante as épocas essa superioridade afirma-se de uma maneira mais clara ou de uma maneira mais mitigada e mais diplomática mas existe sempre a consciência da sua existência. Por outro lado, a Europa, errática na procura de uma identidade externa, sofre o ressentimento da supremacia e da igualdade perdidas e teme o desenvolvimento das estratégias da supremacia americana que condiciona muito limitadamente.

Apesar de tudo, o que se convencionou chamar o Ocidente, the West EUA, por vezes com a América e do Sul, e a Europa – está unido por interesses comuns e ligado por uma solidariedade assente na história, na cultura e nos valores democráticos que importa preservar e reforçar. Evitar o aumento do fosso actualmente existente entre as políticas externas americana e europeia, e reforçar os laços que unem os EUA e o Continente europeu constituem hoje tarefas vitais para quem defenda a sobrevivência e os valores da civilização baseadas na dignidade da pessoa humana e da democracia pluralista.

III. A prioridade das questões de defesa

Os acontecimento de 11 de Setembro do ano passado vieram evidenciar de uma maneira clara que nas relações entre os Estados a dimensão poder militar e os problemas de defesa continuam a ser questões absolutamente prioritárias. Hans Morgenthau, um autor que procurou ver a realidade não em termos normativos mas tal e qual como ela é, escreveu já há uns quarenta anos, num livro célebre chamado Politics Among Nations, que as relações internacionais na sua essência são relações de poder.

As questões de defesa e a projecção do poder político através do poder militar são hoje realidades muito mais palpáveis do que eram aqui há uns anos. Tal facto tem sido particularmente nítido nas relações Europa /EUA, onde a superioridade do poder militar americano e das opções políticas americanas no domínio da defesa se tem afirmado cada vez mais. Não estou apenas a referir-me ao Médio Oriente, reporto-me ao Kosovo e à regulação dos problemas resultantes do desaparecimento da antiga Jugoslávia, e sobretudo à dificuldade que os Europeus têm de reagir a uma única voz em matéria de política externa. Reporto-me ainda à impossibilidade que até agora se tem registado de organizar um exército comum ou até mesmo um esquema operacional comum. A política de defesa tem sido, apesar da sua integração nominal nas competências da União Europeia, um completo fracasso do ponto de vista operacional. Houve alguma esperança, aqui há uns anos, após a célebre declaração de S. Petersburg, de que seria possível criar uma força de deslocação rápida para intervir mesmo fora da Europa, mas tal desiderato permaneceu letra morta. Os Europeus não estão dispostos, não têm criado condições políticas para investir suficientemente em tecnologia militar, o atraso face às forças americanas é enorme, as dificuldades de organização de um estado-maior conjunto não foram até agora superadas e a incapacidade de a Europa dispor de uma capacidade credível do ponto de vista operacional fora do teatro europeu tem sido evidente.

É interessante observar que a Grã-Bretanha tem sido o único país europeu que manteve uma capacidade funcional importante em termos de intelligence e de projecção de forças a longa distância. Não é por acaso que nas recentes crises, constitui o único parceiro europeu credível em termos operacionais e aceite por parte da Casa Branca. Uma zona onde se tem visto com maior agudeza as dificuldades em matéria de cooperação militar e a superioridade dos EUA com consequências políticas evidentes, é justamente naquilo que se tem designado como a reforma ou reestruturação da NATO. A NATO, criada pelo Tratado de Washington como organização puramente defensiva, e cuja maioria dos membros integra igualmente a União Europeia, tinha como objecto a defesa face um ataque da União Soviética. Esse risco desapareceu. E hoje como sabem, a NATO tem vindo a evoluir progressivamente, não só alargando o seu âmbito pessoal a outros Estados que anteriormente integravam o bloco soviético como ainda inclusivamente, encontrando fórmulas de cooperação com a própria Rússia. Mas a NATO é hoje, mais ainda do que no passado, uma organização dominada, fundamentalmente, pelos Americanos em grande parte por demissão dos europeus. É verdade que, quando foi do 11 de Setembro, os Americanos simpaticamente invocaram o artigo 5 do Tratado de Washington, segundo o qual um ataque a um Estado Membro é um ataque a todos os outros Estados membros. Mas, apesar das declarações políticas em sentido diverso, não tem sido possível esconder a realidade da superioridade americana no campo militar com consequências no campo político, designadamente quando se trata de resolver conflitos regionais ou de prevenir crises. É patente o que se passa no Médio Oriente, é visível a maneira como os Estados Unidos, unilateralmente, têm vindo a tomar decisões acerca da guerra contra o terrorismo. A escolha daqueles que são os Estados que pertencem ao eixo do mal, os Estados que são condenados pela política externa americana, é uma matéria em que os Europeus têm, normalmente, muito pouco a dizer, com excepção dos ingleses que tentam conservar com algum êxito a ideia de uma relação especial, como a actual crise do Iraque tem evidenciado. O problema militar e as questões de projecção do poder militar e das opções políticas baseadas no poder militar têm transformado os E.U.A numa espécie de polícia do mundo. Este facto cria fricções e ressentimentos entre os Europeus, que normalmente são protagonizadas pela França, mas a verdade é que a própria Alemanha aqui ou além tem tido reacções de desagrado que o Chanceler Schroeder tem protagonizado; mesmo a Inglaterra, apesar de tudo, não deixa de desempenhar um papel secundário nesse capítulo. A Europa como um todo é ausente porque não possui uma organização militar que traduza uma unidade europeia, nem sequer uma convergência funcional articulada na NATO. O pilar Europeu da Nato é um pilar, verdadeiramente desorganizado e fraco. As relações EUA e Europa nos domínios militar e de defesa, têm sido caracterizadas por essa desigualdade enorme entre o poder de ambas as entidades e ainda pelo facto de a Europa como tal, neste campo, praticamente, não existir. Daí certa impaciência americana e o seu unilateralismo no modo de tomar decisões. Sem um esforço sério de superação das frustrações e um empenhamento no reforço da capacidade militar europeia em termos proporcionais aos seus recursos, não será possível construir uma relação de cooperação saudável com os EUA, nem tão pouco criticar com autoridade os excessos de superioridade por vezes cometidos pelos políticos do lado de lá do Atlântico.

IV. Outros domínios das relações EUA Europa

As questões relativas ao ambiente e às ajudas ao desenvolvimento dos países do Terceiro Mundo constituem certamente matérias importantes de cooperação entre os EUA e a União Europeia e onde se tem, sobretudo no primeiro domínio, registado importantes diferenças nas políticas a seguir. Por razões de tempo e também da sua especialidade, não vamos delas ocuparmo-nos aqui. As questões económicas já foram objecto de tratamento especializado neste seminário. Limitar-me-ei apenas a dizer que, quer no que respeita às restrições alfandegárias, quer no que concerne à observância dos compromissos assumidos no quadro da Organização Mundial do Comércio, europeus e americanos têm tido razões de queixa. Registaram-se conflitos célebres como o da guerra das bananas, ou o problema do aço. Os Americanos têm feito uma política desabusada em termos comerciais, e os europeus também, embora nem sempre isso seja reconhecido pelos analistas e pelos jornais europeus. Tudo isso tem criado situações de mal estar. Há igualmente dificuldades no que diz respeito à propriedade intelectual, à regulamentação dos serviços e mesmo no comércio de bens. A Europa no campo económico, até porque a União Europeia nasceu como Mercado Comum, tem reagido de uma maneira diferente da adoptada no domínio de defesa, actuando por forma muito mais unificada. A União Europeia tem frequentes vezes falado em nome dos Estados membros e há muito menor relevância das políticas bilaterais. É uma das zonas, onde justamente houve uma partilha ou uma alienação de soberania, a favor da União Europeia, e esta pôde agir realmente como uma entidade autónoma. As dificuldades ou tensões entre a Europa e os EUA podem revestir-se de alguma momentânea virulência, mas a sua superação é mais fácil porque os problemas podem ser melhor definidos e a unidade europeia simplifica a sua resolução. Carecem, todavia, de atenção permanente e de vontade política para que se não agudizem ou multipliquem.

Depois, existem dois outros domínios onde o papel da União Europeia tem sido relativamente reduzido e o papel dos Estados manifestamente insuficiente: as questões relativas à educação e ao desenvolvimento tecnológico e as questões relativas à cultura. No que diz respeito à educação e ao investimento em termos tecnológicos que são essenciais para o progresso e para o desenvolvimento económico, tem-se registado um atraso significativo do lado europeu. As políticas da União Europeia têm pecado por serem modestas e relativamente ineficientes. São, no que concretamente respeita à burocracia da Comissão Europeia, dominadas por um antiamericanismo discreto mas difuso. Os esforços de modernização que muitas vezes têm utilizado como modelo, as formas de liberalização e de privatização da economia americana – veja-se o caso das telecomunicações –, têm deparado com obstáculos em resultado das organizações e resistência próprias de cada ordenamento nacional que dificultam a sua eficácia. Os montantes que têm sido utilizados em investimentos nas tecnologias de ponta também têm sido menores do que os americanos utilizam em sectores homólogos, registando um crescente desfasamento em relação a evolução tecnológica americana que caminha bastante à frente. É um outro factor que cria dificuldades no relacionamento e gera um certo sentimento de inferioridade, e de alguma apreensão nos dirigentes europeus que estão preocupados com o futuro da Europa. Há, todavia, que reconhecer, de um lado e doutro, estarem a desenvolver-se alguns esforços de cooperação científica e tecnológica, que a prosseguir, permitem pensar numa mudança significativa, a médio prazo, pelo menos no que se reporta à cooperação científica.

V. A necessidade do reforço de uma cultura ocidental

Esta situação de predominância americana que resulta em grande parte das insuficiências organizatórias da Europa e em particular da União Europeia dificulta, naturalmente, o relacionamento, embora quando, por exemplo, se registaram os trágicos acontecimentos do 11 de Setembro de 2001 se tenha verificado uma solidariedade espontânea. As pessoas na Europa, perante o horror vivido, sentiram-se ocidentais, sentiram que algo da sua própria sociedade tinha sido atingido. E quando se viaja, na Ásia e na África, tem-se a noção de que realmente há uma diferença que distingue o nós euro-americanos, dos outros, mas essa diferença não é suficientemente forte em muitos aspectos para afirmar uma solidariedade vivida e que permita actuar esquecendo o que nos divide.

Os contrastes, os confrontos têm-se vindo a suceder e todavia importa reconhecer que, quer no lado americano, quer do lado europeu, a continuidade e o fortalecimento das relações transatlânticas constituem uma questão vital. Os E.U.A, mesmo quando nas análises imperialistas mais unilaterais podem pensar que domesticaram a Europa, não ignoram a importância do aliado Europeu, porque no fundo existe um conjunto de valores, de opções, de modos de vida, que levam a que haja algum tipo de unidade e também um conjunto de interesses que são comuns por muitas divergências que existam. A verdade é que há interesses comuns e não foi por acaso que os E.U.A ao longo dos anos, intervieram na segunda guerra mundial, salvando as democracias europeias e ajudando não apenas no domínio económico através do plano Marshall, mas, mais tarde, contribuindo para a formação da unidade europeia. É verdade que existem algumas singularidades dissonantes. Martin Feldstein publicou na Foreign Affairs, em 1997, um célebre artigo intitulado EMU and International Conflict em que explica que a adopção do euro seria um desastre total porque poderia conduzir a uma nova guerra na Europa, porque os Estados europeus se desentenderiam em termos económico-financeiros, e as suas políticas macroeconómicas colidiriam e, por conseguinte, seria bom manter a situação das moedas nacionais e evitar esse perigo enorme de utilizar uma moeda europeia comum. Feldstein não é um autor qualquer, é um reputado economista de Harvard, que na altura pertencia ao *National Bureau of Economic Research* dos Estados Unidos. Mas, em última análise, a opinião pública americana é maioritariamente favorável à ideia de um tipo de relacionamento favorável com a Europa, como velhos companheiros que partilham uma concepção do mundo comum. A Europa, de algum modo, é vista como a sua segunda casa. Do lado da Europa, esse sentimento é, apesar de tudo, largamente partilhado e mesmo em termos de defesa, continua a aproiar-se e a depender dos EUA, e na situação perigosa que, com o eclodir das ambições e conflitos regionais, hoje vivemos, essa dependência é cada vez mais acentuada.

Neste tipo de relacionamento existe uma necessidade fundamental para os europeus de manter a relação transatlântica e de a reequilibrar, na medida do possível. Esse reequilíbrio passa por aspectos organizatórios fundamentais e também, porque não dizê-lo, é importante que haja algum tipo de competição. Os Americanos são, simultaneamente *partners*, amigos, mas também são concorrentes e nalguns aspectos adversários. Esse carácter de concorrência é fundamental na construção europeia, porque é muito difícil construir uma unidade política se não houver poderes externos que obriguem a ter objectivos a alcançar em competição com entidades exteriores à Europa. Pode representar uma circunstância favorável à construção europeia o facto de os Estados Unidos criarem dificuldades à Europa que obrigue os Europeus a se sentirem solidários face a uma dificuldade comum, vinda do outro lado do Atlântico.

Uma das atitudes políticas que são recorrentes no posicionamento americano e que também do lado Europeu é pensada como desejável, é a ideia de um *partnership*. Em 1995, houve uma declaração e um acordo importantes do ponto de vista teórico mas que na prática, hoje ninguém invoca, A Nova Agenda Transatlântica. Trata-se de um plano conjunto da acção euroamericana, assinado em 3 de Dezembro de 1995, e que, justamente, concretiza essa ideia de parteneriado entre iguais e se procede a uma reafirmação da base social e da solidez política da relação transatlântica. Desde 1995 muitas coisas aconteceram para além do consolidar da globalização: a ameaça do terrorismo islâmico, as reticências dos americanos em subscrever as políticas em matéria de compromissos ambientais, as questões económicas, etc., de modo que essa Agenda Atlântica, declaração muito programática, acabou por vir a ser esquecida e, no dia a dia, vieram ao de cima as dificuldades, que tive a oportunidade de referir. Os resultados da declaração foram, realmente, pouco tangíveis.

Em síntese, pode dizer-se que a projecção do poder militar e político dos EUA tem sido extremamente forte e tem-se registado, nessa dimensão das relações entre a Europa e os EUA, um crescendo dessa diferença, em particular no que diz respeito às relações com potências não europeias. Importa sublinhar que se torna extremamente importante alguma forma de reequilíbrio, através designadamente da reorganização militar da União Europeia. A competição saudável entre os EUA e a Europa deve conduzir os europeus a reconhecer que se não se organizarem vão ser cada vez menos significativos do ponto de vista mundial e, portanto, vão ser remetidos para uma posição cada vez mais nítida de subalternidade. Esse esforço não pode ser apenas um esforço no campo militar, mas pressupõe um crescimento económico significativo e uma clara opção pelo investimento em tecnologia sofisticada. Esse esforço permitirá também uma reafirmação das especificidades culturais Europeias, pois que desenvolvimento económico-técnico-científico e florescimento cultural constituem realidades interrelacionadas.

A cultura europeia foi sempre, no seu melhor, uma cultura aberta ao diálogo com outras culturas e civilizações. A cultura ocidental deve procurar prevenir a clash of civilisations, e promover soluções criadoras. Para esse objectivo comum não deve haver distinções na importância das contribuições americanas e europeias. Helmut Schmidt reconhece, no seu último livro sobre a Europa, LEurope SAffirme, a importância de uma reafirmação da autonomia dos europeus no quadro da União, em cooperação com os Estados Unidos, mas reconstituindo um *parteneriado* entre iguais, de modo que essa recuperação possa ser uma recuperação sólida e sem as dificuldades e limitações próprias de quem se encontra numa posição de subalternidade.

VI. As relações bilaterais entre Portugal e os Estados Unidos

Portugal tem, como os restantes países membros da União Europeia, uma política para com os Estados Unidos que se inscreve no quadro da política europeia; mas desenvolve também uma política bilateral que se reveste de algumas especialidades. Sendo um país pequeno, um país de dimensão modesta em relação à superpotência americana, temos muito a ganhar se acompanharmos a política europeia, desde que esta tenha em conta os nossos interesses, o que, na grande maioria dos casos, acontece no campo macro-económico, mas não se verifica necessariamente noutros planos. As nossas especificidades são, fundamentalmente, em matéria de cooperação militar, em que existe uma cooperação no seio da NATO e há uma cooperação autónoma consubstanciada no Acordo de Cooperação Militar e Económica que concede facilidades militares. Já houve concessão de facilidades militares no Continente a propósito da fiscalização de satélites mas, hoje, aquelas reportam-se exclusivamente à Base das Lajes, nos Açores. Na parte militar os problemas circunscrevem-se às questões de inserção dos militares americanos que estão nas Lajes e do funcionamento das Lajes no quadro dos Açores e, mais em geral, no quadro global português. Na Terceira coloca-se o problema da jurisdição sobre os militares americanos em matéria penal, civil e laboral, e problemas menores do dia a dia, em matéria de fornecimentos ao pessoal da base, em bens de consumo corrente como o leite ou outros produtos destinados à alimentação das forças Americanas. A utilização da base para as acções americanas fora de área da intervenção da NATO carece de uma autorização especial do Governo Português. Estas têm sido dadas justamente, nos casos em que tem havido a necessidade de fazer um rápido transporte de tropas para uma intervenção. Foi o que se passou na anterior guerra do Golfo e nas intervenções agora em matéria de terrorismo no Afeganistão. Um outro aspecto importante, para nós e, relativamente delicado são, as contrapartidas. Essas contrapartidas hoje, são fundamentalmente, no domínio militar, o fornecimento de equipamento, de resto não altamente sofisticado, financiado com taxas de juro bonificado ou, em alguns casos, entregue como dádivas. No campo, puramente das ajudas económicas, Portugal deixou de ser um país considerado como carente de ajudas económicas, e a AID deixou de actuar, e as contrapartidas puramente financeiras cessaram em 1992. Os acordos são *executive agreements*, são acordos entre o Governo português e o Governo americano, não aprovados pelo Senado, e, portanto, com a necessidade de serem renovados todos os anos. A verdade é que as promessas para aumentar as contrapartidas financeiras, os célebres increasing trends, não vieram a confirmar-se e hoje não há quaisquer vantagens financeiras, dadas em resultado dessas facilidades militares. A cooperação da investigação cientifica e no campo da troca de professores e no campo das bolsas de estudo, apesar de previstos nos Executive agreements, não têm tido tradução significativa.

Já agora, aproveito para esclarecer que a Fundação Luso-Americana para o Desenvolvimento, que é uma instituição exclusivamente portuguesa, recebeu o seu património inicial do Governo português, que para o efeito decidiu utilizar verbas provenientes das contrapartidas americanas, como estava previsto no Executive Agreement de 1985. A Fundação, a partir de 1992, deixou de beneficiar de qualquer contribuição patrimonial e, de qualquer modo, nunca recebeu quaisquer importâncias entregues pelo Governo americano ou outras entidades americanas.

Uma questão importante nas nossas relações bilaterais respeita às comunidades portuguesas na América. Temos comunidades de origem portuguesa significativas, situadas na Nova Inglaterra e na Califórnia, com cerca de um milhão de emigrantes e luso-descendentes. A nossa emigração para os EUA hoje é muito reduzida, pelo que os nossos núcleos de emigrantes estão a envelhecer, adquirindo cada vez maior relevo o papel dos luso-descendentes.

É muito importante encontrar modos de valorizar as nossas comunidades e através delas reforçar os elos dos Estados Unidos com Portugal.

Para elevar o nível cultural e a importância política e económica das comunidades portuguesas, é preciso, por um lado, convencer os nossos emigrantes – que normalmente têm uma formação cultural relativamente reduzida – a investirem na educação dos filhos, levando-os a frequentar as universidades, e por outro lado, incitá-los a que procurem ter alguma influência nos municípios e também nas instituições políticas dos estados federados onde vivem. Com este último propósito tem-se desenvolvido ultimamente, com apreciável êxito, uma campanha de aquisição da cidadania americana, procurando que os emigrantes continuem a manter a nacionalidade portuguesa. Poderão, depois, registar-se e votar, passando a existir no universo político americano, e não serem ignorados como acontece antes de contarem em termos de sufrágio.

Uma outra questão relevante diz respeito à presença e uso da língua portuguesa. A cultura portuguesa, para se afirmar, necessita de se articular com o conhecimento da língua por parte das pessoas com ascendência portuguesa e ainda que haja difusão do seu ensino no meio americano como língua estrangeira. O primeiro ponto passa por uma política de ensino da língua e de manutenção dos conhecimentos linguísticos entre os descendentes de primeira geração dos nossos emigrantes, ensino que, deve dizer-se, é extremamente deficiente quanto à parte que devia ser da responsabilidade do Estado Português. Esse ensino assenta hoje muito na iniciativa de algumas entidades privadas e nas contribuições das próprias autoridades estaduais americanas. Importa, por um lado, levar os emigrantes a incluir o português como segunda língua na educação dos seus filhos, e por outro lado, há que investir na constituição de departamentos universitários que ensinem aos estudantes americanos não apenas a língua mas também a cultura portuguesas, debruçando-se sobre as nossas realidades culturais, políticas, económicas e sociais e promovendo também o intercâmbio entre os estudantes e os professores americanos e portugueses. É todo um vasto caminho a percorrer em que pouco está feito. Para dar conta das dificuldades, basta dizer que ainda hoje, não conseguimos ter testes de conhecimento de português como segunda língua para o ingresso nas universidades, testes utilizados sobretudo nas universidades mais importantes, enquanto que esses testes existem para o turco, o mandarim ou o coreano, para além naturalmente do alemão e do francês; tal significa que nos encontramos ainda numa situação de manifesta inferioridade, que importa alterar rapidamente.

Portugal tem condições para fortalecer os laços económicos com os EUA, promovendo políticas sectoriais adequadas, designadamente no turismo e em outros diversos clusters. Tem, sobretudo, um largo espaço para a cooperação no que se reporta às relações científicas e tecnológicas e à elevação do nível económico e cultural das comunidades luso-americanas. Os EUA constituem uma zona árdua de competição entre todos os países do mundo em busca de um mercado rico e de captação capitais para investimento estrangeiro. Mas, são igualmente uma região onde a cooperação científica e tecnológica e o intercâmbio cultural podem dar importantes frutos. Portugal não tem investido suficientemente nesse campo e tem também negligenciado o apoio e o retorno social e intelectual que as comunidades luso-americanas podem dar. Há, assim, muito que trabalhar para melhorar a situação actual.

VII. Em conclusão:

As relações transatlânticas constituem hoje uma questão vital no que diz respeito à Europa, estando altamente dependentes dos próprios condicionalismos internos da União Europeia, e também, naturalmente, condicionadas por aquilo que se passa nos EUA. Não é possível, a meu ver, uma Europa autoafirmar-se, sem o apoio e sem uma relação positiva com os EUA. Essa relação tem revestido e revestirá aspectos de conflitualidade, mas nela deve predominar, em última análise, a convergência de valores e interesses nos domínios político, económico e cultural.

Do ponto de vista bilateral, no que diz respeito a Portugal, é extremamente importante que possamos contar com o apoio da diáspora portuguesa nos EUA, que pode abrir caminho a novas oportunidades de influência e de cooperação. Na nossa política externa deve contar a diversificação dos nossos parceiros e centros de interesses, não havendo que pôr todos os ovos no mesmo cesto. Trata-se, quer nas relações Europa-EUA, em que participamos, como europeus que somos, quer nas relações bilaterais, de um problema que não é estático, que está evoluindo todos os dias, e que registou, de resto, uma alteração dramática após o 11 de Setembro, como todos nós temos tido ocasião de testemunhar.

A relação transatlântica assume uma importância decisiva para os europeus, para a identidade e autonomia da Europa e para o próprio êxito da construção europeia. Para os americanos é também uma questão fundamental, embora possam ter menor consciência disso, empenhados que estão no seu papel de super-potência. É certo que os últimos eventos não têm sido particularmente favoráveis ao progresso desse relacionamento, porque se têm multiplicado os conflitos. Mais uma razão para se trabalhar para uma melhoria significativa da relação actual, porque aquilo que une o Mundo ocidental é muito mais importante do que aquilo que o divide. O clash de civilizações que se teme e se deseja prevenir, só pode ser evitado com êxito através da tolerância e do esforço de construção de elos políticos, económicos e culturais fortes, desenvolvidos através da capacidade de diálogo e na tolerância recíprocas. A construção da paz e a afirmação da dignidade da pessoa humana, do primado do direito e dos valores do humanismo democrático dependem da vitalidade e do reforço da cooperação entre os EUA e a Europa.

ÍNDICE GERAL

Prefácio 5

Programa 7

Portugal e o futuro da construção europeia 9
    Dr. José Manuel Durão Barroso

A Convenção e a Europa do século XXI 21
    Mestra Maria Eduarda Azevedo

União Europeia e entidades regionais: as regiões autónomas e o processo comunitário de decisão 29
    Professora Doutora Maria Luísa Duarte

A revisão do Tratado e a constitucionalização 47
    Professora Doutora Ana Maria Guerra Martins

A estreia do euro 75
    Mestre Luís Máximo dos Santos

O alargamento a Leste 97
    Professora Doutora Marta Hirsch-Ziembinska

As novas fronteiras da União Europeia 111
    Professor Doutor Manuel Lopes Porto

O Tratado de Nice e a Reforma do sistema jurisdicional comunitário 119
    Professor Doutor Rui Moura Ramos

A via federal 145
    Professor Doutor Paulo de Pitta e Cunha

Reforma das finanças públicas e alargamento 157
    Professor Doutor António de Sousa Franco

Constituição e Integração 173
    Professor Doutor Jorge Miranda

Portugal na União Económica e Monetária 203
    Professor Doutor João Ferreira do Amaral

As Relações entre a Europa e os Estados Unidos 217
    Doutor Rui Chancerelle de Machete